हिन्दी शब्दों की रचना, भाग १

힌디어 단어형성법

I

본 교재는 2018년 정부(교육부 국립국제교육원) '특수외국어교육 진흥사업'의 지원을 받아 수행된 결과 입니다 (CFL-한국-2018-힌디-교재-2).

हिन्दी शब्दों की रचना, भाग १

힌디어 단어형성법

I

최종찬, 김용정, D.A.P. Sharma 공저

HU:iNE

책을 내면서

힌디어 단어의 9할은 산스끄리뜨어와 관련된 단어들이다. 대략적으로 이 단어들의 반은 따뜨삼(तत्सम)이고 나머지 반은 따드바브(तद्भव)가 차지한다. 전자는 산스끄리뜨어의 단어형태를 그대로 유지한 단어들을 의미하며 후자는 오랜 시간을 거쳐 그 형태가 변형된 단어들을 의미한다.

이 책은 따뜨삼과 관련된 단어형성법을 다룬다. 다시 말해 산스끄리뜨어의 단어형성규칙들 중에서 따뜨삼 단어형성과 관련된 규칙들을 정리한 후 동사유형과 사용빈도를 고려하여 선정한 50여 개의 동사어근(धातु)을 대상으로 그 실례를 제시하였다.

산스끄리뜨어 문법서에 따르면 산스끄리뜨어의 단어들은 대략 이천 개의 동사어근에서 파생되었다. 동사어근에서 동사를 비롯하여 명사 형용사 등이 일차적으로 파생되었고 접두사(उपसर्ग) 등과의 결합 및 합성어 파생 등을 통해 추가적으로 단어들이 형성되었다. 이러한 과정은 씨앗이 발아하여 줄기가 생기고 가지와 잎이 생기는 것에 비유할 수 있다.

이 책은 1부와 2부로 나누어 1부에서는 단어형성과 관련된 주요 규칙과 접사들을 다룬다. 동사어근에 붙어 일차적으로 명사나 형용사 동사 등의 어간을 파생하는 일차접미사(कृत्), 새로운 의미를 추가하거나 품사를 전환시키는 이차접미사(तद्धित), 단어의 앞에 붙어 새로운 단어를 파생하는 접두사(उपसर्ग), 두 단어의 결합을 통해 형성된 합성어(समास), 그리고 이들 파생과정에 수반되는 형태음운 규칙인 산디(संधि)를 다룬다.

2부에서는 어근 50여 개를 대상으로 단어형성규칙의 실제 예를 다룬다. 각 동사어근의 기본 의미를 파악하고, 파생규칙과 합성규칙 등을 통해 형성된 단어들을 분석한 후 그 의미를 힌디어와 우리말로 제시한다. 또한 따드바브를 어원과 함께 제시하여 둘 사이의 관련성에 대한 이해를 도모한다. 끝으로 각 동사어근과 관련된 핵심 단어들의 용법을 예문을 통해 제시한다.

부록에서는 이 책에서 다룬 동사어근들을 대상으로 동사활용의 예를 살펴본다. 그리고 2부의 단어분석을 이해하는데 도움이 되도록 주요 접사들의 목록을 담는다.

힌디어의 단어형성규칙에 관한 공부는 기초과정을 이수한 학생들에게 필요한 어휘력의 향상에 큰 도움이 될 것으로 기대된다. 단어가 왜 그 형태를 취하고 있는지, 그리고 단어가 왜 그 의미를 나타내는지 그 원리를 이해하여 힌디어 단어공부의 즐거움을 느낄 수 있기를 바란다.

끝으로 이 책을 출판하는데 도움을 주신 한국외국어대학교 지식출판콘텐츠원 선생님들께 심심한 감사를 표한다.

2019년 6월

저자 일동

हिन्दी शब्दों की रचना, भाग १

힌디어 단어형성법

I

차례

2부 어근과 단어형성 _ 63

약어 설명

a. = adjective

A.= Atmanepada(आत्मनेपद)

ad. = adverb

C. = causative

cl. = class(गण)

interj. = interjection

f. = feminine noun

m. = masculine noun

P. = Parasmaipada(परस्मैपद)

prn. = pronoun

suf. = suffix

vi. = intransitive verb

vt. = transitive verb

1부

단어형성규칙

1장 파생접사

- 1과 일차접미사(कृत्)
- 2과 이차접미사(तद्धित)
- 3과 접두사(उपसर्ग)

산스끄리뜨어의 대부분의 단어들은 동사어근(धातु)에서 파생한 것으로 설명된다. 동사어근에 파생접미사가 붙어 동사를 비롯하여 명사, 형용사, 분사 등이 파생된다. 어근은 또한 접두사(उपसर्ग)를 동반하여 파생접미사와 결합하기도 한다. 파생된 단어들은 추가적으로 파생접미사나 접두사 또는 단어들과 만나 또 다른 단어들을 형성하기도 한다. 그리고 파생된 단어들은 시제나 격을 나타내는 문법접사들과 만나 문장에서 쓰이게 된다. 동사는 시제접사(तिङ्)를 통해 문장에서 쓰이고 명사나 형용사는 격접사(सुप्)를 통해 문장에서 쓰인다.

파생접미사는 두 가지로 구분된다. 하나는 동사어근과 결합하는 일차접미사(कृत् प्रत्यय)이며 다른 하나는 일차파생어(कृदन्त)와 결합하여 새로운 단어를 형성하는 이차접미사(तद्धित प्रत्यय)이다.

• 단어 형성 흐름도

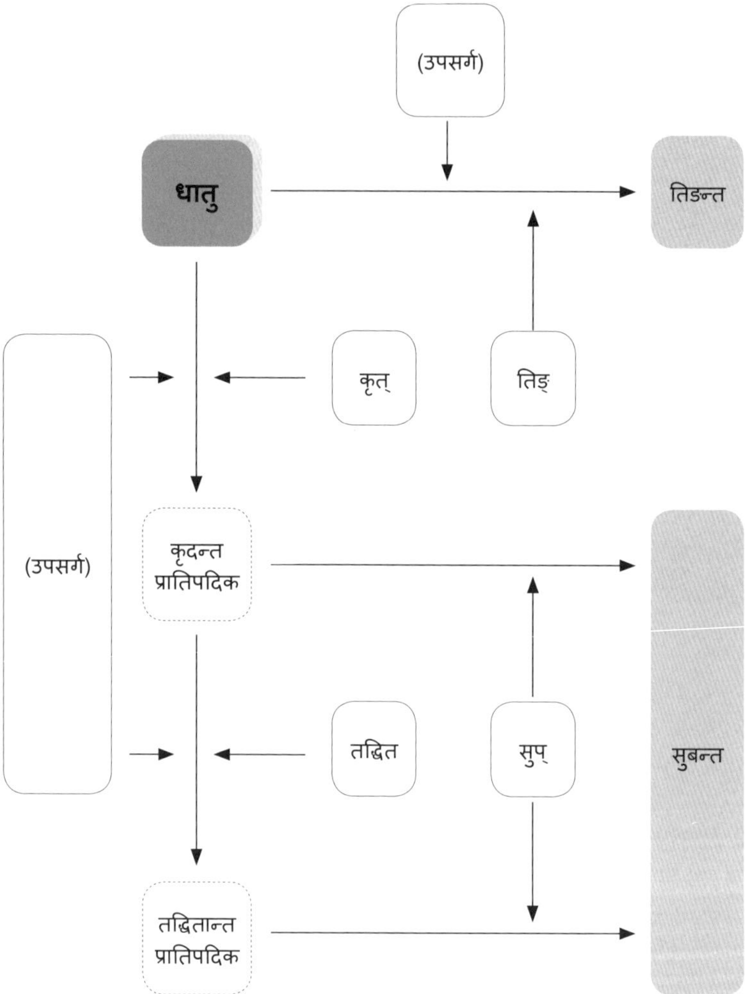

(उपसर्ग)
धातु
तिङन्त
कृत्
तिङ्
(उपसर्ग)
कृदन्त प्रातिपदिक
तद्धित
सुप्
सुबन्त
तद्धितान्त प्रातिपदिक

1과 일차접미사

산스끄리뜨어 단어의 95%는 일차접미사를 통해 만들어진다. 일차접미사의 수는 대략 140여 개에 달한다. 다음은 힌디어 단어의 파생과 관련된 일부 접사들의 예시이다.

• 주요 일차접미사의 형태와 예

접사	품사	어근	예
-अ	명사	कम्, दिव्, सृप्	काम 욕망, देव 신, सर्प 뱀
-अ	명사/형용사	कृ	कर 손, -कर ~하는
-अ	명사(행위자)	कृ, धृ	-कार 하는 자, -धार 쥔 자
-अक	형용사/ 명사(행위자)	लिख्, कृ, गै, ईक्ष्, हृ, मृ	लेखक 작가, कारक 행동하는 (자), गायक 가수, ईक्षक 보는 (자), हारक 약탈하는 (자), मारक 죽이는 (자)
-अन	명사	पाल्, सह्, नी, मुह्	पालन 양육/준수, सहन 인내, नयन 눈, मोहन 매력
	형용사	भी	भीषण 무시무시한
-अनीय	형용사	मान्, रम्, पूज्, श्रु	माननीय 존경할 만한, रमणीय 매력적인, पूजनीय 숭배할 만한, श्रवणीय 들을 만한
-ई	명사(행위자)	वस्, त्यज्, कृ	वासी 거주자, त्यागी 고행자, -कारी 하는 사람
-उ	형용사	तन्	तनु 얇은
-उक	형용사/명사	इष्, भिक्ष्	इच्छुक 원하는, भिक्षुक 거지

접사	품사	어근	예
-त/ -इत	형용사	कृ, शक्, भज्, मुच्, दृश्, नम्, गम्, स्मृ, नी	कृत 만들어진, शक्त 능력 있는, भक्त 헌신한, मुक्त 해방된, दृष्ट 보인, नत 고개 숙인, गत 간, स्मृत 기억된, नीत 이끌린
		पठ्, व्यथ्, फल्, पुष्	पठित 읽은, व्यथित 고통받은, फलित 열매 맺은, पुषित 양육된
-तव्य	형용사/명사	कृ, वच्	कर्तव्य 해야 하는/의무, वक्तव्य 말할 만한/말
-ता	명사(행위자)	कृ, दा, भुज्	कर्ता 행위자, दाता 주는 자, भोक्ता 경험자
-ति	여성명사	भज्, शक्, मुच्	भक्ति 헌신, शक्ति 힘, मुक्ति 구원
-म	명사	कृ, धृ, जन्, बृह्	कर्म 일, धर्म 의무, जन्म 출생, ब्रह्म 절대자
-म	형용사	भी	भीम 무서운, भीष्म 두려운
-य	형용사/명사	जि, श्रु	जेय 정복될 수 있는, श्रव्य 들리는

어근과 일차접미사가 결합할 때 어근의 장모음화, 어근의 자음 접변, 그리고 어근의 반모음의 모음대체(संप्रसारण) 등의 음운변화가 따른다.

• 주요 일차접미사의 명칭과 관련 규칙 요약표*

<table>
<tr><th>순번</th><th>접사명(-형태)</th><th>기능/의미</th><th>관련 규칙</th></tr>
<tr><td>1</td><td>क्त(-त)</td><td>• 과거수동분사 파생
• 의미: 피동의 완료</td><td>• सेट्어근과 파생접사 사이에 इ 모음 추가
• 어근의 모음은 기본적으로 불변화</td></tr>
<tr><td rowspan="2">2</td><td>तव्यत्
(-तव्य)</td><td>• 명사/형용사 파생
• 의미: 의무, 가능, 자격</td><td rowspan="2">• सेट्어근과 파생접사 사이에 इ 모음 추가
• 어근의 모음은 구나로 변화</td></tr>
<tr><td>तृच्
(-तृ, -ता)</td><td>• 명사 파생
• 의미: 행위자</td></tr>
<tr><td rowspan="2">3</td><td>ल्युट्(-अन)</td><td>• 명사 파생</td><td rowspan="2">• 어근의 모음은 구나로 변화
• 어근의 끝모음 ए/ऐ → आ
• 어근의 अ와 आ는 불변화</td></tr>
<tr><td>अनीयर्
(-अनीय)</td><td>• 형용사 파생
• 의미: 의무, 가능, 자격</td></tr>
<tr><td>4</td><td>घञ्(-अ)</td><td>• 명사 파생</td><td>• 어근의 끝모음은 브릿디로 됨
• 어근의 우빠다(उपधा)* 모음은 구나로 됨
• 어근의 우빠다의 अ는 आ로 됨</td></tr>
<tr><td rowspan="2">5</td><td>अच्(-अ)</td><td rowspan="2">• 명사/형용사 파생</td><td rowspan="2">• 어근의 모음은 구나로 됨</td></tr>
<tr><td>अप्(-अ)</td></tr>
<tr><td>6</td><td>अण्(-अ)</td><td>• 명사파생
• 의미: 행위자</td><td>• 어근의 모음은 브릿디로 됨</td></tr>
<tr><td>7</td><td>णिनि/घिनुण्
(-इन्>-ई)</td><td>• 명사/형용사 파생
• 의미: 행위자</td><td>• 어근의 모음은 구나나 브릿디로 됨</td></tr>
<tr><td>8</td><td>ण्वुल्(-अक)</td><td>• 형용사/명사 파생
• 의미: 능동, 행위자</td><td>• 어근의 끝모음은 브릿디로 됨
• 어근의 우빠다 모음은 구나로 됨
• 어근의 우빠다의 अ는 आ로 됨</td></tr>
<tr><td>9</td><td>क्तिन्(-ति)</td><td>• 명사 파생</td><td>• क्त 접사의 규칙을 대부분 공유</td></tr>
<tr><td>10</td><td>यत्(-य)/
ण्यत्(-य)/
क्यप्(त्य)</td><td>• 형용사/명사 파생
• 의미: 의무, 가능, 자격</td><td>• यत्의 경우 어근의 모음은 구나로 됨
• ण्यत्의 경우 어근의 모음은 브릿디로 됨
• क्यप्의 경우 어근의 모음은 장모음화 없음</td></tr>
<tr><td>11</td><td>णिच्(-अय)</td><td>• 사동의 의미 추가</td><td>• 어근의 끝모음 इ,ई,उ,ऊ,ऋ는 브릿디로, आ는 आप्로 됨
• 어근의 우빠다 इ,उ,ऋ는 구나로, अ는 आ로 됨</td></tr>
</table>

* 우빠다(उपधा)는 단어의 끝에서 두번째 음을 의미한다.

1. क्त(-त) 접사

☑ 과거수동분사를 파생한다.

☑ 파생된 단어는 피동의 완료된 의미를 나타내는 형용사로 쓰이며 때로 명사로도 쓰인다.

☑ 어근의 모음은 기본적으로 변하지 않는다.

☑ सेट्어근에는 इ가 추가되지만 अनिट्어근에는 इ가 추가되지 않는다.*

सेट् 어근	अनिट् 어근
अर्च् 예배하다 – अर्चित 숭배된 चल् 움직이다 – चलित 움직인 धाव् 달리다 – धावित 달려간 पत् 떨어지다 – पतित 떨어진 भक्ष् 먹다 – भक्षित 먹힌 याच् 요청하다 – याचित 요청된 रक्ष् 방어하다 – रक्षित 방어된 शिक्ष् 배우다 – शिक्षित 배운 शी 자다 – शयित 잠든	कृ 만들다 – कृत 만들어진 धृ 쥐다 – धृत 쥔 जि 이기다 – जित 이긴 नी 이끌다 – नीत 이끌린 स्तु 칭송하다 – स्तुत 칭송된 श्रु 듣다 – श्रुत 들린 क्षिप् 던지다 – क्षिप्त 던져진 वृत् 발생하다 – वृत्त 발생한 शक् 할 수 있다 – शक्त 능력 있는

---

* 동사어근은 파생접사 앞에 इ모음의 추가 여부에 따라 सेट् 어근, अनिट् 어근, वेट् 어근으로 구별된다. इ모음이 추가되는 경우의 어근을 सेट् 어근, 추가되지 않는 경우의 어근을 अनिट् 어근, 그리고 선택적으로 추가되는 경우의 어근을 वेट् 어근이라고 부른다.
(1) अनिट् 어근에는 ① ऊ, ऋ를 제외한 단일한 모음으로 끝나는 대부분의 어근과 ② 자음으로 끝나는 어근(शक् / पच् वच् मुच् सिच् प्रच्छ् / त्यज् भज् भुज् यज् सृज् मज्ज् युज् / अद् पद् खिद् छिद् विद्(होना) तुद् नुद् भिद् सद् / क्रुध् क्षुध् बुध् बन्ध् युध् रुध् साध् व्यध् शुध् सिध् / मन् हन् / क्षिप् आप् तप् तृप् दृप् लिप् लुप् वप् स्वप् शप् सृप् / रभ् लभ् / गम् नम् यम् रम् / क्रुश् दंश् दिश् दृश् मृश् विश् स्पृश् / पुष् दुष् कृष् तुष् द्विष् श्लिष् शुष् शिष् / वस् / दह् लिह् रुह वह ।)이 해당된다(목록은 Müller (2000[1866],161-172) 참조).
(2) सेट् 어근에는 ① ऊ, ऋ로 끝나는 어근과 शी, श्रि, डी 등의 모음으로 끝나는 어근과 ② 자음으로 끝나는 어근(अनिट्의 목록을 제외한 자음으로 끝나는 대부분의 어근, चुरादि 유형과 사동사의 어근)이 해당된다.

음운규칙

가. 접사 त가 न로 변화

☑ त는 द् 뒤에서는 न가 되고 이때 어근의 द्도 न्가 된다(द्+त = न्न).

छिद् 자르다 → छिन्न 잘린

भिद् 나누다 → भिन्न 나누어진/다른

सद् 앉다 → सन्न 앉아있는 (☞ प्रसन्न 만족한)

☑ ऋ는 ईर् 또는 ऊर्가 된다(ऋ+त=ईर्ण/ऊर्ण).

तॄ 건너다 → तीर्ण 건너간

पॄ 기르다/채우다 → पूर्ण 완전한 (☞ पूर्त = पूर्ण)

☑ 기타 예외적인 변화

हा 버리다 → हीन 없는

क्षि 감소하다 → क्षीण 감소된

घ्रा 냄새 맡다 → घ्राण 냄새/코/후각

나. 어근의 끝 모음 आ는 इ나 ई로 변화

☑ मा, स्था 등의 आ는 इ가 된다(आ+त=इत).

स्था 머물다 → स्थित 위치한

मा 재다 → मित 한정된/측정된 (☞ परिमित 한정된/측정된)

☑ गा, हा 등의 आ는 ई가 된다(आ+त=ईत).

गा 노래하다 → गीत 노래된/노래

हा 버리다 → हीन 버려진/없는

다. 어근의 म्, न्의 생략 또는 대체

☑ रम्, गम्, मन्, हन्, नम्, यम् 등은 끝 자음 म्, न्가 생략된 후 접사 -त가 붙는다.

रम् 즐기다 → रत 몰두한

गम् 가다 → गत 간

मन् 생각하다 → मत 생각한/의견
हन् 죽이다 → हत 살해된
नम् 고개 숙이다 → नत 고개 숙인 (☞ प्रणत 고개 숙인)
यम् 억제하다 → यत 억제된 (☞ संयत 억제된/평정한)

☞ 아래 कम्, क्रम् 등은 어근의 अम्이 आन्으로 변한 후에 접사 -त가 붙는다.

कम् 사랑하다 → कान्त 사랑스러운/아름다운
क्रम् 건너다 → क्रान्त 건너간/압도된/공격된
दम् 억제하다 → दान्त 억제된
भ्रम् 거닐다/헤매다 → भ्रान्त 벗어난/미혹된
श्रम् 근로하다 → श्रान्त 피로한
शम् 누그러지다 → शान्त 평온한

☑ 어근의 우빠다 न्도 생략되는 경우가 많다.

बन्ध् 묶다 → बद्ध 묶인
ध्वंस् 파괴되다 → ध्वस्त 파괴된
स्रंस् 쓰러지다 → स्रस्त 쓰러진
☞ वन्द् 인사하다 → वन्दित 숭배 받은, निन्द् 비난하다 → निन्दित 비난 받은

☑ जन्, खन् 등의 न्는 आ가 된다.

जन् 태어나다 → जात 태어난/카스트
खन् 캐다 → खात 파인(우물, 웅덩이, 도랑)/발굴

☑ 어근이 -म्, -न्로 끝나지만 동류의 자음(म्는 पवर्ग, न्는 तवर्ग의 자음)이 선행하는 경우는 म्, न्가 남아있고 -इत가 붙는다.

भ्रम् 돌아다니다 → भ्रमित 오도된

라. 어근의 반모음의 모음대체(संप्रसारण)

☑ 어근의 व는 उ로, य는 इ로, र는 ऋ로 대체된다.

वच् 말하다 → उक्त 언급된
आ+ह्वे 부르다 → आहूत 호출된/소집된
व्यध् 뚫다 → विद्ध 뚫린
प्रच्छ् 묻다 → पृष्ट 질의된
स्वप् 자다 → सुप्त 잠든
यज् 제사드리다 → इष्ट 제사드린
ग्रह् 쥐다 → गृहीत 잡힌
☞ वन्द् 찬앙(鑽仰) 하다 → वन्दित 찬앙받는

마. 치찰음과 त의 접변

☑ 어근의 끝자음 श्/ष्는 접사 त와 함께 ष्ट가 된다(श्+त=ष्ट, ष्+त=ष्ट, स्+त=स्त).

दृश् 보다 → दृष्ट 보이는/볼 수 있는	दिश् 지시하다 → दिष्ट 지시된
नश् 파괴하다 → नष्ट 파괴된	स्पृश् 건들다 → स्पृष्ट 건든/만진
इष् 원하다 → इष्ट 원하는/좋아하는	कृष् 끌다 → कृष्ट 끌린
तुष् 만족하다 → तुष्ट 만족한	पुष् 기르다 -पुष्ट 잘 길러진/확고한
हृष् 기뻐하다 → हृष्ट 기쁜	ग्रस् 삼키다 → ग्रस्त 삼킨/잡힌

바. 유기음과 त의 접변

☑ 상호동화 भ्+त=ब्ध

क्षुभ् 동요하다 → क्षुब्ध 동요된	लभ् 획득하다 → लब्ध 획득된
लुभ् 탐욕하다 → लुब्ध 유혹된/홀린	

☑ 상호동화 ध्+त=द्ध

क्रुध् 화나다 → क्रुद्ध 화난	बन्ध् 묶다 → बद्ध 묶인
बुध् 알다 → बुद्ध 깨우친/부처	युध् 싸우다 → युद्ध 싸운/전쟁
रुध् 막다 → रुद्ध 막힌	वृध् 증가하다 → वृद्ध 증가된/나이든
व्यध् 관통하다 → विद्ध 관통된	सिध् 완성하다 → सिद्ध 완성된/증명된

☑ 상호동화 ह्+त=ग्ध

दह् 태우다 → दग्ध 탄	दुह् 젖을 짜다 → दुग्ध 젖을 짠
मुह् 매료되다 → मुग्ध 매료된	स्निह् 사랑하다 → स्निग्ध 사랑스런

☞ रुह् 오르다 → रूढ 오른

사. अनिट् 어근의 च्, ज्는 क्로 변화

☑ अनिट् 어근의 끝자음 च्/ज्는 접사 त 앞에서 क्가 된다.

त्यज् 버리다 → त्यक्त 버려진	भज् 헌신하다 → भक्त 헌신한
युज् 잇다 → युक्त 연결된	भुज् 먹다 → भुक्त 먹힌
मुच् 해방하다 → मुक्त 해방된	सिच् 물을 대다 → सिक्त 관개된

☞ अनिट्어근의 च्, ज्가 क्, ग्로 변하지 않는 경우

यज् 제사하다 → इष्ट 제사드린 　 सृज् 만들다 → सृष्ट 창조된
प्रच्छ् 질문하다 → पृष्ट 질문된

☑ सेट् 어근의 경우 च्, ज्는 변하지 않는다.

अर्च् 예배하다 → अर्चित 숭배된 　 याच् 요청하다 → याचित 요청된
रच् 만들다 → रचित 만들어진 　 गर्ज् 으르렁거리다 → गर्जित 으르렁거린
पूज् 예배하다 → पूजित 예배드린 　 मूर्च्छ् 기절하다 → मूर्च्छित 기절한

아. 기타 개별적인 변화

शुष् 마르다 → शुष्क 마른 　 पच् 익다 → पक्व 익은
भञ्ज् 부수다 → भग्न 부숴진 　 शास् 가르치다 → शिष्ट 교육받은/예의 바른
धा 놓다 → हित 놓인 (☞ निहित 내재한, विहित 규정된)
भू 존재하다 → भूत 존재한/과거 (☞ भवित 존재한)

2. **तव्यत्**(-**तव्य**)와 **तृच्**(-**तृ**) 접사

☑ तव्यत्(-तव्य)는 형용사/명사를 파생하며 '~할 만한', '할 수 있는', '해야 할' 등의 의미를 갖는다.

☑ तृच्(-तृ)는 행위자를 나타내며 힌디어에서는 -ता로 쓰인다.

☑ सेट्어근에는 접사 앞에 इ가 삽입되며 अनिट्에는 추가되는 음이 없다.

☑ 두 접사는 동일한 규칙을 따른다.

음운규칙

가. 어근 끝의 단일 모음은 구나가 된다. 즉, 끝의 इ/ई는 ए로, उ/ऊ는 ओ로, ऋ는 अर्로 된다. 어근의 우빠다 इ, उ, ऋ는 각각 ए, ओ, र가 된다.

जि 이기다 → जेतव्य 정복할 만한, जेता (〈जेतृ) 승리자
भू 생기다 → भवितव्य 운명 지워진/숙명적인

कृ 하다 → कर्तव्य 행해야 할/의무, कर्ता (〈कर्तृ) 행위자
दृश् 보다 → द्रष्टव्य 볼 만한, द्रष्टा (〈द्रष्टृ) 보는 사람/목격자
सृज् 창조하다 → स्रष्टव्य 창조해야 할, स्रष्टा (〈स्रष्टृ) 창조자

나. 어근의 끝음 च्, ज्는 क्가 된다.
भुज् 먹다 → भोक्तव्य 먹을 만한, भोक्ता (〈भोक्तृ) 먹는 사람/소비자

3. **ल्युट्**(-**अन**)와 **अनीयर्**(-**अनीय**) 접사

☑ ल्युट्(-अन) 접사는 추상명사를 파생한다.

☑ अनीयर्(-अनीय) 접사는 형용사를 파생하며 '~할 만한', '할 수 있는', '해야 할' 등의 의미를 나타낸다.

☑ 두 접사는 동일한 규칙을 따른다.

음운규칙

가. 어근의 अ와 आ는 변하지 않는다.
गम् 가다 → **गमन** 가기, **गमनीय** 갈 만한
वच् 말하다 → **वचन** 말/약속, **वचनीय** 언급할 만한
पा 마시다 → **पान** 마심, **पानीय** 마실 수 있는
दा 주다 → **दान** 증여, **दानीय** 줄 만한/기부할 만한

나. 어근의 끝모음과 우빠다 इ, उ, ऋ는 구나가 된다. 어근의 끝모음 ई, ऊ, ॠ도 구나가 된다.
जि 이기다 → **जयन** (〈जे+अन) 승리, **जयनीय** 정복할 만한
कृ 하다 → **करण** 행위, **करणीय** 할 만한
हृ 빼앗다 → **हरण** 탈취, **हरणीय** 탈취할 만한
स्मृ 기억하다 → **स्मरण** 기억, **स्मरणीय** 기억할 만한
लिख् 쓰다 → **लेखन** 글쓰기, **लेखनीय** 글을 쓸 만한
शुच् 슬퍼하다 → **शोचन** 슬픔, **शोचनीय** 슬퍼할 만한/비통한

다. 어근의 끝모음 ए와 ऐ는 आ가 된다.

आ+ह्वे 부르다 → आह्वान 호출, आह्वानीय 호출할 만한

गै(गा) 노래하다 → गान 노래, गानीय 노래할 만한

4. **घञ्**(-**अ**) 접사

☑ 명사를 파생한다.

음운규칙

가. 어근의 끝모음 इ/ई, उ/ऊ, ऋ/ॠ는 브릿디가 된다.

भू 존재하다/생기다 → भाव (〈भाव्+अ〈भौ+अ) 존재/감정/생각/가격

कृ 하다 → कार 행위/일

(☞ प्रकार 방식/종류, विकार 변화/변형, उपकार 선행, अपकार 해/손해, संस्कार 통과의례/종교의식)

हृ 가져가다/파괴하다 → हार 패배

(☞ प्रहार 공격, आहार 섭취, संहार 파괴, उपहार 선물)

나. 어근의 우빠다 अ, इ, उ, ऋ는 각각 आ, ए, ओ, अर्가 된다.

कम् 원하다 → काम 욕망

पठ् 읽다 → पाठ 읽기/낭송/과(課)

हस् 웃다 → हास 웃음/조소

चर् 가다/걷다/행동하다 → चार 행동

(☞ आचार 행실, विचार 생각, प्रचार 홍보/확산, संचार 순환/소통)

वद् 말하다 → वाद 말

(☞ विवाद 논쟁, आशीर्वाद 축복, संवाद 논의/대화, प्रवाद 소문/험담, अपवाद 예외, अनुवाद 번역)

नम् 고개 숙이다 → प्रणाम [प्र+नम्+अ] 인사, परिणाम [परि+नम्+अ] 결과

लिख् 쓰다 → लेख 글

दिव् 즐기다/빛나다 → देव 신

दिश् 지시하다 → आदेश [आ+दिश्+अ] 명령

(☞ उपदेश 교훈, निर्देश 지시/감독, संदेश 전갈)

रुध् 막다 → रोध 장해/방해

बुध् 알다 → बोध 지각/이해

सृप् 기어가다 → सर्प 뱀

다. च्는 क्로, ज्는 ग्로 변한다.

पच् 익히다 → पाक 요리

शुच् 슬퍼하다 → शोक 슬픔

त्यज् 버리다 → त्याग 포기

भज् 나누다 → भाग 부분

रुज् 아프게 하다 → रोग 병

भुज् 즐기다/먹다/경험하다 → भोग 즐김/경험/음식
(☞ उपभोग 소비, उपभोक्ता 소비자, आभोग 향락)

युज् 연결하다 → योग 연결
(☞ वियोग 분리, संयोग 일치/우연, प्रयोग 사용, उपयोग 이용)

라. 기타 개별적인 변화

रञ्ज् (붉은 색으로) 물들다/감격하다 → राग 열정/라그(멜로디)
(☞अनुराग 애착, विराग 무욕, उपराग 채색, रङ्ग(रंग) 색)

हन् 때리다/죽이다 → घात 가격/살해 (☞आघात 타격, उपघात 가격)

5. अच्(-अ)와 अप्(-अ) 접사

☑ 남성명사를 파생한다.

☑ 두 접사는 동일한 규칙을 따른다.

음운규칙

가. 어근의 모음은 구나가 된다.

☑ अच्(-अ)접사인 경우

जि 이기다 → जय (〈जे+अ) 승리

आ+श्रि 의지하다 → आश्रय (〈आ+श्रे+अ) 피난/보호

नी 이끌다 → नय (〈ने+अ) 인도
चुर् 훔치다 → चोर 도둑

☑ अप्(-अ) 접사인 경우
भू 존재하다/생기다 → भव 존재/생겨남/현세
कृ 하다 → -कर ~하는

6. अण्(-अ) 접사

☑ 목적어를 취하는 어근은 अण्(-अ) 접사와 결합하여 행위자를 나타낸다.

음운규칙

가. 어근의 모음은 브릿디가 된다.

कृ 하다 → कार 하는자
(☞ चित्रकार 화가, काश्तकार 경작자, साहित्यकार 문학가, भाष्यकार 주석가, कुम्भकार 도기공)
धृ 쥐다 → धार 쥐는 자 (☞ सूत्रधार 주재자(主宰者))
वे 짜다 → वाय 짜는 자 (☞ तन्तुवाय 직공/거미)

7. णिनि(-इन्) / घिनुण्(-इन्) 접사

☑ -इन्은 형용사 또는 행위자를 나타내며 힌디어에서는 -इन्의 주격단수형태인 -ई로 쓰인다.

음운규칙

가. 어근의 모음은 구나 또는 브릿디가 된다.

वस् 살다 → वासी 거주하는/거주자 (☞ निवासी 거주자, प्रवासी 이주자)

त्यज् 버리다 → त्यागी 버리는/고행자

कृ 하다 → कारी 하는 (자)

(☞ उपकारी 은혜를 베푸는 (자), अपकारी 해를 끼치는 (자), अधिकारी 관리)

हृ 빼앗다 → हारी 취하는 (자) (☞ शाकाहारी 채식의/채식가, मांसाहारी 육식의/육식가)

8. ण्वुल्(-अक) 접사

☑ 형용사 또는 명사를 파생한다.

☑ 능동의 의미를 가지며 명사는 행위자를 나타낸다.

음운규칙

가. 어근의 끝음 इ/ई, उ/ऊ, ऋ/ॠ는 브릿디가 된다.

भू 생겨나다 → भावक (〈भौ+अक) (감정/생각을) 일으키는 (자)

कृ 하다 → कारक 행하는/행위자

धृ 유지하다 → धारक 유지하는/유지자

मृ 죽다 → मारक 죽이는/살해자

हृ 강탈하다 → हारक 탈취하는/약탈자 (☞ संहारक 파멸시키는 (자))

나. 어근의 우빠다 अ는 आ가 되고 इ, उ, ऋ는 구나가 된다.

हस् 웃다 → हासक 웃게 하는 (자)

पठ् 읽다 → पाठक 독자/학습자/교사

लिख् 쓰다 → लेखक 작가 (☞ लेखिका 여류작가)

रुध् 막다 → रोधक 방해하는/방해자/장애물 ☞ सेव् 섬기다 → सेवक 봉사자

다. आ로 끝나는 어근에는 사이에 य를 삽입한다.

पा 마시다 → पायक 마시는 (자)

दा 주다 → दायक 주는 (자) (☞ सुखदायक 기쁨을 주는 (자))

धा 제정하다 → धायक 제정하는 (자) (☞ विधायक 입법가)

라. 기타 개별적인 변화

हन् 죽이다 → **घातक** 살해자

जन् 낳다 → **जनक** 낳는 자(아버지)

शम् 완화되다 → **शमक** 완화제

वध् 죽이다 → **वधक** 살해자

9. **क्तिन्**(-**ति**) 접사

☑ 추상명사를 파생하며 파생된 명사는 여성이다.

☑ 아래 파생규칙들은 대부분 क्त접사의 규칙들에 포함된 것들이다.

음운규칙

가. 어근의 모음은 기본적으로 변하지 않으며 일반적으로 अनिट् 어근에 붙는다.

कृ 하다 → कृति 활동/행위/작업

धृ 쥐다 → धृति 파지 ☞ भू 존재하다 → भूति 존재/발생/번영

나. 어근의 끝 모음 आ는 इ나 ई로 변화한다.

मा 재다 → मिति 측정 (☞ परिमिति 한정)

स्था 머물다 → स्थिति 위치

गा 노래하다 → गीति 노래/서사시

पा 마시다 → पीति 마심

☞ ज्ञा 알다 → ज्ञात 아는, ज्ञाति 친족 (*어근의 모음이 그대로 유지됨.)

다. 어근의 म्, न्의 생략 또는 대체

☑ रम्, गम्, मन्, हन्, नम्, यम् 등은 끝 자음 म्, न्이 생략된 후 접사 -ति가 붙는다.

रम् 즐기다 → रति 열중/쾌락
गम् 가다 → गति 동작/속도
मन् 생각하다 → मति 지성/판단/의견
नम् 고개 숙이다 → नति 경례/겸손 (☞प्रणति 경례/겸허)
यम् 억제하다 → यति 억제 (☞संयति 억제/제어/평정)

☑ 아래 कम्, क्रम् 등은 어근의 अम्이 आन्으로 변한 후에 접사가 붙는다.

कम् 사랑하다 → कान्ति 아름다움/광휘
क्रम् 가다/건너다 → क्रान्ति 건너감/혁명
दम् 억제하다 → दान्ति 감관의 제어
भ्रम् 거닐다/헤매다 → भ्रान्ति 착각/혼란
श्रम् 근로하다 → श्रान्ति 근로/피로
शम् 누그러지다 → शान्ति 평화

☑ जन् 등의 न्는 आ가 된다.

जन् 태어나다 → जाति 카스트

라. 어근의 반모음의 모음 대체(संप्रसारण)

वच् 말하다 → उक्ति 언급
स्वप् 자다 → सुप्ति 수면
आ+ह्वे 부르다 → आहूति 호출/소집

마. 치찰음과 त의 접변 (श्+त=ष्ट, ष्+त=ष्ट, स्+त=स्त)

दृश् 보다 → दृष्टि 시야/시선
दिश् 지시하다 → दिष्टि 지시/지령
नश् 파괴하다 → नष्टि 파괴
इष् 원하다 → इष्टि 욕구/염원

कृष् 끌다 → कृष्टि 견인/경작
तुष् 만족하다 → तुष्टि 만족감
पुष् 기르다 → पुष्टि 양육/번영/견고

바. 유기음과 त의 접변 (भ्+त=ब्ध, ध+त=द्ध)
लभ् 획득하다 → लब्धि 획득
बुध् 알다 → बुद्धि 지성/지력
वृध् 증가하다 → वृद्धि 증가/성장
सिध् 완성하다 -सिद्धि 완성/성취

사. अनिट् 어근의 च्, ज्는 क्가 된다.
भज् 헌신하다 → भक्ति 헌신
युज् 잇다 → युक्ति 연결/결합
भुज् 먹다 → भुक्ति 먹거리/향수(享受)
मुच् 해방하다 → मुक्ति 해방
पच् 익히다 → पक्ति 요리/소화 (☞ पक्व 익은) ☞ सृज् 만들다 → सृष्टि 창조

10. **यत्**(-**य**)/**ण्यत्**(-**य**)/**क्यप्**(-**त्य**) 접사

☑ 형용사/명사를 파생한다.

☑ '~할 만한', '할 수 있는', '해야 할' 등의 의미를 나타내며 수동의 문맥에서 쓰인다.

음운규칙

가. यत् 접사는 모음(ऋ는 제외)으로 끝나는 어근에 붙으며 어근의 आ इ ई는 ए로, उ ऊ는 구나(ओ)가 된 후 अव्가 된다(आ/इ/ई→ए, उ/ऊ→ओ)अव्).
पा 마시다 → पेय 마실 수 있는/ 음료수
दा 주다 → देय 주어져야 하는/ 줄 만한

हा 버리다 → हेय 버려야 하는
जि 이기다 → जेय 정복될 수 있는
श्रु 듣다 → श्रव्य 들을 수 있는/들을 만한
भू 발생하다 → भव्य 일어날 만한/일어나야 하는/성대한

나. यत् 접사는 어근의 우빠다가 अ이고 प 계열의 자음으로 끝나는 경우에 또한 붙는다.

शप् 저주하다 → शप्य 저주할 만한/저주받을 수 있는
लभ् 얻다 → लभ्य 구할 만한/구할 수 있는

다. यत् 접사는 또한 शक्, सह्, गद्, मद्, चर्, यम् 등의 어근에 붙는다.

शक् 할 수 있다 → शक्य 할 수 있는
सह् 견디다 → सह्य 견딜 수 있는
गद् 말하다 → गद्य 언급될 만한/산문

라. ण्यत् 접사는 ऋ로 끝나거나 또는 प계열을 제외한 자음으로 끝나는 어근에 붙으며 어근의 모음은 일반적으로 브릿디가 된다.

पठ् 읽다 → पाठ्य 읽을 만한
कृ 하다 → कार्य 일/사무
वच् 말하다 → वाच्य 언급할 만한/(문법)태, वाक्य 문장
☞ 예외) भुज् 먹다 → भोग्य* 즐길만 한/사용할 만한, भोज्य 먹을 만한/식용의/음식물, गुप् 숨기다 → गोप्य 숨길 만한, लिख् 쓰다 → लेख्य 기록될 만한

마. क्यप्(त्य) 접사는 इ, स्तु, शास्, वृ, दृ 등의 어근에 붙으며 어근의 모음은 변하지 않는다.

कृ 하다 → कृत्य 행해져야 할
श्रु 듣다 → श्रुत्य 들려질 만한/유명한

---

* भौग्य 또는 भौज्य의 형태를 취하지 않은 것은 파생과정에 다른 규칙이 적용되었기 때문이다.

11. णिच्(-इ) 접사

☑ णिच्(-इ) 접사는 사동의 의미를 나타낸다. णिच् 접사의 -इ 형태는 특정시제(현재, 명령, 과거, 기원)에서는 -अय 형태를 취한다.

음운변화

가. 어근의 끝모음 आ는 आप्로 되고, इ, ई, उ, ऊ, ऋ는 브릿디로 된다 (आ→आप्, इ/ई→ऐ, उ/ऊ→औ, ऋ→आर्).

어근	사동사 (현재, 3인칭단수)	힌디어의 따뜨삼
अधि+इ 배우다	अध्यापयति*	अध्यापक 선생, अध्यापन 가르침
कृ 하다	कारयति	कारण 원인
ज्ञा 알다	ज्ञापयति	ज्ञापन 알림, ज्ञापित 알려진, ज्ञापक 알리는 자
धृ 쥐다	धारयति	धारण 유지, धारणा 생각/결의/견고, धारना 유지하다, धारणी 혈관/다라니경
स्था 서다	स्थापयति	स्थापन 설립, स्थापना 설립하다, स्थापित 설립된, स्थाप्य 설립될 만한, स्थापक 설립자
स्मृ 기억하다	स्मारयति	स्मारण 상기시킴, स्मारक 기념물

* इ-어근이 '공부하다'의 의미를 가질 때 규칙에 따라 취한 브릿디 ऐ는 आ로 대체된 후 आप् 의 형태를 얻는다. (P. 6.1.48과 P. 7.3.36 참조)

나. 어근의 우빠다 모음 अ는 आ로 되고, इ,उ,ऋ는 구나로 된다(अ→आ, इ→ए, उ→ओ, ऋ→अर्).

어근	사동사 (현재, 3인칭단수)	힌디어의 따뜨삼
दृश् 보다	दर्शयति	दर्शाना 보여주다, दर्शित 보여진
पच् 익히다	पाचयति	पाचन 소화(제), पाचनीय 소화하기 쉬운
पठ् 읽다	पाठयति	पाठन 가르침, पाठित 배운, पाठक 학습자/교사
मुद् 기뻐하다	मोदयति	मोदक 즐거움을 주는/당과

2과 이차접미사

일차접미사를 통해 형성된 단어들은 이차접미사와 결합하여 추가적인 파생을 한다. 이차접미사는 ① 명사를 형용사로 파생, ② 일반명사/형용사를 추상명사로 파생, ③ 고유명사에 후손이나 소속자의 의미를 부여, ④ 형용사/명사를 부사로 파생, ⑤ 비교급을 표현, ⑥ 남성명사를 여성명사로 파생 등의 기능을 한다.

모음이나 य로 시작하는 이차접미사가 붙는 경우 어간이 되는 단어의 끝 모음은 उ를 제외하고 모두 생략된다. 모음 उ는 अव्로 변한다(तालु+य = तालव्य, गुरु+अ = गौरव).

1. 명사를 형용사로 만드는 접미사

☑ ठक्/ठञ्/ठन् 접사는 -इक의 형태를 취하며 이 경우 단어의 첫 음절은 브릿디가 된다.

☑ मतुप् 접사는 -मान 또는 -वान의 형태를 취하며 이 두 형태는 상배적으로 나타난다. 일반적으로 단어의 끝이나 우빠다 음절에 अ, आ, म्가 있거나 또는 단어의 끝음이 क् च् ट् त्이면 -वान 형태가 붙으며 나머지 경우에는 -मान 형태가 쓰인다.

접사	명사	형용사
-इक	तत्काल 즉시, तर्क 논리, मास 달, सर्वभूमि 전세계, सर्वलोक 온세상, विज्ञान 과학, वेद 베다, पुराण 뿌라나, मुख 입	तात्कालिक 당면한, तार्किक 논리적인, मासिक (매)월의, सार्वभौमिक 전세계의, सार्वलौकिक 세계적인, वैज्ञानिक 과학의, वैदिक 베다의, पौराणिक 뿌라나의/신화의, मौखिक 구두의
-इत	अंकुर 싹, कुसुम 꽃, क्षुधा 배고픔, दुःख 슬픔, पिपासा 갈증, पुष्प 꽃	अंकुरित 싹 튼, कुसुमित 꽃핀, क्षुधित 배고픈, दुःखित 슬픈, पिपासित 목마른, पुष्पित 꽃핀
-इम	अंत 끝, रक्त 피/적색	अंतिम 끝의, रक्तिम 적색의
-ई	अर्थ 의미, उद्योग 산업, गुण 재능, ज्ञान 지식, दुःख 슬픔, धन 부, साहस 용기, सुख 기쁨	अर्थी 의미의, उद्योगी 산업의, गुणी 재능 있는, ज्ञानी 잘 아는, दुःखी 슬픈, धनी 부유한, साहसी 용기 있는, सुखी 기쁜
-ईन	ग्राम 마을, कुल 가문	ग्रामीण 마을의/촌민, कुलीन 귀족의
-ईय	भारत 인도, राष्ट्र 국가, संसद 의회	भारतीय 인도의, राष्ट्रीय 국가의, संसदीय 의회의
-मय	आनंद 기쁨, दया 동정, मंगल 길조	आनंदमय 기쁨에 빠진, दयामय 동정심이 있는, मंगलमय 상서로운
-मान/ -वान	बुद्धि 지혜, शक्ति 힘, श्री 재산	बुद्धिमान 현명한, शक्तिमान 힘있는, श्रीमान 부유한
	गुण 자질, धन 돈, बल 힘, रूप 형태, ज्ञान 지식	गुणवान 자질 있는, धनवान 부유한, बलवान 힘있는, रूपवान 잘 생긴, ज्ञानवान 박식한
-य	ओष्ठ 입술, तालु 구개, ग्राम 마을	ओष्ठ्य 입술의, तालव्य 입천장의, ग्राम्य 마을의
-र	मुख 입, मधु 꿀	मुखर 수다스런, मधुर 달콤한
-ल	मांस 살, वत्स 자식	मांसल 살의/근육의, वत्सल 자식을 사랑하는
-लु	कृपा 친절, दया 동정, निद्रा 잠, श्रद्धा 신뢰	कृपालु 친절한, दयालु 동정심 있는, निद्रालु 졸린, श्रद्धालु 신뢰하는

2. 일반명사/형용사를 추상명사로 만드는 접미사

☑ -अ(अण्)접사와 -य(ष्यञ्)접사가 붙는 경우에는 단어의 첫 음절이 브릿디가 된다.

☑ 힌디어에서 मतुप् 접사는 -मान이나 -वान의 형태로 쓰여 형용사를 파생하지만 이 접사들로 구성된 형용사가 접사 -ता나 -त्व와 결합할 때는 산스끄리뜨어의 중성형태 -मत्와 -वत्가 나타난다. 가령, बुद्धिमान의 경우 बुद्धिमत्(중성형태)와 이차접사 -ता나 -त्व가 결합하여 बुद्धिमत्ता 또는 बुद्धिमत्त्व가 형성된다. 마찬가지로 गुणवान의 경우 गुणवत्(중성형태)와 이차접사 -ता나 -त्व가 결합하여 गुणवत्ता 또는 गुणवत्त्व가 형성된다.

접사	일반명사/형용사	추상명사
-अ	गुरु 무거운/중대한, लघु 작은	गौरव 중대/명예, लाघव 왜소
-ता	शत्रु 적, वीर 영웅, बुद्धिमान 똑똑한, मूर्ख 어리석은, शिष्ट 배운/교양있는, कटु 쓴	शत्रुता 적의, वीरता 영웅정신, बुद्धिमत्ता 현명, मूर्खता 어리석음, शिष्टता 예의/교양, कटुता 맛이 씀
-त्व	गुरु 무거운, मनुष्य 사람, वीर 용감한, लघु 작은	गुरुत्व 무게, मनुष्यत्व 인간성, वीरत्व 용맹성, लघुत्व 왜소
-य	पण्डित 범어학자, मधुर 달콤한, शूर 용감한, सुन्दर 아름다운, धीर 참을성 있는, कवि 시인	पाण्डित्य 학식, माधुर्य 감미로움, शौर्य 용감/기사도, सौन्दर्य 아름다움, धैर्य 인내, काव्य 시

3. 후손이나 소속자를 나타내는 접사

☑ 접사 -अ(अण्)나 -य(ण्य, यञ्)가 붙을 때 고유명사의 첫 음절은 브릿디가 된다.

접사	고유명사	후손이나 소속자를 나타내는 명사
-अ	मनु 마누 कुरु 꾸루가문 पाण्डु 빤두 शिव 시바 पुत्र 아들	मानव 사람(마누의 후손) कौरव 꾸루가문의 아들들 पाण्डव 빤두의 아들들 शैव 시바파의 신자 पौत्र 손자
-य	दिति 디띠(이름) गर्ग 가르가(이름)	दैत्य 디띠의 아들 गार्ग्य 가르가의 아들

4. 부사를 만드는 접미사

☑ 탈격의 의미를 지닌 -तः, 도구격의 의미를 지닌 -तया, 처소격의 의미를 지닌 -त्र, 방법의 의미를 지닌 -था, 시간의 의미를 지닌 -दा 등의 접사들이 형용사에 붙어 부사를 형성한다.

접사	부사
-तः	मुख्यतः 주로, विशेषतः 특별히, सामान्यतः 일반적으로, सर्वतः 완전히/모두/모든 방법으로, अतः 따라서, पूर्णतः 완전히, उभयतः 양쪽으로(부터)
-तया	मुख्यतया 주로, विशेषतया 특별히, सामान्यतया 일반적으로
-त्र	सर्वत्र 모든 곳에, अन्यत्र 다른 곳에/다른 경우에, अत्र 이곳에
-था	सर्वथा 완전히/전적으로, अन्यथा 다른 방법으로, यथा 그렇게
-दा	सर्वदा 언제나, सदा 항상, एकदा 한번

5. 비교급과 최상급의 접미사

접사	의미	형용사
-तर	비교급	उच्चतर 더 높은, निम्नतर 더 낮은, पटुतर 더 똑똑한, महत्तर 더 큰, लघुतर 더 작은, श्रेष्ठतर 더 우수한
-तम	최상급	उच्चतम 가장 높은, निम्नतम 가장 낮은, पटुतम 가장 똑똑한, महत्तम 가장 큰, लघुतम 가장 작은, श्रेष्ठतम 가장 우수한
-इष्ठ	최상급	कनिष्ठ 가장 작은, वरिष्ठ 가장 좋은, बलिष्ठ 가장 강한

6. 여성을 만드는 접미사

☑ -इका 접사가 붙을 때 단어 끝의 -अक는 -इका로 대체된다.

접사	남성	여성
-आ	बाल 아이, वृद्ध 노인, अश्व 말, सीम 경계, क्षत्रिय 끄샤뜨리야, वैश्य 바이샤, शूद्र 슈드라	बाला 여자아이, वृद्धा 노인 여성, अश्वा 암말, सीमा 경계, क्षत्रिया 끄샤뜨리야 여성, वैश्या 바이샤 여성, शूद्रा 슈드라 여성
-ई	श्रीमत् 부유한, नर्तक 무용수, कुमार 꼬마, ब्राह्मण 브라흐만, शूद्र 슈드라, गोप 소치는 사람, मृग 사슴	श्रीमती 기혼여성(경칭), नर्तकी 여무용수, कुमारी 여자아이, ब्राह्मणी 브라흐만 여성, शूद्री 슈드라 여성, गोपी 소 키우는 여성, मृगी 암사슴
-इका	बालक 아이, पाचक 요리사, गायक 가수, साधक 수행자, अध्यापक 선생, मूशक 쥐, सेवक 봉사자	बालिका 여자아이, पाचिका 여요리사, गायिका 여가수, साधिका 여수행자, अध्यापिका 여선생, मूषिका 암쥐, सेविका 여봉사자
-आनी	इन्द्र 인드라, रुद्र 루드라	इन्द्राणी 인드라 부인, रुद्रानी 루드라 부인
기타 (-नी, -ति)	पति 남편, युवन् 젊은이	पत्नी 부인, युवति 젊은 여자

3과 접두사

접두사는 단어 앞에 붙어 새로운 단어를 파생하는 기능을 한다. 산스끄리뜨어에서 유래한 힌디어의 접두사는 두 유형이 있다. 하나는 산스끄리뜨어의 접두사가 그대로 힌디어에 남아 쓰이는 것이며, 다른 하나는 산스끄리뜨어의 형용사나 부사에서 발달하여 힌디어에서 접두사로 쓰이는 것이다.

1. 산스끄리뜨어 접두사

☑ 어간과 접두사가 결합할 때 인접한 음들이 만나 모음조화나 자음접변이 일어난다. 가령 접두사 दुः-는 어간의 첫 음에 따라 दुः 외에 दुर्-, दुश्-, दुस्- 등의 형태로 나타난다. 그러나 파생접미사가 붙을 때와 같은 어간의 장모음화나 반모음의 모음대체 등과 같은 변화는 일어나지 않는다.

접두사	의미	관련 어휘
अ-/अन्-	아닌, 없는	अज्ञान 무지, अधर्म 부정/죄, अस्वीकार 불인정, अमर 죽지 않는, अचल 부동의, अकाल 기근, अनीति 불의, अनेक 많은, अनन्त 끝없는, अमूल्य (›H.अमोल/अनमोल) 귀중한, अपठ (›H.अपढ़/अनपढ़) 무식한, अज्ञान (›H.अजान/अनजान) 모르는
अति-	지나친, 너머서, 과다, 초과된	अतिकाल 지연시간, अत्याचार 폭력/횡포, अतिरिक्त 추가하여, अतिशय 과도하게/과도한, अत्यन्त 극도로, अत्युक्ति 과장법

접두사	의미	관련 어휘
अधि-	위, 주요한, 가까운, 특별한	अधिकार 권리, अधिकारी 관리, अधिराज 주권자/국왕, अध्यात्म 지고의 신, अध्यक्ष 장(長), अधिपति 통치자
अप-	멀리, 아래, 열등한, 상반된	अपमान 모욕, अपशब्द 욕, अपराध 범죄/범칙, अपव्यय 낭비, अपवाद 예외, अपयश 불명예
अभि-	향하여, 쪽으로, 매우, 특별한, 대단한	अभिमान 자존심/교만, अभियान 원정, अभिज्ञान 기억/인지, अभिशाप 저주/악담, अभिनंदन 축하, अभिमुख 면전(에), अभिनय 연기
अनु-	후에, 뒤따르는, 같은, 순서에 따라, 보조의, 번번이	अनुशासन 규율, अनुज 동생, अनुपात 비율, अनुवाद 번역, अनुचर 시종/수행자, अनुकरण 모방, अनुरूप 같은 모양의/적합한
अव-	아래로, 나쁜, 떨어진	अवगत 아는, अवलोकन 검사/시찰, अवनत 굽은/저하된, अवज्ञा 무시, अवरोहण 하강, अवतार 화신
आ-	향하여, 가까이, 역으로, 까지	आकाश 하늘, आदान 수취, आजीवन 평생, आगमन 도착, आरम्भ 시작, आचरण 행위, आमुख 서문, आकर्षण 매력, आरोहण 상승
उत्-/उद्-/उन्-	위로, 좋은	उत्कर्ष 탁월/번영, उत्तीर्ण 통과한, उत्थान 일어남, उत्पन्न 생산된, उत्तम 최고의, उद्भव 기원, उद्योग 산업, उन्नति발전
उप-	가까이, 준하는, 보조의, 하위의, (노력/종류/능력이) 특별한	उपकार 선행, उपनिवेश 식민지, उपदेश 교훈, उपनिषद 우빠니샤드, उपस्थिति 출석, उपवन 정원/공원, उपनाम 별명, उपभेद 하위분류, उपाध्यक्ष 부의장
दुः-/दुर्-/दुश्-/दुष्/दुस्-	나쁜, 어려운, 열등한	दुःस्वप्न 악몽, दुर्बल 힘없는, दुर्जन 악당, दुर्लभ 구하기 힘든, दुर्भाग्य 불행, दुर्गुण 단점, दुराशा 절망, दुश्चरित्र 비행/타락, दुष्कर्म 악행, दुस्सह 참기 힘든
नि-	완전히, 안에, 아래에, 뒤에, 없는, 아닌	निकट 가까운, निकम्मा 직업이 없는, निडर 겁 없는, निदर्शन 예증/지도, निपात 몰락, नियुक्त 임명된, निवास 거주/거주지, निवारण 방지, निषेध 금지, निरोध 제한/억제, निबन्ध 수필, निहत्था 비무장의

접두사	의미	관련 어휘
निः-/निर्-/निश्-/निस्	없는, 아닌, 밖으로, 멀리, 완전히	निःशब्द 말없는, निर्वास 추방, निर्भय 두려움 없는, निर्वाह 이행, निर्दोष 결점 없는, नीरोग 무병의, निर्मल 깨끗한, निश्चित 확실한, निश्चल 부동의, निस्सार 핵심이 없는
परा-	멀리, 앞으로, 역으로, 최고의, 과도한	पराजय 패배, पराजेता 정복자, पराक्रम 활력, पराबैंगनी 자외선의, पराभव 파멸/패배, परामर्श 충고
परि-	둘레의, 충분히, 따르는	परिक्रमा 순회, परिजन 식솔, परिणाम 결과, परिधि 원/둘레, परिपूर्ण 완전한, परिवार 식구, परिभाषा 정의, परिचय 소개/면식
प्र-	앞으로, 대단히, 매우, 우수한	प्रकाश 빛, प्रख्यात 유명한, प्रयत्न 노력, प्रवाह 흐름, प्रक्रिया 과정, प्रचार 홍보, प्रबल 강력한, प्रभु 주(主), प्रयोग 사용, प्रगति 발전, प्रसार 전파, प्रयास 노력
प्रति-	대(對), 매(每), 역으로	प्रतिक्षण 매순간, प्रतिध्वनि 메아리, प्रतिनिधि 대표, प्रतिकार 보복, प्रत्येक 각각, प्रतिदान 매일, प्रतिकूल 거스른, प्रत्यक्ष 명백한
वि-	다른, 구분된, 아닌, 없는, 특별한	विकास 발전, विज्ञान 과학, विदेश 외국, विधवा 과부, विवाद 논쟁, विशेष 특별한, विस्मरण 망각, विराम 정지, वियोग 분리, विकार 변형, विनाश 파괴
स-	가지고, 함께, 같은	सफल 성공적인, सजीव 살아있는, सपरिवार 가족과 함께, सजातीय 같은 계급의, सदृश 같은 모습의
सम्-	함께, 잘, 완전히	संकल्प 결의, संग्रह 수집, संग्राम 전투, संतोष 만족, संन्यास 단념, सम्मेलन 회합, संयुक्त 결합된, संयोग 우연/조합, संरक्षण 보호, संस्कार 의례, संस्कृत 잘 만들어진/산스끄리뜨어, संहार 살육, समास 합성어
सु-	좋은, 잘, 매우	सुकृत 잘 한/잘 만든/덕행, सुगम 쉬운, सुलभ 얻기 쉬운, सुदूर 매우 먼, स्वागत 환영, सुयश 명성, सुभाषित 격언/잘 말한, सुवास 향기/명당/옷을 잘 입은, सुजन 선한 사람

2. 힌디어 접두사

☑ 접두사의 범위는 학자에 따라 다르다. 다음은 비교적 여러 문법서에서 언급되는 접두사들이다.

접두사	의미	관련 어휘
अधः-	아래에	अधःपतन 하락, अधोगति 하락, अधोमुख 고개 숙인, अधोलिखित 아래 쓰인
अन्तः-	안쪽에/사이에	अंतःकरण 마음/의식, अंतःपुर 내실(內室), अंतर्गत 포함된, अंतर्धान 소멸, अंतरिक्ष 하늘, अंतर्मन 내심, अंतर्देशीय 주사이의/국내의, अंतःश्वसन 들숨
उन-/उन्-	하나 적은 (‹ऊन모자라는)	उन्नीस 19, उनतीस 29, उनचास 49, उनसठ 59, उनहत्तर 69
कु-	나쁜, 결핍된	कुरूप 못생긴, कुपूत/कुपुत्र 불량아, कुचाल 악행
पर-	다른, 타인의, 다음의	परगत 죽은, परतंत्र 종속된, परदेश 타국, परपक्ष 다른 편, परलोक 저승, पराधीन 종속된
पुनः-	다시	पुनर्जन्म 재생, पुनरागमन 돌아옴, पुनर्जागरण 르네상스, पुनर्विवाह 재혼, पुनर्जीवन 재생/새 삶
पुरा-	과거에/전에	पुरातत्व 고고학, पुरातन 오래된, पुराण 뿌라나 경전
बहिर्-	밖에	बहिर्गमन 나감, बहिरंग 외부의, बहिष्कार 추방, बहिष्कृत 추방된
भर-	가득히, 완전히	भरपेट 배불리, भरपूर 충분한, भरसक 능력껏
सह-	함께	सहकार 협력, सहकर्मी 동료, सहचर 동료, सहपाठी 교우, सहभागी 동업자, सहमत 동의하는, सहयोगी 협업자, सहानुभूति 동정, सहोदर 친형제
स्व-	자신의	स्वतंत्र 독립, स्वदेश 조국, स्वराज्य 자치, स्वाधीन 자립, स्वार्थ 사리, स्वभाव 자연

2장 합성어와 산디

- 4과 합성어(समास)
- 5과 산디(सन्धि)

어근에서 시작하여 어간을 갖추고 파생접사와 결합하여 모양을 갖춘 단어들은 다시금 합성어를 통해 표현의 영역을 확장해 나간다. 이 장에서는 힌디어의 합성어가 갖는 주요 특징들과 유형을 살펴보고 파생이나 합성과정에 적용되는 음운규칙을 살펴본다.

4과 합성어

합성어* 구성에는 아래와 같이 다양한 품사들이 참여하여 경제적인 형태를 취한다.

(1) [명사+명사] माता-पिता 부모, मुँह-चोर 수줍은

(2) [명사+형용사] घुड़सवार (〈घोड़ा+सवार) 기수, मुँह-बंद 뚜껑이 닫힌

(3) [명사+분사] भीख-मंगा 거지, दूध-पीता 젖 먹는

(4) [명사+동사어근] पतझड़ (〈पत्ता-झड़) 가을, कमर-तोड़ 힘든

(5) [대명사+명사] स्वयं-सेवक 자원봉사자

(6) [대명사+대명사] अपना-पराया 자타

(7) [형용사+명사] महासागर (〈महान्+सागर) 대해

(8) [형용사+형용사] साफ़-सुथरा 깨끗한

(9) [수사+명사] दो-पहर 점심때

(10) [수사+형용사] छमाही (〈छः+माही) 여섯 달의

(11) [분사+분사] कहा-सुनी 논쟁, खाता-पीता 영양상태가 좋은

(12) [부정사+부정사] खाना-पीना 식음

(13) [동사어근+동사어근] देख-भाल 보살핌

(14) [부사+명사/형용사] यथाशक्ति 힘 닿는 대로, यथासंभव 가능한 한

* 합성어에 대한 내용은 최종찬(2013)의 논문에서 발췌한 것임.

1. 합성 규칙

가. 합성어를 형성할 때 일반적으로 단모음화나 자음의 생략이 따른다.

❖ 두 구성요소 중에서 선행요소의 축약이 가장 일반적이다.

धुड़सवार 기수 (घोड़ा 말 + सवार 타는 (자))
महासागर 대해 (महान् 큰 + सागर 바다)
तिकोना 삼각형 (तीन 셋 + कोना 각)
बचपन 어린시절 (बच्चा 아이 + पन 추상명사화 접사)

❖ 두 구성요소 모두 축약되기도 한다.

कपड़छन 천으로 거른 (कपड़ा 천+ छान 거르다)

❖ 후행요소만 축약되기도 한다.

मरघट 화장터 (मर 죽다 +घाट 강변의 나루터)

❖ 축약이 전혀 발생하지 않기도 한다.

राष्ट्रपति 대통령 (राष्ट्र 나라 +पति 장)
स्वर्गपति 인드라 (स्वर्ग 하늘 + पति 장)

나. 두 구성요소 중에서 길이가 짧거나 글자 수가 적은 것이 선행하는 경우가 많다.

माँ-बेटी 모녀
चौका-बर्तन 설거지
भूला-भटका 길 잃은
सोच-विचार 숙고

❖ 다른 어원의 요소들로 구성된 경우에도 같은 현상을 보인다.*

क़िस्सा-कहानी (A+H) 소설
मेला-तमाशा (H+P) 축제
सैर-सपाटा (A+H) 여행
घूस-रिश्वत (H+P) 뇌물
धन-दौलत (S+P) 재산/부

* A = 아랍어, H = 힌디어, P = 페르시아어, S = 산스끄리뜨어

다. 두 구성요소가 동일한 경우 단어 사이에 삽입음이 추가되기도 한다.

हाथों-हाथ 손에서 손으로/빠르게
रातों-रात 한밤중에
बीचों-बीच 한 가운데
दिनों-दिन 매일

라. 구성요소들은 두운이나 각운을 이룬다.

काम-काज 사무
डील-डौल 크기와 모양
छोटा-मोटा 크고 작은
सुख-दुख 행불행

❖ 어원이 다른 요소들로 구성된 경우에도 같은 현상을 보인다.

मरा-मुर्दा (H+P) 죽은
मालिक-मुखिया (A+H) 주인들
बाल-बच्चे (H+P) 아이들
रीति-रिवाज (S+A) 관례
साफ़-सुथरा (A+H) 깨끗한
तेज़-तीखा (P+H) 매운
हाल-चाल (A+H) 형편

마. 합성어의 성은 후행요소의 성을 따른다.

जल-वायु (m+f=f) 날씨
वायु-यान (f+m=m) 비행기

바. 합성어는 일반적으로 동일한 어원으로 구성된다.

दो-पहर (H+H) 점심때
रसोई-घर (H+H) 부엌
शोक-ग्रस्त (S+S) 슬픔에 빠진
हर-रोज़ (P+P) 매일
अमीर-ग़रीब (A+A) 빈부의
लाभ-हानि (S+S) 손익
नफ़ा-नुक़सान (A+A) 손익
स्त्री-पुरुष (S+S) 남녀
ख़रीद-फ़रोख़्त (P+P) 매매

❖ 다른 어원으로 이루어진 경우를 보면 인도의 지배어였던 영어와 페르시아어가 다수를 차지한다.

रेल-गाड़ी (E+H) 기차
बम-वर्षक (E+S) 폭격기
फ़िल्मोत्सव (E+S) 영화제
ज़िलाधीश (P+S) 지방법원판사
आब-हवा (P+A) 날씨
आँधी-तूफ़ान (A+E) 태풍
कचहरी-अदालत (H+P) 법정
धोखा-फ़रेब (H+P) 속임
गिरह-गाँठ (P+H) 매듭
अच्छा-ख़ासा (H+A) 좋은
थका-माँदा (H+P) 지친
फल-सब्ज़ी (S+P) 과일과 야채
किसान-मज़दूर (H+P) 농부와 노동자
ताड़ी-शराब (H+P) 종려주(棕櫚酒)와 술

खाँसी-ज़ुकाम (H+A) 기침과 감기
स्त्री-मर्द (S+A) 남녀
ख़रीद-बिक्री (P+H) 매매
अमीर-कंगाल (A+H) 빈부의
धरती-आसमान (H+P) 천지

2. 합성어의 유형

힌디어의 합성어는 연결합성어, 한정합성어, 소유합성어로 대별된다.*

가. 연결합성어

1) 두 구성성분이 병렬관계에 있다.

अन्न-जल 음식과 물
घर-घर 집집마다
दो-तीन 둘 또는 셋
बड़ा-छोटा 크고 작은
माँ-बाप 부모
राम-सीता 람과 씨따
कूड़ा-कचरा 쓰레기
थोड़ा-बहुत 다소
पढ़ा-लिखा 학식 있는
बाल-बच्चे 아이들
रात-दिन 주야로
सुख-चैन 평안

2) 두 요소의 의미가 융합하여 제삼의 의미를 표현한다

आबोहवा 날씨
घर-द्वार 가재일체(家財一切)
दाल-रोटी 음식/생계
कहा-सुनी 언쟁
जल-पान 다과
रुपया-पैसा 돈/부

3) 전체 또는 부분 반복으로 합성어를 이루기도 한다.

अड़ोस-पड़ोस 이웃
नौकर-चाकर 하인들
आस-पास 근처/가까이
पानी-वानी 음료수

* 힌디어의 합성어 유형은 Sharma(1983[1958])를 참조.

나. 한정합성어

☑ 한정합성어는 의존관계, 서술관계, 부사어 등을 나타낸다.

1) 의존관계: 선행요소가 후행요소에 의존하며 격관계에 있다.

❖ 목적격

अतिथि-सत्कार 손님접대

गिरह-कट 소매치기

ग्रंथ-कर्ता 저자/편집자

जल-पिपासु 목마른

मक्खी-चूस 구두쇠

विमान-वाहक 항공모함

वेद-विद् 베다를 아는

स्वर्ग-गत 천국에 간

❖ 도구격

ईश्वर-दत्त 신에 의해 주어진

दुःखांत 슬픔으로 끝나는/비극의

मन-माना 마음으로 인정한

मुँह-बोला 말로 결연한

हस्त-कृत 손으로 만들어진

हस्त-लिखित 손으로 쓰인

❖ 여격

आराम-कुर्सी 안락의자

गुरु-दक्षिणा 스승에게 드리는 수업료

टिकट-घर 매표소

देश-भक्ति 애국

राह-ख़र्च 여비

❖ 탈격

ऋण-मुक्त 빚에서 벗어난

जाति-भ्रष्ट 카스트에서 추방된

देश-निकाला 나라에서 추방된

भय-भीत 두려움에 겁먹은

❖ 소유격

तत्पुरुष (〈तस्य+पुरुष) 그의 사람/한정합성어

देव-गृह 신의 처소/사원/하늘

पन-चक्की 물레방아

रामानुज (〈राम+अनुज) 람의 동생

सेना-पति 부대장

आप-बीती 자신의 경험담

❖ 처소격

गृह-प्रवेश 입주

ग्राम-गत 마을을 간

घुड़-सवारी 승마

शरण-आगत 피난 온

❖ 일부 합성어는 선행요소가 기본형태가 아닌, 산스끄리뜨어의 격변화 형태가 쓰인다.

मनसिज 마음에서 일어난/사랑 (मनसि 처소격)
वाचस्पति 언어의 신 (वाचस् 소유격)
विश्वम्भर 세상을 유지하는/비슈누신 (विश्वम् 목적격)

❖ 선행하는 명사가 격관계에 더하여 추가적인 의미를 나타내기도 한다.

गोबर-गणेश 쇠똥으로 만든 가네시
बन-मानुष 숲에 사는 사람
बैल-गाड़ी 우차

2) 서술관계: 형용사 수사 등이 후행하는 요소를 수식한다.

अकालमृत्यु 요절
अंधविश्वास 미신
इकतारा 외줄 악기
कम-उम्र 어린 나이의
ख़ुशबू 향기
गृह-युद्ध 내전
नीलकंठ 시바
नीलोत्पल (<नील+उत्पल) 푸른 연꽃
पूर्ण-विराम 종지부
महाराजा 대왕
श्वेत-पत्र 백서
सज्जन 신사
स्वयंसिद्ध 자명한
हँसमुख 웃는 얼굴의
तिपहिया 삼륜의
त्रिभुवन 삼계(三界)
त्रिमूर्ति 삼신상(三神像)
दोअर्थी 이중 의미의
द्विवचन 쌍수
पंचभूत 오원소
सप्त-पदी 불 주위를 일곱 번 도는 결혼예식

3) 부사어: 부사 등이 구성에 참여하여 부사어를 만든다.

यथाकथित 언급된 것처럼
यथाशक्ति 힘 닿는 대로
यथाशीघ्र 가능한 빨리
यथासंभव 가능한 대로

다. 소유합성어

소유합성어는 형용사의 기능을 하며 '~을 소유한'의 의미를 나타낸다. 한정합성어와 구별하기 위해 힌디어에서는 -आ, -ई로 끝나는 형태가 쓰이기도 한다.

चंद्रमुखी 달 같은 얼굴을 가진
पद्म-नेत्र 연꽃 같은 눈을 가진
पीताम्बर 노란 옷을 입은 (자)/ 끄리슈나
बनवासी 숲에 사는 (자)
बहुव्रीहि (〈बहु+व्रीहि) 많은 쌀을 가진 (자)/소유합성어
बारह-सिंगा 12개의 뿔을 가진/수사슴
महा-रथी 큰 전차를 가진/대전사
मृगनयना 사슴 같은 눈을 가진

3. 합성어의 선행구성원으로만 나타나는 단어들

아래 अध, इति, चिर, तद् 와 같은 형용사 부사 대명사 등은 힌디어에서 독립적으로 쓰이기보다는 합성어의 선행구성원으로만 나타난다.

अध	반쪽의	अधजला 반쯤 탄, अधपका 만쯤 익은, अधखिला 반쯤 핀, अधमरा 거의 죽은
इति	이처럼	इतिश्री 전말, इतिहास 역사, इत्यादि 기타 등등, इतिवृत्त 연대기
चिर	긴/오랜	चिरकाल 오랜 시간, चिरायु 장수의, चिरस्मरणीय 오래 기억되는, चिररोगी 만성환자
चिरं	오래	चिरंजीवी 오래 사는, चिरंतन 오래된
तद्	그것(의)	तत्काल 즉시, तत्सम 따뜨삼 어휘, तत्पर 준비된/열심인, तद्भव 따드바브 어휘, तद्रूप 동형의, तदनंतर 그 후에, तन्मय 전념하는, तल्लीन 몰두한
पूर्व	전의/전에/전	पूर्वज 조상, पूर्वाग्रह 편견, पूर्वानुमान 예측, पूर्ववत् 전처럼, पूर्वोक्त 전에 언급한
सत्	좋은/참된	सज्जन 신사, सदाचार 선행, सत्कार्य 덕행, सत्कार 환대, सद्धर्म 참된 종교
सम	같은	समकालीन 동시대의/현대의, समदर्शी 공평한, समकोण 직각, समकालिक 동시대의/현대의
स्वयं	스스로	स्वयंभू 자존(自存), स्वयंवर 남편을 고르는 의례, स्वयंसेवक 자원봉사자, स्वयंसिद्ध 자명한

5과 산디

산디는 형태소들이 만나 파생어나 합성어를 형성할 때 인접하는 음들에 적용되는 모음조화나 자음접변을 말한다. 산디는 전통적으로 모음산디, 자음산디, 비사르가(विसर्ग)산디로 구분된다.

1. 모음산디

가. 산스끄리뜨어 모음의 분류

모음(स्वर)	अ,आ	इ,ई	उ,ऊ	ऋ,ॠ	ऌ	ए	ऐ	ओ	औ
단일 단모음(ह्रस्व)	अ	इ	उ	ऋ	ऌ				
단일 장모음(दीर्घ)	आ	ई	ऊ	ॠ					
구나(गुण)	अ	ए	ओ	अर्	अल्	ए		ओ	
브릿디(वृद्धि)	आ	ऐ	औ	आर्	आल्	ऐ	ऐ	औ	औ
반모음1(यण्)		य्	व्	र्	ल्				
반모음2(अयादि)						अय्	आय्	अव्	आव्

☑ 힌디어에서 쓰이는 모음은 위 표에서 ॠ와 ऌ를 제외하고 모두 11개이다(이하에서 ॠ와 ऌ는 설명에서 제외한다). 이중에서 अ, इ, उ, ऋ는 단모음이며 आ, ई, ऊ는 그에 상응하는 장모음이다. 그리고 ए, ऐ, ओ, औ는 이론적으로 이중모음의 속성을 갖는다.

☑ 산스끄리뜨어에서 अ, ए, ओ를 구나(गुण)라 한다(अदेङ्गुणः P.1.1.2). 또한 이론적으로 볼 때 단일모음에 अ의 값을 더한 것은 구나가 된다. 가령 इ/ई의 구나는 ए이고 उ/ऊ의 구나는 ओ이며 ऋ의 구나는 अर्이다. अ는 그 자체로 구나이다.

☑ 산스끄리뜨어에서 आ, ऐ, औ를 브릿디(वृद्धि)라 한다(वृद्धिरादैच् P.1.1.1). 또한 이론적으로 볼 때 구나에 अ의 값을 더한 것은 브릿디가 된다. 가령 ए의 브릿디는 ऐ이고 ओ의 브릿디는 औ이며 अर्의 브릿디는 आर्이다.

☑ 반모음(यण्)에는 य् व् र् ल्가 있다. 이들 반모음은 환경에 따라 각기 모음으로 전환되기도 한다. 가령 इ/ई의 반모음은 य्이고 उ/ऊ의 반모음은 व्이고 ऋ의 반모음은 र्이다.

나. 빠니니 수뜨라의 모음조화 규칙

1) अकः सवर्णे दीर्घः P.6.1.101

अक् (अ, इ, उ, ऋ) 뒤에 동류의 모음이 뒤따를 때는 결합하여 장모음이 된다.

❖ अ/आ+अ/आ → आ

सूर्य+अस्त → सूर्यास्त 일몰　　विद्या+आलय → विद्यालय 학교
कार्य+आलय → कार्यालय 사무실

❖ इ/ई+इ/ई → ई

प्रति+ईक्षा → प्रतीक्षा 기다림　　परि+ईक्षा → परीक्षा 시험
नदी+ईश → नदीश 대양　　रजनी+ईश → रजनीश 달(밤의 왕)

❖ उ/ऊ+उ/ऊ → ऊ

सु+उक्ति → सूक्ति 격언　　गुरु+उपदेश → गुरूपदेश 스승의 가르침

2) वृद्धिरेचि P.6.1.88

अ나 आ 뒤에 ए나 ऐ가 오면 결합하여 ऐ가 되고, ओ나 औ가 오면 결합하여 औ가 된다.

❖ अ/आ+ए/ऐ → ऐ

सदा+एव → सदैव 항상 | मत+ऐक्य → मतैक्य 만장일치

❖ अ/आ+ओ/औ → औ

महा+ओज → महौज 위대한 빛 | परम+औषध → परमौषध 상약(上藥)

3) आद्गुणः P.6.1.87

अ/आ와 만나서 इ/ई는 ए가 되고, उ/ऊ는 ओ가 되고, ऋ/ॠ는 अर्가 되고, ऌ는 अल्이 된다.

❖ अ/आ+इ/ई → ए

नर+ईश → नरेश 왕(사람의 주인) | परम+ईश्वर → परमेश्वर 절대자

महा+इन्द्र → महेन्द्र 위대한 인드라 | महा+ईश्वर → महेश्वर 시바(위대한 신)

❖ अ/आ+उ/ऊ → ओ

परम+उपयोगी → परमोपयोगी 아주 유용한 | सूर्य+उदय → सूर्योदय 일출

महा+उदय → महोदय 존경 받는 | महा+उत्सव → महोत्सव 대축제

❖ अ/आ+ऋ → अर्

सप्त+ऋषि → सप्तर्षि 북두칠성/일곱 현인

महा+ऋषि → महर्षि 대선인

4) इको यणचि P.6.1.77

다른 모음 앞에서 इ, ई는 य्가 되고, उ, ऊ는 व्가 되고, ऋ, ॠ는 र्가 되고 ऌ는 ल्가 된다

❖ इ/ई → य् /__+ इ/ई가 아닌 모음

अति+अल्प → अत्यल्प 매우 작은 | इति+आदि → इत्यादि 기타 등등

अति+उत्तम → अत्युत्तम 아주 좋은 | प्रति+एक → प्रत्येक 각각

❖ उ/ऊ → व् /__+ उ/ऊ가 아닌 모음

सु+आगत → स्वागत 환영

अनु+एषण → अन्वेषण 조사/연구

❖ ऋ/ॠ → र् /__+ ऋ/ॠ가 아닌 모음

पितृ+उपदेश → पित्रुपदेश 아버지의 가르침

मातृ+आनन्द → मात्रानन्द 어머니의 기쁨

5) एचोऽयवायावः P.6.1.78

다른 모음 앞에서 ए는 अय्가 되고, ओ는 अव्가 되고, ऐ는 आय्가 되고, औ는 आव्가 된다.

☞ 참고로 ए는 अ+इ/ई의 값이므로 다른 모음 앞에서 अय्가 되며, ऐ는 अ+ए의 값으로 다시 अ+अ+इ/ई로 풀면 आ+इ/ई의 값이 얻어지므로 다른 모음 앞에서 आय्가 된다. 마찬가지로 ओ는 अ+उ/ऊ의 값이므로 다른 모음 앞에서 अव्가 된다. औ는 अ+ओ의 값으로 다시 अ+अ+उ/ऊ로 풀면 आ+उ/ऊ의 값이 얻어지므로 다른 모음 앞에서 आव्가 된다.

❖ ए → अय् /__+ ए가 아닌 모음

ने(〈नी 데려가다)+अन → नयन 눈/인도

जे(〈जि 이기다)+अ → जय 승리

❖ ओ → अव् /__+ ओ가 아닌 모음

पो(〈पू 정화하다)+इत्र → पवित्र 신성한

गो+एषण → गवेषण 심우(尋牛)

❖ ऐ → आय् /__+ ऐ가 아닌 모음

गै+अक → गायक 가수

❖ औ → आव् /__+ औ가 아닌 모음

नौ+इक → नाविक 선원

2. 자음산디

자음산디는 두 형태소가 결합할 때 선행 형태소의 끝 자음이 후행 형태소의 첫 음과 만나 일어나는 음운현상이다. 유성음화, 비자음화, 자음 त्의 동화가 이에 해당한다.

가. 유성음화: 무성무기음은 비자음 이외의 유성음 앞에서 유성무기음이 된다.

☑ 무성무기음(क् च् ट् त् प्) → 유성무기음(ग् ज् ड् द् ब्) /__+ 유성음(비자음은 제외)

अप्+ज → अब्ज 연꽃

तत्+रूप → तद्रूप 동일한

अच्+अन्त → अजन्त 모음으로 끝나는

षट्+आनन → षडानन 스깐다(स्कंद) 신 (여섯 얼굴의)

दिक्+गज → दिग्गज 팔방을 지키는 코끼리/지역의 관할권을 가진 장군

나. 비자음화: 무성무기음은 비자음 앞에서 비자음이 된다.

☑ 무성무기음(क् च् ट् त् प्) → 비자음(ङ् ञ् ण् न् म्))/__+ 비자음

वाक्+मय → वाङ्मय 문학

षट्+मास → षण्मास 여섯 달

उत्+नत → उन्नत 발전한

다. 자음 त्의 동화: त्는 뒤따르는 음들에 따라 아래와 같이 변한다.

☑ त्+च्/छ्/ज्/झ् → च्च्/ च्छ्/ ज्ज्/ ज्झ्

सत्+जन → सज्जन 신사

उत्+छेद → उच्छेद 파괴/근절

सत्+चित्+आनन्द → सच्चिदानन्द 존재-의식-지복의 최고존재

☑ त्+ट्/ठ्/ड्/ढ्→ ट्ट्/ ट्ठ्/ ड्ड्/ ड्ढ्

सत्+टीका → सट्टीका 탁월한 주석

☑ त्+ल् → ल्ल्

तत्+लीन → तल्लीन 몰두한

उत्+लास → उल्लास 기쁨

☑ त्+श् → च्छ्

उत्+श्वास → उच्छ्वास 한숨

☑ त्/द्+ह् → द्ध

उत्+हरण → उद्धरण 추출/인용

3. 비사르가산디

단어의 끝에 오는 श् ष् स् 그리고 비사르가는 환경에 따라 상배적으로 나타난다. 다시 말해 음소 /ḥ/는 전후의 음에 따라 श् ष् स् ः 등으로 나타난다.

☑ 비사르가산디가 적용되는 세부 조건은 아래와 같다.

	음소	이음	조건
가	/ḥ/	ष्	क् ख् प् फ् ट् ठ् 앞에서
나		श्	च् छ् 앞에서
다		स्	त् थ् 앞에서
라		श् ष् स् 또는 ः	श् ष् स् 앞에서
마		र्	अ/आ 이외의 모음과 유성음 사이에서
바		ः	अ모음과 क् ख् प् फ् 사이에서
사		ओ	अ모음과 유성자음 사이에서
아		Ø	अ모음과 अ가 아닌 모음 사이에서
자		ओ(뒤의 अ는 생략)	अ모음과 अ 모음 사이에서

가. /ḥ/는 क् ख् प् फ् ट् ठ् 앞에서 ष्가 된다. 단, (바)의 규칙이 우선 적용된다.

निः+काम → निष्काम 욕망이 없는
निः+पक्ष → निष्पक्ष 편파성이 없는
निः+फल → निष्फल 열매가 없는
दुः+कृत → दुष्कृत 나쁜 짓을 한
दुः+प्राप्य → दुष्प्राप्य 얻기 힘든
धनुः+टंकार → धनुष्टंकार 활 울리는 소리

나. /ḥ/는 च् छ् 앞에서 श्가 된다.

तपः+चर्या → तपश्चर्या 금욕수행
निः+छल → निश्छल 사기성이 없는
दुः+चरित्र → दुश्चरित्र 사악한

다. /ḥ/는 त् थ् 앞에서 स्가 된다.

मनः+ताप → मनस्ताप 마음의 고통
निः+तल → निस्तल 바닥이 없는
दुः+तर → दुस्तर 도달하기 힘든

라. /ḥ/는 श् ष् स् 앞에서 선택적으로 श् ष् स्가 되거나 비사르가로 남는다. 즉 뒤의 음과 완전동화하거나 비사르가로 남는다.

दुः+शिष्य → दुःशिष्य/ दुश्शिष्य 나쁜 학생
निः+संतान → निःसंतान/ निस्संतान 자식이 없는

마. /ḥ/는 अ/आ 이외의 모음과 유성음 사이에서 र्가 된다. 이 산디의 결과로 र्가 중첩될 때는 र्가 하나 생략되고 앞의 모음이 장모음이 된다.

निः+अन्तर → निरन्तर 지속적인
निः+लज्ज → निर्लज्ज 창피한 줄 모르는
दुः+आशा → दुराशा 헛된 희망
दुः+जन → दुर्जन 악당
आयुः+वेद → आयुर्वेद 의학
निः+रोग → नीरोग 병이 없는

바. /ḥ/는 अ모음과 क् ख् प् फ् 사이에서 비사르가로 남는다.

प्रातः+काल → प्रातःकाल 새벽
मनः+खेद → मनःखेद 마음의 슬픔
अधः+पात → अधःपात 하락
तपः+फल → तपःफल 고행의 열매

사. /ḥ/는 अ모음과 유성자음 사이에서 ओ가 된다.

अधः+मुख → अधोमुख 얼굴을 숙인

अधः+लिखित → अधोलिखित 아래 쓰인/기록된

मनः+ज → मनोज 사랑의 신(कामदेव)

मनः+रञ्जन → मनोरञ्जन 오락/여흥

मनः+विज्ञान → मनोविज्ञान 심리학

아. /ḥ/는 अ모음과 अ가 아닌 모음 사이에서 생략된다.

अतः+एव → अतएव 그러므로

자. /ḥ/는 अ모음과 अ 모음 사이에서 ओ가 되며 후행하는 अ는 생략된다.

मनः+अभिलाषा → मनोभिलाषा 마음의 소망

2부

어근과 단어형성

1장 भ्वादिगण

2장 अदादिगण

3장 जुहोत्यादिगण

4장 दिवादिगण

5장 स्वादिगण

6장 तुदादिगण

7장 रुधादिगण

8장 तनादिगण

9장 क्र्यादिगण

10장 चुरादिगण

1장 भ्वादिगण

- 1과 भू (होना)
- 2과 ईक्ष् (देखना)
- 3과 कम्प् (काँपना)
- 4과 क्रम् (चलना)
- 5과 खन् (खोदना)
- 6과 खाद् (खाना)
- 7과 गम् (जाना)
- 8과 जि (जीतना)
- 9과 दृश् (देखना)
- 10과 धृ (थामना)
- 11과 नम् (झुकना)
- 12과 नी (ले जाना)
- 13과 पठ् (पढ़ना)
- 14과 पा (पीना)
- 15과 रक्ष् (रक्षा करना)
- 16과 वद् (बोलना)
- 17과 वस् (रहना)
- 18과 सेव् (सेवा करना)
- 19과 स्था (रुकना)
- 20과 स्मृ (स्मरण करना)
- 21과 हृ (चुराना)

1과 भू

P. **भवति**

होना 이다, हो जाना 되다, उपस्थित होना 존재하다, घटित होना 발생하다, उत्पन्न होना 생겨나다

+ प्रत्यय

भव [भू+अ(अप्)] m. अस्तित्व 존재, उत्पत्ति 생기(生起), स्रोत 근원, संसार 윤회, जगत् 현세

भवदीय [भवत्의 소유격] prn. आपका (편지의 결어) 당신의(남성) ☞ भवदीया prn. 당신의(여성)

भवन [भू+अन(ल्युट्)] m. घर 집, आवास 주거지, मकान 건물

भवितव्य [भू+तव्य(तव्यत्)] a. घटित होने वाला (장래에) 일어날, होनहार 전도유망한, अवश्यंभावी 필연적인

भविष्य [भू+स्य(लृट्)+अ(शतृ의 त् 생략)] m. आने वाला काल 미래, भविष्यत्काल 미래시제

भव्य [भू+य(यत्)] a. शानदार 화려한, विशाल 성대한 ☞ भव्य मकान 화려한 집

भव्यता [भव्य+ता] f. सजावट 장려(壯麗), सुंदरता 화려

भाव [भू+अ(घञ्)]/[भू+(णिच्)+अ(अच्)] m. अस्तित्व 존재, मनोविकार 감정/정서, मूल्य 가격, मतलब 의미

भावक [भू+अक(ण्वुल्)] a. भाव उत्पन्न करने वाला 감정을 일으키는, उत्पादक

생산하는, भक्त 헌신적인

भावन [भू+(णिच्)+अन(ल्यु)] m. निमित्त 원인, स्रष्टा 창조자

भावना [भू+(णिच्)+(युच्)*+आ(टाप्)] f. मनोभाव 감정, इच्छा 욕구, भाव 정서, चिंता 걱정

भावमय [भाव+मय] a. भावों से युक्त 감정적인, भावों में मग्न 정감이 넘치는

भावित [भू+(णिच्)+इत(क्त)] a. उत्पन्न किया गया 생산된, बनाया गया 만들어진, कल्पना किया गया 상상된, सोचा हुआ 생각된, मिलाया हुआ 섞인

भावी [भाविन्의 주격] a. भविष्यकालीन 미래의, भविष्य में होने वाला 미래에 일어날

भावुक [भू+उक(उकञ्)] a. संवेदनशील 감상적인, उत्तम भावना करने वाला 감수성이 강한, कोमलचित्त 정서적인

भावुकता [भावुक+ता] f. भावप्रवणता 감수성, भावों से परिचालित होने की प्रवृत्ति 감상적임

भाव्य [भू+य(ण्यत्)] a. घटित होने वाला 미래의, अवश्यंभावी 필연적인

भुवन [भू+(क्युन्)] m. लोक 세계 ☞ त्रिभुवन m. तीन लोक 천계 지계 지하계의 삼계(三界)

भू [भू+(क्विप्)] a. विद्यमान 현존하는, उत्पन्न 생겨나는 f. भूमि 땅, पृथ्वी 지구

भूत [भू+त(क्त)] a. बीता हुआ 지나간, अतीत 과거의 m. प्रेत 유령, भूतकाल 과거, मूलतत्त्व 원소

भूति [भू+ति(क्तिन्)] f. सत्ता 존재, उत्पत्ति 출생/근원, संपत्ति 부, वैभव 호사(豪奢)

भूमि [भू+मि] f. ज़मीन 땅/대지, धरती 지구

भूमिका [भूमिक+आ(टाप्)] f. प्राक्कथन 서문, पृष्ठभूमि 배경, योगदान 기여, नाटक आदि में किसी पात्र का रोल 역할/배역, भूमि 땅, जगह 장소 ☞ भूमिका

---

* युच् 접사는 P.3.3.107 참조.

निभाना 역할을 수행하다

भूरि [भू+रि(क्रिन्)] a. बहुत 많은, प्रचुर 풍부한 ☞ भूरि-भूरि प्रशंसा 격찬

उपसर्ग +

अ- 아닌/없는

अभाव [अ+भाव] m. अविद्यमानता 부재, कमी 부족 ☞ अभावग्रस्त a. 곤궁한/궁핍한/생활이 힘든

अभूत [अ+भूत] a. जो हुआ न हो 발생하지 않은, अपूर्व 전에 없는, वर्तमान 현재의

अनु- 뒤따르는

अनुभव [अनु+भव] m. तजरबा 경험, संवेदन 감수(感受) ☞ अनुभवजन्य a. 경험적인/경험상의, अनुभववाद m. 경험주의, अनुभवहीन a. 경험이 없는

अनुभवी [अनु+भवी] a. अनुभवसंपन्न 경험이 있는

अनुभाव [अनु+भाव] m. मनोगतभाव की सूचक बाह्य चेष्टाएँ (시학) 감정표출

अनुभूति [अनु+भूति] f. भाव का अनुभव 실감, अहसास 느낌, संवेदना 감각(感覺) ☞ अनुभूतिशून्य a. 감각이 없는

अभि- 위에/특별한

अभिभावक [अभि+भावक] m. संरक्षक 후견인, सरपरस्त 보호자

उद्- 위로

उद्भव [उद्+भव] m. उत्पत्ति 발생, जन्म 탄생, उद्गम 기원, उत्पत्ति-स्थान 발생지

उद्भावना [उद्+भावना] f. उत्पत्ति 발생, मन की अद्भुत सूझ-बूझ 발상/착상, कल्पना 상상

प्र- 앞으로/대단한

प्रभाव [प्र+भाव] m. तासीर 영향, असर 효과, परिणाम 결과, धाक 위엄

प्रभावकारी [प्र+भाव+कारी] a. प्रभावी 영향을 주는, परिणामकारी 결과를 낳는, शक्तिशाली 힘있는

प्रभावशाली [प्र+भाव+शाली] a. प्रभाववाला 영향력 있는, परिणामकारी 결과를 낳는

प्रभावित [प्र+भावित] a. जिसपर प्रभाव पड़ा हो 영향을 받은

प्रभु [प्र+भु(भू+डु)] m. मालिक 주인, ईश्वर 신

सम्- 함께/잘

संभव [सं+भव] a. हो सकने योग्य 할 수 있을 만한, मुमकिन 가능한 ☞ असंभव a. 불가능한

संभवतः [संभव+तः] ad. संभवतया 아마

संभावना [सं+भावना] f. वह स्थिति जिसमें किसी घटना के पूर्ण होने की आशा हो 가능성

संभावित [सं+भावित] a. जिसके होने की संभावना हो 가능성 있는

संभाव्य [सं+भाव्य] a. जिसकी संभावना हो 가능성 있는

स्व- 자신의

स्वभाव [स्व+भाव] m. प्रवृत्ति 기질, अपना भाव 본성, मिज़ाज 성향, चरित्र 성격, मूल गुण 본질, लक्षण 특질, सहज प्रकृति 천성

स्वाभाविक [स्वभाव+इक] a. स्वभावजन्य 타고난, प्राकृतिक 자연스런

यौगिक शब्द

भव 윤회/현세 ~

भवचक्र [भव+चक्र 바퀴] m. संसार में बार-बार जन्म लेने और मरने का सिलसिला 윤회의 바퀴

भवजाल [भव+H.जाल 그물] m. सांसारिक प्रपंच 속진(俗塵), माया 마야

भवतृष्णा [भव+तृष्णा 갈망] f. सांसारिक सुख के भोग की प्रबल इच्छा 세속적 향락의 추구

भवसागर [भव+सागर 바다] m. संसार रूपी समुद्र 생사윤회의 바다

भविष्य 미래 ~

भविष्यकथन [भविष्य+कथन 말] m. भविष्यवाणी 예보/예고

भविष्यकाल [भविष्य+काल 시제] m. भविष्यत्काल 미래시제

भविष्यद्रष्टा [भविष्य+द्रष्टा 보는 자] m. भविष्यवक्ता 예언자, ज्योतिषी 점성가, भविष्यदर्शी 선견자

भविष्यनिधि [भविष्य+निधि 기금] f. भविष्य के लिए निधि 후생기금, प्राविडेंट फंड 준비기금

भविष्यवक्ता [भविष्य+वक्ता 화자] m. भविष्यदर्शी 예언자

भविष्यवाणी [भविष्य+वाणी 말] f. भविष्यकथन 예언

भाव 감정/정서/심리/의미 ~

भावचित्र [भाव+चित्र 그림] m. इडियोग्रैम 표의문자

भावदशा [भाव+दशा 상태] f. मनोदशा 마음의 상태, मानसिक स्थिति 심리상태

भावपूर्ण [भाव+पूर्ण 가득한] a. भावप्रधान 감상적인, भावनात्मक 감정/정서적인

भावप्रधान [भाव+प्रधान 으뜸의] a. = भावपूर्ण

भावप्रवण [भाव+प्रवण 치우친] a. भावुक 감상적인

भावबोधक [भाव+बोधक 알리는] a. भाव प्रकट करने वाला 표현하는

भावभंगिमा [भाव+भंगिमा 몸짓] f. भावमुद्रा 표정/기색(氣色)

भावभीना [भाव+भीना 연결된] a. भाव से युक्त 감동적인 ☞ भावभीनी श्रद्धांजलि 감동적인 추도

भावमुद्रा [भाव+मुद्रा 표정] f. भावभंगिमा 표정

भाववाचक [भाव+वाचक 나타내는] a. किसी चीज़ का भाव, गुण आदि बताने वाला 추상적인 m. भाववाचक संज्ञा 추상명사

भाववाच्य [भाव+वाच्य 태] m. क्रिया का वह अकर्मक रूप जो क्रिया के व्यापार का ही बोध कराता है 비인칭태

भावविभोर [भाव+विभोर 몰두한] a. भावना में खोया हुआ 감동에 젖은

भावविह्वल [भाव+विह्वल 동요한] a. भाव से आतुर 감동하여 마음이 흔들리는

भावशुद्धि [भाव+शुद्धि 순수] f. भाव की सत्यता 진면목, नेकनीयती 성심

भावशून्य [भाव+शून्य 없는] a. अनासक्त 집착이 없는, जिसका चित्त विकल न होता हो 초연한

भावहीन [भाव+हीन 없는] a. जिसमें भाव न हो 감정이 없는, संवेदनारहित 감성이 없는

भावात्मक [भाव+आत्मक 속성을 가진] a. भावयुक्त 감정의, भावपूर्ण 감정적인, जिसमें किसी भी प्रकार का मानसिक भाव हो 정서적인

भावाभिव्यक्ति [भाव+अभिव्यक्ति 표현] f. भावों की अभिव्यक्ति 감정표현

भावार्थ [भाव+अर्थ 목적/의미] m. तात्पर्य 취지, अभिप्राय 의도

भावावेग [भाव+आवेग 충동] m. भावुकता 감상적임, भावों की प्रबलता 감정의 격함

भावावेश [भाव+आवेश 흥분] m. भावना से पूर्ण आवेश 격정, भावोत्तेजना 흥분

भावोत्तेजक [भाव+उत्तेजक 자극하는] a. भावनाओं को उकसाने वाला 정서를

자극하는

भावोन्माद [भाव+उन्माद 흥분] m. भावों की तीव्रता या उन्माद 격정, भावावेश 흥분

भावोन्मेष [भाव+उन्मेष 열림] m. भाव का उदय 감정이 생겨남

भावना 감정/정서 ~

भावनात्मक [भावना+आत्मक 속성을 가진] a. भावनाप्रधान 정서적인/감정적인

भावनाशून्य [भावना+शून्य 없는] a. भावनारहित 감정이 없는

~ भावी 미래의

अवश्यंभावी [अवश्यं 반드시+भावी] m. जिसका होना निश्चित हो 운명적인, अनिवार्य 필연의

भुवन 세계 ~

भुवनत्रय [भुवन+त्रय 셋] m. त्रिभुवन 삼계(三界)(천상계, 지상계, 지하계)

भुवनेश [भुवन+ईश 주(主)] m. दुनिया का स्वामी 세계의 주(主), शिव की एक मूर्ति 시바 신상

भुवनेश्वर [भुवन+ईश्वर 신] m. ओडिशा राज्य की राजधानी (지명) 오리사 주의 주도(州都), शिव 시바 신

भुवनपति [भुवन+पति 주인] m. राजा 왕, जगत या लोक का स्वामी 세상의 주인

भुवनमोहिनी [भुवन+मोहिनी 미녀] f. देवी 여신, रूपवती स्त्री 미녀

भू 지구/땅 ~

भू-उपग्रह [भू+उपग्रह 위성] m. भूस्थिर उपग्रह 인공위성

भूकंप [भू+कंप 진동] m. भूचाल 지진

भूखंड [भू+खंड 부분] m. भूभाग 영토, पृथ्वी का खंड 지역/판도(版圖)

भूगर्भ [भू+गर्भ 자궁] m. पृथ्वी के नीचे वाला भाग 지하/땅속 ☞ भूगर्भ

विज्ञान m. 지질학

भूगोल [भू+गोल 원형] m. पृथ्वी 지구, पृथ्वी तल से संबंधित शास्त्र 지리학 ☞ भौगोलिक 지구의

भूचाल [भू+H.चाल 움직임] m. भूकंप 지진

भूजल [भू+जल 물] m. भूगर्भीय जल 지하수

भूतल [भू+तल 바닥] m. धरातल 지면(地面), भूमि की सतह 땅의 표면, पाताल लोक 지하계, संसार 세계

भूधर [भू+धर 붙잡는] m. पहाड़ 산

भूप [भू+प* 보호자] m. भूपति 왕, पृथ्वी का स्वामी 군주

भूपाल [भू+पाल 수호자] m. = भूप

भूपेन्द्र [भूप+इन्द्र 인드라] m. राजा 왕, सम्राट 황제

भूमंडल [भू+मंडल 원형체] m. धरती 지구

भूमध्यसागर [भू+मध्य 가운데+सागर 바다] m. उत्तरी अफ्रीका, यूरोप, अनातोलिया तथा मध्य पूर्व के बीच स्थित सागर 지중해

भू-राजनीति [भू+राजनीति 정치] f. भौगोलिक राजनीति 지정학

भूविज्ञान [भू+विज्ञान 지식] m. भौमिकी 지질학

भूस्वामी [भू+स्वामी 주인] m. भू का स्वामी 토지 소유자

~ भू 생겨나는

स्वयंभू [स्वयं 스스로+भू] a. स्वयं उत्पन्न 자생적인 m. ब्रह्मा 브라흐마 신

भूत 과거의 ~

भूतपूर्व [भूत+पूर्व 이전의] a. पूर्ववर्ती 전(前)의, भूतकालीन 과거의 ☞ अभूतपूर्व a. 전대미문의/진기한

* प = [पा 지키다+कृत접사]

~ भूत 원소

पंचभूत [पंच 다섯+भूत] m. पाँच मूलतत्व 5원소(지수화풍공)

तद्भव शब्द

भावताव [भाव+ताव] m. मूल्य 가격 ☞ भावताव करना 값을 흥정하다

मोलभाव [मोल 가격+भाव] m. मोलतोल 흥정 ☞ मोलभाव करना 흥정하다

प्रयोग

भविष्य में क्या होगा, हम क्या कह सकते हैं?

미래에 뭐가 일어날지, 우리가 무엇을 말할 수 있을까?

उसने **भावुकता से** कहा कि जहाँ प्रेम नहीं है, वहाँ कोई स्त्री नहीं रह सकती।

그녀가 **감상적으로** 말했다 "사랑이 없는 곳에 어떤 여인도 살 수 없어요."

आईआईटी छात्र राष्ट्र-निर्माण में अपनी **भूमिका** निभाएँगे।

IIT 학생들이 국가건설에 자신의 **역할**을 수행할 것이다.

आजकल मन में तरह-तरह के **भाव** आते रहते हैं।

요즘 마음에 다양한 **감정**이 계속 일어난다.

रमण, रमा का **भावी** पति है।

라만은 라마의 **장래의** 남편이다.

2과 ईक्ष्

A. ईक्षते

देखना 보다, अवलोकन करना 관찰하다, विचार करना 생각하다, समझना 헤아리다

+ प्रत्यय

ईक्षक [ईक्ष्+अक(ण्वुल्)] m. देखने वाला 보는 사람, जाँच करने वाला 관찰하는 사람, विचार करने वाला 생각하는 사람

ईक्षण [ईक्ष्+अन(ल्युट्)] m. देखना 보기, दृष्टि 시각, जाँच 관찰, विचार 고려, विवेचन 검토, आलोचना 비평

ईक्षा [ईक्ष्+अ+आ(टाप्)] f. नज़र 시선, नज़र डालना 봄, विचार 고려, विवेचन 검토

ईक्षित [ईक्ष्+इत(क्त)] a. देखा हुआ 본, जाँचा हुआ 관찰된, विवेचित 검토된

उपसर्ग +

अन्तर्- 안쪽에/사이에

अंतरिक्ष/अंतरीक्ष [अन्तर्+ईक्ष 봄] m. स्पेस 우주

अप– 멀리/떨어져/앞

अपेक्षक/अपेक्षी [अप+ईक्षक/ईक्षी] a. अपेक्षा करने वाला 기대하는

अपेक्षण/अपेक्षा [अप+ईक्षण/ईक्षा] m./f. आशा 희망, आकांक्षा 기대, आवश्यकता 필요, तुलना 비교

अपेक्षणीय/अपेक्ष्य [अप+ईक्ष्+अनीय/य] a. अपेक्षा करने योग्य 기대할 만한, वांछनीय 희망할 만한

अपेक्षया [अपेक्षा의 도구격] ad. अपेक्षाकृत 상대적으로, किसी की तुलना में 비교적으로

अपेक्षित [अप+ईक्षित] a. जिसकी अपेक्षा की गई हो 기대된, जिसकी आवश्यकता हो 필요한

उत्– 위

उत्प्रेक्षा [उत्+प्रेक्षा] f. अनुमान 짐작, एक अर्थालंकार जिसमें उपमेय में उपमान की संभावना की जाती है 직유법

उप– 하위의

उपेक्षा [उप+ईक्षा] f. अवहेलना 무시, तिरस्कार 경시, उदासीनता 방치, लापरवाही 주의태만

निर्– 완전한/확실한

निरीक्षक [निर्+ईक्षक] f. निरीक्षण करने वाला व्यक्ति 감찰관, किसी काम की देखभाल करने वाला 검사관 ☞ परीक्षा निरीक्षक 시험 감독관

निरीक्षण/निरीक्षा [निर्+ईक्षण/ईक्षा] m./f. ग़ौर से देखना 관찰, देख-रेख करना 감시, निगरानी करना 감독

प्र– 앞

प्रेक्षक [प्र+ईक्षक] m. दर्शक 관객/관람객

प्रेक्षण [प्र+ईक्षण] m. (किसी सार्वजनिक दृश्य, नाट्य-प्रदर्शन आदि को) देखना 관람, ध्यानपूर्वक देखने का भाव 관찰, निगरानी 감독

प्रेक्षणीय [प्र+ईक्ष्+अनीय] a. देखने के योग्य 볼 만한, दृष्टिगोचर 명백한, विचार

के योग्य 고찰할 만한

प्रेक्षा [प्र+ईक्षा] f. देखना 보기/관람, निगाह 눈길, किसी बात की अच्छाई या बुराई का विवेक 고찰

परि- 주변의/충분히

परीक्षक [परि+ईक्षक] m. परीक्षा लेने/करने वाला 시험위원, परखने वाला 심사관, जाँचने वाला 검사관

परीक्षण [परि+ईक्षण] m. परीक्षा लेने का काम 시험, जाँच करने की क्रिया 실험, रोग आदि का पता लगाने के लिए स्वास्थ्य की जाँच 검사

परीक्षा [परि+ईक्षा] f. गुण-दोष, योग्यता आदि की जाँच करने के लिए अच्छी तरह देखना 심사/검사, इम्तहान 시험

परि- + अव- 아래

पर्यवेक्षक [परि+अवेक्षक] m. काम की देखभाल या निगरानी करने वाला अधिकारी 감독관/감시관 ☞ चुनाव पर्यवेक्षक 선거감독관

पर्यवेक्षण [परि+अवेक्षण] m. निगरानी करना 감독, चारों तरफ़ निगाह रखना 감찰

परि- + प्र- 앞

परिप्रेक्ष्य [परि+प्रेक्ष्य] m. देखने या सोचने की दृष्टि विशेष 관점, पर्सपेक्टिव 전망/원근법

प्रति- 대(對)하여

प्रतीक्षा [प्रति+ईक्षा] f. इंतज़ार 기다림/대기

प्रतीक्षित [प्रति+ईक्ष्+इत] a. जिसकी प्रतीक्षा की गई हो 기다린/고대한

सम्- 함께/완전히/잘

समीक्षक [सम्+ईक्षक] m. समालोचक 비평가/평론가

समीक्षा [सम्+ईक्षा] f. समालोचना 비평/평론

समीक्षित [सम्+ईक्षित] a. जिसकी समीक्षा की गई हो 비평된

यौगिक शब्द

प्रतीक्षा 대기 ~

प्रतीक्षालय [प्रतीक्षा+आलय 장소] m. प्रतीक्षा करने का कमरा 대기실

प्रतीक्षारत [प्रतीक्षा+रत 몰두한] a. जो किसी की प्रतीक्षा कर रहा हो 대기중인

प्रतीक्षा सूची [प्रतीक्षा+सूची 목록] f. किसी चीज़ की प्रतीक्षा में रत लोगों की सूची 대기자 명단

प्रेक्षा 관람 ~

प्रेक्षागृह/प्रेक्षागार/प्रेक्षास्थान [प्रेक्षा+गृह/आगार/स्थान 장소] m. रंगशाला/नाट्यशाला/थियेटर 극장

प्रयोग

शर्णार्थी संकट के संबंध में विदेश मंत्रालय का उत्तर अभी **प्रतीक्षित** है।
난민 문제와 관련하여 외교부의 답변을 현재 **기다리는 중**이다.

त्योहार के मौक़े पर बाज़ार में सामान्य दिनों **की अपेक्षा** अधिक भीड़ रहती है।
축제 날에 시장에 평일에 **비교하여** 더욱 붐빈다.

शिक्षकों की ज़िम्मेदारियों को आज के **परिप्रेक्ष्य** में देखा जाना चाहिए।
교육자들의 의무들이 오늘날의 **관점**에서 살펴봐질 필요가 있다.

चुनाव **पर्यवेक्षकों** ने अपनी रिपोर्ट सौंप दी है।
선거 **감독관들**이 자신의 보고서를 보냈다.

बॉलिवुड चैनल पर नई रिलीज होने वाली फ़िल्मों की **समीक्षा** की जाती है।
볼리우드 채널에서 새로 방영되는 영화들이 **비평**된다.

3과 कम्प्

A. कम्पते

हिलना-डुलना 흔들리다, काँपना 진동하다

+ प्रत्यय

कम्प(कंप)	[कम्प्+अ(घञ्)] m. थर्राहट 진동
कम्पन(कंपन)	[कम्प्+अन(युच्)] m. काँपने या थरथराने की क्रिया 진동, कँपकँपी 흔들림
कम्पमान(कंपमान)	[कम्प+मान] a. काँपता हुआ 떠는/진동하는
कम्पित(कंपित)	[कम्प्+इत(क्त)] a. काँपता हुआ 떨리는, हिलता हुआ 흔들리는, काँपा हुआ 진동한
कम्पायमान(कंपायमान)	[कंपाय+मान] a. कँपाने वाला 흔드는/진동시키는

उपसर्ग +

अनु- 뒤따르는/같은

अनुकंपा	[अनु+कंपा] f. दया 동정, सहानुभूति 동감, हमदर्दी 연민
अनुकंपित	[अनु+कंपित] a. जिसके प्रति दया या सहानुभूति प्रकट की गई हो 동정

받은/동감된

प्र– 대단한/강한

प्रकंप [प्र+कम्प] m. कँपकँपी 진동, थरथराहट 흔들림

प्रकंपित [प्र+कंपित] a. काँपता हुआ 진동하는, हिलता हुआ 흔들리는, कँपाया हुआ 진동된

वि– 특별한

विकंपित [वि+कंपित] a. काँपता हुआ (손이나 목소리가) 떨리는

यौगिक शब्द

~ कंप 진동 ~

कंपमापक [कंप+मापक 측정기] m. कंपमापी 지진계 ☞ भूकंप मापक यंत्र

कंपविज्ञान [कंप+विज्ञान 학] m. भूकंप विज्ञान 지진학

भूकंप [भू 땅+कंप] m. भूचाल 지진

तद्भव शब्द

कँपकँपाना [कँपकँप+आना]* vi. क्रोध, भय या शीत आदि के कारण शरीर में कंपन होना (분노 두려움 추위 등으로 몸을) 떨다

कँपकँपी [कँपकँप+ई] f. शरीर में होने वाला कंपन 몸을 떠는 행위, थरथराहट 달달 떪

कँपना/काँपना [〈कम्पते] vi. कम्पन होना 진동하다, हिलना 흔들리다, थर्राना 떨다

कँपाना [कँप+आ+ना] vt. किसी को काँपने में प्रवृत्त करना 떨게 하다, हिलाना 흔들다

* 의성어/의태어에 -आना가 추가되면 동사가 된다.

प्रयोग

भूकंप से दीवारों में दरार आ गई है।

지진으로 벽들에 틈이 생겼다.

बाढ़-पीड़ित की आवाज़ दुःख से **काँप** रही थी।

홍수 피해자의 목소리가 슬픔에 **떨리**고 있었다.

लद्दाख में पड़ी कड़ाके की ठंड ने सबको **कँपा** दिया है।

라다크에 닥친 폭한이 모두를 **떨게** 했다.

पर्वतारोही अचानक जंगली सूअर को सामने देखकर थर-थर **काँपने** लगा।

등산객이 갑자기 맷돼지가 앞에 있는 것을 보고 달달 **떨기** 시작했다.

भारी वाहन जब पास से गुज़रते हैं तो सड़क के किनारे के घरों में **कम्पन** होने लगता है।

무거운 차량이 근처로 지나가면 길가의 집들이 **진동**하기 시작한다.

4과 क्रम्

P. क्रामति A. क्रमते

चलना 걷다, जाना 가다, पार जाना 넘어가다, कूदना 점프하다, चढ़ना 오르다, आगे बढ़ना 나아가다

+ प्रत्यय

क्रम [क्रम्+अ(घञ्)] m. क़दम 발걸음, गमन 감, सिलसिला 순서, अनुक्रम 차례, नियमित व्यवस्था 체제/제도, काम करने की विधि 처리방법

क्रमण [क्रम्+अन(ल्युट्)] m. क़दम 발걸음, आगे बढ़ना 전진, उल्लंघन 위반, घोड़ा 말, पैर 발

क्रमतः [क्रम+तः(तसिल्)] ad. थोड़ा-थोड़ा करके 조금씩, क्रम से 순서대로, धीरे-धीरे 점점

क्रमशः [क्रम+शः]* ad. यथाक्रम 순서대로/점진적으로, क्रम के अनुसार 순서에 따라

क्रमात् [क्रम의 탈격] ad. क्रमानुसार 순서에 따라

क्रमिक [क्रम+इक(ठन्)]** a. एक के बाद एक 순차적인 ☞ क्रमिक विकास 단계적 발전

---

* शः(शस्)는 수사 또는 양을 나타내는 명사 등에 붙어 부사를 형성하는 तद्धित 접사임.

** -इक 형태를 형성하는 ठक्접사와 ठञ् 접사의 경우에는 어간의 첫음절의 모음이 브릿디(वृद्धि)가 되나 ठन्접사의 경우에는 브릿디가 일어나지 않는다.

क्रांत [क्रम्+त(क्त)] a. दबा या दबाया हुआ 압도된, पार किया हुआ 넘어간, आक्रांत 공격받은, बीता हुआ 지나간 m. पाँव 발, घोड़ा 말, गमन 감, डग 걸음

क्रांति [क्रम्+ति(क्तिन्)] f. पूर्ण परिवर्तन 대변혁, भारी उलट-फेर 뒤집힘, इनक़लाब 혁명, सूर्य का भ्रमण-मार्ग (천문) 황도(黃道) ☞ औद्योगिक क्रांति 산업 혁명, कंप्यूटर क्रांति 컴퓨터 혁명

उपसर्ग +

अति- 지나친/너머의

अतिक्रम [अति+क्रम] m. नियम, मर्यादा या सीमा का उल्लंघन 위반, सीमा से आगे बढ़ना 침범

अतिक्रमण [अति+क्रमण] m. सीमा या मर्यादा का उल्लंघन 위반, ज़मीन पर अनधिकृत क़ब्ज़ा 침해

अतिक्रमित [अति+क्रमित] a. जिसका उल्लंघन किया गया हो 위반한/침범한

अनु- 후에/순서에 따라

अनुक्रम [अनु+क्रम] m. क्रम 순서, सिलसिला 시리즈, क्रम के अनुसार व्यवस्था 차례

अनुक्रमण [अनु+क्रमण] m. क्रमपूर्वक आगे बढ़ना 순차 진행, अनुगमन 수행(遂行)

अनुक्रमणी [अनु+क्रमणी] f. विषय-सूची 목록, अनुक्रमणिका 색인

अभि- 향하여/앞에

अभिक्रम [अभि+क्रम] m. आरंभ 시작, उद्योग 노력, आक्रमण 공격, आरोहण 상승

आ- 향하여/가까이

आक्रम [आ+क्रम] m. आक्रमण 공격

आक्रमण [आ+क्रमण] m. हमला 공격, अन्य राज्य की सीमा का उल्लंघन 침략

आक्रमित [आ+क्रमित] a. आक्रांत 공격받은

आक्रांत [आ+क्रांत] a. जिसपर आक्रमण हुआ हो 공격받은, पराभूत 파멸된

आक्रांति [आ+क्रांति] f. आक्रांत होने की अवस्था 공격

आक्रामक [आ+क्रामक] a. आक्रमण करने वाला 공격적인

उप- 준하는/가까이

उपक्रम [उप+क्रम] m. कार्यारंभ 착수, तैयारी 준비, लेख या भाषण की प्रस्तावना 전문(前文)/서언(序言), अंडरटेकिंग या इंटरप्राइज 사업/기업 ☞ भारत सरकार का उपक्रम 인도 관영 사업

निस्- 없는

निष्क्रमण [निष्+क्रमण] m. बाहर जाना 출타, बाहर निकालना 밖으로 꺼냄 ☞ महाभिनिष्क्रमण (부처의) 출가

परा- 멀리/앞으로

पराक्रम [परा+क्रम] m. विक्रम 용감, शौर्य 용맹

पराक्रमी [परा+क्रमी] a. पराक्रम वाला 용감한, शौर्यवान 용맹한

परि- 사방에

परिक्रमण [परि+क्रमण] m. घूमना 배회, चारों ओर घूमना 주변을 돌아다님, चारों ओर चक्कर लगाना 회전

परिक्रमा [परि+क्रमा] m. किसी स्थान या वस्तु के चारों ओर घूमना 주변을 돌기, प्रदक्षिणा (사원 등의) 숭배 대상을 중심으로 오른쪽으로 돌기

प्र- 앞에/앞으로

प्रक्रम [प्र+क्रम] m. क्रम순서, प्रक्रिया과정, आरंभ 시작, अवसर 기회

प्रति- 역으로

प्रतिक्रम [प्रति+क्रम] m. उलटा या विपरीत क्रम 역순, प्रतिकूल आचरण या कार्य 거스른 행동

वि- 특별히

विक्रम [वि+क्रम] m. शक्ति 힘, वीरता 용맹 a. उत्तम 최고의, श्रेष्ठ 월등한

विक्रमी [वि+क्रमी] m. पराक्रमी 영웅 a. विक्रम का 힘있는, विक्रमाब्द 비끄람 기원 (그레고리력과 비교하여 기원전 57년부터 기원이 시작되는 힌두력) ☞ विक्रमी संवत् 비끄람 기원(紀元)

सम्- 함께/잘/완전히

संक्रमण [सं+क्रमण] m. एक स्थिति से दूसरी स्थिति में पहुँचना 이동/전환, (कीटाणु आदि का) फैलना 전염 ☞ संक्रमण-काल 전환기, संक्रमण-कालीन 전환기의

संक्रांत [सं+क्रांत] a. गुज़रा हुआ 지나간, बीता हुआ 통과한

संक्रांति [सं+क्रांती] f. परिवर्तन 전환, सूर्य का एक राशि से दूसरी राशि में प्रवेश (करने का समय) ☞ मकर-संक्रांति 태양이 산양좌(मकर) 안으로 들어오는 시기(1월 15일)

संक्रामक [सं+क्रामक] a. संक्रमण करने वाला 전염성의 ☞ संक्रामक रोग m. 전염병

यौगिक शब्द

क्रम 순서 ~

क्रमपरिवर्तन [क्रम+परिवर्तन 변화] m. क्रम का परिवर्तन 전위(轉位)/치환(置換)

क्रमबद्ध [क्रम+बद्ध 묶인] a. सिलसिलेवार 순차적인, क्रमिक 순서가 있는

क्रमभंग [क्रम+भंग 깨짐] m. क्रम का टूट जाना 순서가 깨짐, अनियमितता 혼란

क्रम-संख्या [क्रम+संख्या 수] f. किसी सूची या सिलसिले में नंबर 순번/번호

क्रम-सूचक [क्रम+सूचक 나타내는] a. क्रम को बताने वाला 순번을 나타내는

क्रमांक [क्रम+अंक 숫자] m. क्रमसंख्या 번호/순번

क्रमागत [क्रम+आगत 온] a. क्रमानुसार आया हुआ 순서에 따라 온, परंपरागत 전통적인

क्रमानुकूल [क्रम+अनुकूल 어울리는] ad. सिलसिलेवार 순서에 따라, क्रमशः 단계적으로

क्रमानुसार [क्रम+अनुसार 따라서] ad. क्रम के अनुसार 순서에 따라

~ क्रम 순서

कार्यक्रम [कार्य 일+क्रम] m. क्रमानुसार किया जाने वाला कार्य 프로그램, कार्य किए जाने की सूची 스케줄

क्रांत 넘어간/나아간 ~

क्रांतदर्शी [क्रांत+दर्शी 보는 (자)] a. सब कुछ जानने वाला 모든 것을 아는 m. सर्वज्ञ 박식가(博識家), त्रिकालदर्शी 전지자(全知者), परमेश्वर 최고신

क्रांति 혁명/황도 ~

क्रांतिकारी [क्रांति+कारी 하는 (자)] a. क्रांति करने वाला 혁명적인 m. इनक़लाबी 혁명가

क्रांतिमंडल [क्रांति+मंडल 길] m. सूर्य का दैनिक भ्रमण-पथ 태양의 궤도, क्रांतिवृत्त (천문) 황도(黃道)

क्रांतिवादी [क्रांति+वादी 주의의(주의자)] a. क्रांति का समर्थक 혁명주의의 m. इनक़लाबी 혁명주의자

प्रयोग

पुस्तकों को विषय के अनुसार **क्रम** से रखिए।

책들을 제목에 따라 **순서**대로 놓으세요.

भारतीय दर्शन के **क्रमिक** विकास को समझाइए।

인도철학의 **단계적** 발전을 설명하세요.

देश **संक्रमण** के दौर से गुज़र रहा है।

나라는 **과도**기를 지나고 있습니다.

संक्रामक रोगों की रोकथाम के लिए प्रयास जारी है।

전염병을 방지하기 위한 노력이 지속되고 있다.

खाद्यान्न की आत्मनिर्भरता में हरित **क्रान्ति** का बड़ा योगदान है।

식용 곡물의 자립화에 녹색 **혁명**의 공헌이 크다.

5과 खन्

P. **खनति**

खोदना 파다

+ प्रत्यय

खनन	[खन्+अन(ल्युट्)] m. खोदने की क्रिया (땅을) 파기, गाड़ना 채광/채굴
खनि	[खन्+इ] f. खान 광산, गड्ढा 구덩이, गुफा 동굴
खानक	[कन्+अक(ण्वुल्)] m. खान खोदने वाला मज़दूर 광부

उपसर्ग +

उत्- 위

उत्खनन	[उत्+खनन] m. खोदकर बाहर निकालने का काम (땅속에 있는 유물 등의) 발굴

यौगिक शब्द

खनि 광산 ~

खनिज [खनि+ज 태어난] a. खान से निकला हुआ 광산에서 난 ☞ खनिज पदार्थ m. 광물, खनिज भंडार m. 광물 매장지, खनिज अयस्क m. 광석, खनिज तेल m. 광유, खनिज विज्ञान m. 광물학, खनिज विज्ञानी m. 광물학자

तद्भव शब्द

खनना [〈खनति] vt. खोदना 파다/캐내다

खनता [〈खनित्र] m. भूमि खोदने का उपकरण 흙 파는 도구(삽, 곡괭이 등)

खान [〈खनि] f. ज़मीन के अंदर खोदा गया गड्ढा जहाँ से धातु आदि निकाले जाते हैं 광산, ख़जाना 보고(寶庫) ☞ कोयला एवं खान मंत्रालय 인도 석탄광산성(省)

प्रयोग

उत्खनन में कई महत्त्वपूर्ण अवशेष मिले हैं।

발굴로 다수의 중요한 유물을 얻었다.

ज़मीन के अंदर सुरंगें खोदकर **खान** बनाई जाती है।

땅속으로 굴을 파서 **광산**이 만들어진다.

1920 के दशक में मोहेंजोदड़ो का **उत्खनन** हुआ था।

1920년대에 모헨조다로가 **발굴**되었다.

भारत में **खान** से प्रमुख रूप से मैंगनीज़, ताँबा, निकेल आदि खनिज पदार्थ निकाले जाते हैं।

인도에서 **광산**으로부터 주로 망간, 구리, 니켈 등의 광물이 채굴된다.

6과 खाद्

P. खादति, A. खादते

खाना 먹다, चबाना 씹다, निगलना 삼키다

+ प्रत्यय

खाद्य [खाद्+य(ण्यत्)] a. **खाने के लायक** 식용의 m. **खाने की चीज़** 식량, **भोजन** 식품 ☞ **खाद्यान्न(खाद्यअन्न)** m. 곡물, **खाद्य आपूर्ति** f. 식량조달, **खाद्योत्पादन (खाद्य उत्पाद)** m. 식량 생산, **खाद्य तेल** m. 식용유, **खाद्य पदार्थ** m. 식품/식량, **खाद्य प्रसंस्करण** m. 식품가공, **खाद्य फ़सल** f. 농작물, **खाद्य भण्डार** m. 식량창고, **खाद्य वनस्पति** f. 식용식물, **खाद्य शृंखला** f. 먹이사슬, **खाद्य संकट** m. 식량위기, **खाद्य सामग्री** f. 식자재, **खाद्य सुरक्षा** f. 식량안보

उपसर्ग +

अ- 아닌

अखाद्य [अ+खाद्य] a. **नहीं खाने लायक़** 식용이 아닌

तद्भव शब्द

खाद [〈खाद्य] f. पेड़-पौधों के लिए खाने की वस्तु 거름, फ़र्टिलाइजर 비료

खान-पान [〈H. खाना+पान] m. खाना-पीना 식음

खाना [〈खादति] vt. भोजन करना 먹다 m. भोजन 음식

प्रयोग

चावल, गेहूँ, दाल आदि **खाद्यान्न** हैं, जिन्हें हम भोजन के रूप में खाते हैं।

쌀, 밀과 콩 등은 우리가 음식으로 섭취하는 **곡물**이다.

किसान अच्छी फ़सल के लिए खेतों में **खाद** डालते हैं।

농부가 좋은 수확을 위해 전답에 **거름**을 준다.

कुछ जंगली मशरूम **खाद्य** नहीं हैं, इनका उपयोग सावधानी से करना चाहिए।

몇몇 산버섯은 **식용**이 아니기 때문에 버섯은 주의해서 사용해야만 한다.

नामकरण संस्कार में सगे-संबंधी एकत्रित होकर **खाते हैं** और बालक के जन्म का हर्ष मानते हैं।

이름 명명식에 친척들이 모여서 **먹는다** 그리고 아이의 탄생의 기쁨을 기린다.

बदलते मौसम में **खान-पान** का ध्यान रखना चाहिए।

변하는 날씨에 **음식과 물**을 조심해야 한다.

7과 गम्

P. **गच्छति**

जाना 가다, चलना 움직이다, दुर चले जाना 떠나다, पहुँचना 도달하다, गुज़रना 지나가다, बीतना (시간이) 지나다, भोगना 경험하다, समझना 이해하다

+ प्रत्यय

गम्भीर(गंभीर) [गम्+ईर(ईरन्)] a. गहरा 깊은, भारी 무거운, जटिल 복잡한, चिंताजनक 심각한, संजीदा 진중한 ☞ गंभीर स्थिति 심각한 상태, गंभीर व्यक्ति 진중한 사람, गंभीर परिणाम 심각한 결과

गम्भीरता(गंभीरता) [गम्भीर+ता] f. गहराई 심각함, भारीपन 무거움, जटिलता 복잡, संजीदगी 진중

गत [गम्+त(क्त)] a. गया हुआ 간, व्यतीत 지나간, मृत 죽은 ☞ गत वर्ष 작년

गति [गम्+ति(क्तिन्)] f. चाल 움직임, रफ़्तार 속도, प्रवाह 흐름/이동, अंगों की चेष्टा 동작, ग्रहों की चाल 운행, ज्ञान 지식, हालत 상태

गतिमान [गति+मान] a. गतियुक्त 활동적인, हरकत करने वाला 움직이는 ☞ गतिमान एक्सप्रेस 인도 특급열차 이름

गन्तव्य(गंतव्य) [गम्+तव्य(तव्यत्)] m. लक्ष्य-स्थान 목적지 a. गम्य 갈 만한, जहाँ कोई जा रहा हो 갈 예정의

गमन [गम्+अन(ल्युट्)] m. जाना 감, प्रस्थान 출발, संभोग 교접

गमनीय [गम्+अनीय(अनीयर्)] a. =गम्य

गम्य [गम्+य(यत्)] a. जाने योग्य 갈만 한, जिसके अन्दर प्रवेश हो सके 접근할 수 있는, समझा जा सके 이해할 만한 ☞ बोधगम्य 지각할 수 있는

-गामी [गामिन्의 주격] suf. जाने वाला 가는 (자)

उपसर्ग +

अ- 아닌

अगति [अ+गति] f. गतिहीनता 비활성/부동

अगम/अगम्य [अ+गम/गम्य] a. जहाँ कोई न पहुँच सके 다가갈 수 없는, जिसे समझना कठिन हो 이해하기 어려운

अधि- 위에/가까운/뛰어난

अधिगत [अधि+गत] a. प्राप्त 획득한, ज्ञात 알고 있는, पढ़ा हुआ 습득한

अधिगम [अधि+गम] m. ऊपर जाना 향상, उन्नति करना 진전, शिक्षा, ज्ञान या कौशल आदि का अर्जन 습득

अनु- 후에

अनुगमन [अनु+गमन] m. पीछे चलना 뒤따름, नक़ल करना 모방함, सहमरण 수반(隨伴)

अनुगामी [अनु+गामी] a. पीछे चलने वाला 뒤따르는/추종하는 m. अनुयायी 신봉자

अव- 아래에

अवगत [अव+गत] a. ज्ञात 아는, जाना हुआ 통지된, मालूम 이해한, गया हुआ 간

आ- 가까이/역으로

आगत [आ+गत] a. आया हुआ 온, पहुँचा हुआ 도착한 m. आगमन 도착,

अतिथि 내방자

आगम [आ+गम] m. आना 옴, प्राप्ति 획득, उत्पत्ति 기원, सगुण ईश्वर की उपासना का व्याख्यान करने वाले शास्त्र 성전(聖典)/아함경

आगमन [आ+गमन] m. आना 옴, पहुँच 도착

आगामी [आ+गामी] a. आने वाला 도래하는, भावी 미래의

उद्- 위

उद्गम [उद्+गम] m. उत्पत्ति 기원, उत्पत्ति-स्थान 발원지, नदी के आरंभ होने का स्थान 수원지

उप- 가까이/준하는

उपागम [उप+आगम] m. निकट आना 가까이 옴, समीप आना 접근

दुर्- 나쁜/어려운

दुर्ग [दुर्+ग] a. दुर्गम 접근이 힘든, कठिन 어려운 m. गढ़ 성(城) ☞ दुर्ग-कर्म 어려운 일

दुर्गम [दुर्+गम] a. जहाँ पहुँचना बहुत कठिन हो 가기 힘든, कठिन 어려운, दुर्बोध 이해할 수 없는 m. परमेश्वर 하느님

निर्- 밖으로

निर्गम [निर्+गम] m. निकासी 나감, निकास 출구, ड्रेन 유출

पार- 너머에

पारगमन [पार+गमन] m. एक जगह या स्थिति से दूसरी जगह या स्थिति में जाना (다른 곳으로 가기 위한) 통과/ (다른 상태 · 조건으로의) 이행(移行)

प्र- 앞으로

प्रगति [प्र+गति] f. लगातार विकसित होने की प्रक्रिया 발전/진보 ☞ प्रगतिवाद m. 진보주의, प्रगतिशील a. 진보하는/전진하는

बहिर्- 밖으로

बहिर्गमन [बहिर्+गमन] m. बाहर जाना 나감, निर्गम 유출 ☞ धन का बहिर्गमन

부의 유출

सु- 좋은

सुगम [सु+गम] a. जहाँ जाना आसान हो 쉽게 갈 수 있는, जिसे समझना सरल हो 쉽게 이해할 수 있는, सरलता से करने योग्य 하기 쉬운

सुगमता [सुगम+ता] f. आसानी 쉬움

स्वागत [सु+आगत] m. सादर अभिनन्दन 환영 ☞ स्वागत-समारोह m. 환영식, स्वागत-कक्ष m. 접견실

सम्- 함께

संगत [सम्+गत] a. साथ जुड़ा हुआ 함께 엮인, उपयुक्त 적절한, मेल खाने वाला 어울리는 f. मेल일치, मैत्री 우호, आसक्ति 애착, संगति 조화, साथ रहने वालों का दल 조합(組合), उपयुक्तता 적절성

संगति [सम्+गति] f. संगतता 어울림, साहचर्य 교제, उपयुक्तता 적절성

संगम [सम्+गम] m. मिलन 만남, मेल 합일, मिलन का भाव या स्थान 교차(점), दो नदियों के मिलने का स्थान 아우라지, संग 연합

समागम [सम्+आगम] m. आगमन 가까이 옴, सम्मेलन 회합, संभोग 교접

यौगिक शब्द

गत 간/지난 ~

गतरात्रि [गत+रात्रि 밤] f. पिछली रात 지난 밤

गतांक [गत+अंक 숫자] m. पिछला अंक 지난 호(발간물)

~ गत 간

दिवंगत [दिवम् 하늘을+गत] a. स्वर्गगत 타계한/고인이 된

सद्गत [[सत् 참된+गत] a. सद्गति को प्राप्त 해탈한

गमन 감 ~

गमनागमन [गमन+आगमन 옴] m. आवागमन 왕래

गति 움직임/이동 ~

गतिज [गति+ज 태어난] a. गति से उत्पन्न 운동으로 생긴 ☞ गतिज ऊर्जा 운동 에너지

गतिपथ [गति+पथ 길] m. तेज़ गति से जाने का रास्ता 고속 도로

गतिमापक [गति+मापक 재는 것] m. स्पीडोमीटर 속도계

गतिरहित [गति+रहित 없는] a. गतिहीन 움직임이 없는

गतिरोध [गति+रोध 장애] m. कार्य में बाधा उत्पन्न होना(डेडलॉक) 막힘/정체 ☞ गत्यवरोध m. 정체

गतिरुद्ध [गति+रुद्ध 막힌] a. जिसकी गति में बाधा उत्पन्न हुई हो 정체된

गतिविज्ञान [गति+विज्ञान 학(學)] m. डायनामिक्स 역학

गतिविधि [गति+विधि 방법] f. क्रिया-कलाप 활동, आचरण 행동

गतिशील [गति+शील 경향이 있는] a. गतिमान 활동적인

गतिशीलता [गतिशील+ता] f. गतिशील रहने का भाव 활동성

गतिहीन [गति+हीन 없는] a. गतिरहित 활동이 없는, गतिशून्य 움직임이 없는

~ गति 감

सद्गति [सत् 참된+गति] f. मोक्ष की प्राप्ति (죽은 후의) 구원

~ -गामी 가는 (자)

ऊर्ध्वगामी [ऊर्ध्व 위쪽의+गामी] a. ऊपर की ओर जाने वाला 올라 가는

दूरगामी [H.दूर 멀리+गामी] a. जो दूर तक जाता हो 멀리 가는, दीर्घकालीन 오래 가는

पश्चगामी [पश्च 뒤쪽의+गामी] a. पीछे की ओर जाने वाला 퇴보하는, प्रतिगामी 역행하는, ह्रास की ओर जाने वाला 퇴보하는

तद्भव शब्द

आवागमन [〈H. आना+गमन] m. आना-जाना 왕래

स्वागती [स्वागत+ई] a. स्वागत करने वाला 환영하는 m. स्वागत करने वाला 환영자

प्रयोग

पूरा मध्य क्षेत्र सूखे की **गंभीर** समस्या से जूझ रहा है।
중부 전역이 가뭄의 **심각**한 문제를 겪고 있는 중이다.

गत वर्ष की तुलना में इस वर्ष विकास-दर के बढ़ने की संभावना है।
지난 해와 비교하여 올 해에 경제 성장률이 증가할 가능성이 있다.

आज तीसरे दिन भी संसद में **गतिरोध** बना रहा।
오늘 세 번째 날에도 의회는 **교착상태로** 머물렀다.

संसद का **आगामी** सत्र सरकार के लिए चुनौतीपूर्ण हो सकता है।
의회의 **다음** 회기는 정부에게 도전이 될 수 있다.

राज्य सरकारों को सुरक्षा-निर्देशों से **अवगत** करा दिया गया है।
모든 주 정부들에게 안보지침들이 **통보되어**졌다.

8과 जि

P. **जयति**

जीतना 이기다, हराना 물리치다, विजय प्राप्त करना 승리하다

+ प्रत्यय

जयन्त(जयंत)	[जि+अन्त(झच्)] m. इंद्र का पुत्र 인드라 신의 아들 이름, विजयी 승리자
जयन्ती(जयंती)	[जयंत+ई(ङीप्)] f. दुर्गा 두르가 여신, किसी महापुरुष या संस्था की जन्म-तिथि 탄생/설립 기념일
जय	[जि+अ(अच्)] f. विजय 승리
जया	[जय+आ(टाप्)] f. दुर्गा 두르가 신 a. जय दिलाने वाली 승리를 주는
जयी	[जयिन्의 주격] a. विजयी 승리하는 m. विजेता 승리자
जित	[जि+त(क्त)] a. जीता हुआ 승리한/정복한
जेता	[जेतृ의 주격] m. विजेता 승리자
जेय	[जि+य(यत्)] a. जीतने योग्य 이길 수 있는

उपसर्ग +

अ- 아닌

अजय [अ+जय] a. अजेय 불패의, बाहुबली 힘센 m. पराजय 패배

अजित [अ+जित] a. जिसको कोई जीत न सका हो 지지 않은

अजेय [अ+जेय] a. जिसे जीता न जा सके 불패의

अपराजित [अ+पराजित] a. अविजित 패배하지 않은

अपराजेय [अ+पराजेय] a. अजेय 불패의

अविजित [अ+विजित] a. जिसे जीता न गया हो 패배하지 않은

अभि- 향하여/매우

अभिजित [अभि+जित] a. विजित 패배한

परा- 역으로

पराजय [परा+जय] f. हार 패배

पराजित [परा+जित] a. परास्त 패배한

वि- 특별한

विजय [वि+जय] f. जीत 승리

विजया [वि+जया] f. विजयोत्सव 다세흐라(दशहरा) 축제

विजयी [वि+जयी] a. जीतने वाला 승리하는 m. विजेता 승리자

विजित [वि+जित] a. पराजित 패배한

विजेता [वि+जेता] m. विजयी 승리자

विजेय [वि+जेय] a. विजय के योग्य 승리할 만한

सम्- 완전히

संजय [सं+जय] m. जीत 승리, महाभारत का एक पात्र जो धृतराष्ट्र को युद्ध का विवरण सुनाता था (마하바라따) 산자이

यौगिक शब्द

~ जयंती 탄생 기념일

रजत-जयंती	[रजत 은+जयंती] f. पच्चीसवीं जयंती 25주년 기념일
स्वर्ण-जयंती	[स्वर्ण 금+जयंती] f. पचासवीं जयंती 50주년 기념일
हीरक-जयंती	[हीरक 다이아몬드+जयंती] f. पचहत्तरवीं जयंती 75주년 기념일

जय 승리 ~

जयकार	[जय+कार 행위] m. जयघोष 만세를 외치기, जयप्राप्ति का आशीर्वाद (경축과 승리를) 환호
जयगान	[जय+गान 노래] m. जयगीत 승리의 노래
जयघोष	[जय+घोष 외침] m. जय-जय की ध्वनि 만세 소리
जयमाल	[जय+H.माल 화환] f. विजयहार 승리의 화환, वरमाला 신부가 신랑에게 주는 화환
जयहिंद	[जय+P.हिंद 인도] m. भारत की विजय (एक देशभक्तिपूर्ण नारा) '인도의 승리'라는 뜻의 애국의 구호
जय-पराजय	[जय+पराजय 패배] f. जीत-हार 승패

~ जय 승리

मृत्युंजय	[मृत्युं 죽음을+जय] a. मृत्यु को जीतने वाला 불사(不死)의 m. शिव 시바신

जित 승리한 ~

जितेन्द्रिय	[जित+इन्द्रिय 감각] a. संयमी (감각/격정 등을) 자제하는 m. संन्यासी 고행자

विजय 승리 ~

विजयगान	[विजय+गान 노래] m. विजयगीत 승전가
विजयदशमी	[विजय+दशमी 음력10일] f. विजयादशमी/दशहरा 다세흐라 축제
विजयदेवी	[विजय+देवी 여신] f. विजयश्री/विजयलक्ष्मी 승리의 여신

विजययात्रा [विजय+यात्रा 여행] f. अभियान 원정

विजयलक्ष्मी [विजय+लक्ष्मी 락슈미] f. विजय दिलाने वाली देवी 승리의 여신, विजयश्री 비자야락슈미(여신)

विजयस्तंभ [विजय+स्तंभ 기둥] m. विजयस्मारक 승전 기념비

विजयोत्सव [विजय+उत्सव 축제] विजयादशमी का उत्सव 다셰흐라 축제, विजय के उपलक्ष्य में मनाया जाने वाला उत्सव 승리의 축전(祝典)

तद्भव शब्द

जितवाना [जीत+वा+ना] vt. जिताना 승리하게 하다

जिताना [जीत+आ+ना] vt. जीतने में समर्थ करना 승리하게 하다

जीत [<H.जीतना] f. विजय 승리 ☞ जीत-हार 승패

जीतना [<जयति] vt. विजयी होना 승리하다, हराना 이기다

प्रयोग

राष्ट्रपति चुनाव में उनकी **जीत** निश्चित है।

대통령 선거에서 그분의 **승리가** 확정적이다.

आख़िरी चरण में उन का **जीतना** मुश्किल है।

결선에서 그분의 **승리가** 어렵다.

इस बार निर्दलीय उम्मीदवार **को जिताना है**।

이번 무소속 후보자를 **이겨야 한다**.

सभी दल अपने प्रत्याशियों को **जितवाने में** लगे हैं।

모든 정당이 자신의 후보를 **승리하게 하는데** 몰두해 있다.

गाँधी-**जयंती** पर सर्वधर्म सभा का आयोजन किया गया है।

간디-**탄신일**에 사르바다르마 회합이 조직되었다.

जय हो!*

만세!

* 승리의 염원 또는 축복의 표현으로 जयतु!, जय राम जी की!, जय माता दी! 등의 표현도 자주 쓰인다.

9과 दृश्

A. पश्यति

देखना 보다, निहारना 살피다, समीक्षा करना 관찰하다, समझना 이해하다

+ प्रत्यय

दर्श [दृश्+अ(घञ्)] m. दर्शन 눈으로 봄, दृष्टिपात 일별(一瞥)

दर्शक [दृश्+अक(ण्वुल्)] a. देखने वाला 보는, दिखाने वाला 보여주는 m. प्रेक्षक 관객

दर्शन [दृश्+अन(ल्युट्)] m. देखना 눈으로 봄, साक्षात्कार 알현, मुलाक़ात 만남, प्रेम-भक्ति से देखना 참배, दर्शनशास्त्र 철학 ☞ सांख्य दर्शन 상캬 철학

दर्शनीय [दृश्+अनीय(अनीयर्)] a. देखने के योग्य 볼 만한, दिखाने के योग्य 보여줄 만한 ☞ दर्शनीय स्थल 명승지

दर्शित [दृश्+(णिच्)+इत(क्त)] a. दिखाया गया 제시된, प्रदर्शित 전시된

दर्शी [दर्शिन्의 주격] a. देखने वाला 보는, जानने वाला 아는 ☞ समदर्शी 편견이 없는

दार्शनिक [दर्शन+इक] a. दर्शनशास्त्र संबंधी 철학의 m. दर्शनशास्त्र का ज्ञाता 철학자 ☞ दार्शनिक सिद्धांत 철학적 원리

दृश्य [दृश्+य(यत्)] a. दर्शनीय 볼 만한, स्पष्ट 명백한 m. नज़ारा 광경, तामाशा 구경거리, झाँकी 장면, नाटक का सीन 희곡의 장(場)

दृश्यत्व	[दृश्य+त्व] m. दृश्यता 볼만함, विजिबिलिटी 가시성, स्पष्टता 명료
दृश्यमान	[दृश्य+मान] a. दृष्टिगोचर 눈에 보이는, प्रत्यक्ष रूप में दिखाई देनेवाला 명백한
दृष्ट	[दृश्+त(क्त)] a. देखा हुआ 본, दिखाई पड़नेवाला 보이는, ज्ञात 아는 m. दर्शन 눈으로 봄
द्रष्टव्य	[दृश्+तव्य(तव्यत्)] a. दृष्टिगोचर 눈에 보이는, दर्शनीय 볼 만한, निरीक्षण किए जाने योग्य 관찰할 만한, विचारणीय 고려할 만한, जो देखने में अच्छा लगे 주목할 만한
द्रष्टा	[द्रष्टृ(दृश्+तृ(तृच्))의 주격] a. प्रत्यक्षदर्शी 목격하는, देखने वाला 보는 m. साक्षी 목격자, सांख्य के अनुसार आत्मा 순수정신 ☞ भविष्यद्रष्टा 예언자
दृष्टि	[दृश्+ति(क्तिन्)] f. देखना 보기, नज़र 시선, देखने की शक्ति 시력, ज्ञान 지식, विचार 생각 अभिप्राय 의미

उपसर्ग +

अ- 없는/아닌

अदृश्य	[अ+दृश्य] a. अगोचर 보이지 않는
अदृष्ट	[अ+दृष्ट] a. अनदेखा 보이지 않는 m. पूर्वजन्म के कर्मों का फल 숙명, भाग्य 운명

आ- 까지/가까이

आदर्श	[आ+दर्श] m. अनुकरणीय सर्वोत्तम स्थिति 이상(理想), प्रतिमान 모형, नमूना 모델

कु- 나쁜

कुदृष्टि	[कु+दृष्टि] f. बुरी नज़र 좋지 않은 시선, बुरी निगाह 사악한 눈길

प्र- 앞으로

प्रदर्श	[प्र+दर्श] m. प्रदर्शित वस्तु (박물관 등에 놓인) 전시물
प्रदर्शक	[प्र+दर्शक] a. दिखाने वाला 보여주는, सिखाने वाला 가르쳐 주는 m. गुरु 스승, भविष्यवक्ता 예언자 ☞ पथ-प्रदर्शक 안내자/지도자/선도자
प्रदर्शन	[प्र+दर्शन] m. प्रस्तुति 전시(展示)/상연/공연, डिमांस्ट्रेशन 시위 ☞ प्रदर्शनकारी m. 시위자, प्रदर्शन कला f. 공연예술, प्रदर्शन विधि f. 상연기법, प्रदर्शन कौशल m. 상연기술
प्रदर्शनी	[प्र+दर्शन+ई(ङीप्)] f. नुमाइश 전시/전람
प्रदर्शनीय	[प्र+दर्शनीय] a. दिखाने योग्य 보여줄 만한, नुमाइश करने योग्य 전시할 만한
प्रदर्शिका	[प्र+दर्शक+आ] f. संदर्शिका 가이드 북
प्रदर्शित	[प्र+दर्शित] a. दिखाया गया 보여준, नुमाइश में रखा गया 전시된/진열된

यौगिक शब्द

~ दर्शक 보여주는 자

दिग्दर्शक	[दिक् 방위+दर्शक] a. दिशासूचक 방향을 보여주는 ☞ दिग्दर्शक यंत्र m. 나침반(कुतुबनुमा)
मार्गदर्शक	[मार्ग 길+दर्शक] m. पथप्रदर्शक 안내자

दर्शन 보기/만남 ~

दर्शनशास्त्र	[दर्शन+शास्त्र 학(學)] m. फिलॉसफ़ी 철학
दर्शनार्थ	[दर्शन+(के)अर्थ 위하여] ad. दर्शन करने के लिए 뵙기 위해/참배하기 위해

दर्शनार्थी [दर्शन+अर्थी 원하는] a. दर्शन का इच्छुक 뵙기를 열망하는 m. आगंतुक 방문자, तीर्थयात्री 참배자

दर्शनाभिलाषी [दर्शन+अभिलाषी 원하는] a./m. दर्शन की इच्छा रखने वाला (편지의 끝에 맺는 말) 뵙기를 원하는 (자)

~ दर्शन 눈으로 봄

दिग्दर्शन [दिक् 방위+दर्शन] m. कर्तव्य-अकर्तव्य या ज्ञान का बोध कराना 지도(指導), मार्गदर्शन 방향제시/안내

दूरदर्शन [H.दूर 멀리+दर्शन] m. टेलीविजन 텔레비전

दृश्य 장면/보이는 ~

दृश्यकाव्य [दृश्य+काव्य 시] m. नाटक 희곡

दृश्य-श्रव्य [दृश्य+श्रव्य 들리는] a. ऑडियो-विजुअल 시청각의 ☞ दृश्य-श्रव्य माध्यम 시청각기기

दृश्यांकन [दृश्य+अंकन 표기] m. दृश्य को शब्दों में अंकित करना 시각화

दृश्यावली [दृश्य+अवली 집합] m. दृश्यों की शृंखला 파노라마

दृष्ट- 보이는 ~

दृष्टकूट [दृष्ट+कूट 속임수] m. पहेली 수수께끼

दृष्टांत [दृष्ट+अंत 끝] m. उदाहरण 실례(實例), मिसाल 예시(例示)

दृष्टि 보기/시선/시력 ~

दृष्टिकोण [दृष्टि+कोण 각도] m. नज़रिया 관점/시각

दृष्टिक्षेप [दृष्टि+क्षेप 던짐] m. दृष्टिपात 일별(一瞥)

दृष्टिगत [दृष्टि+गत 속성을 가진] a. देखा हुआ 본, जो देखने में आया हो 보이는

दृष्टिगोचर [दृष्टि+गोचर 지각할 수 있는] a. दिखाई पड़ने वाला 눈에 보이는

दृष्टिदोष [दृष्टि+दोष 결함] m. दृष्टि में आ जाने वाली ख़राबी 시력의 결함, देखने में त्रुटि होना 잘못 봄

दृष्टिपात [दृष्टि+पात 낙하] m. सरसरी तौर पर नज़र डालना 일별(一瞥), अवलोकन 고찰/검토

दृष्टिभ्रम [दृष्टि+भ्रम 혼동] m. देखने में होने वाला भ्रम 착시

दृष्टिमंदता [दृष्टि+मंदता 약함] f. आँखों से कम दिखाई देने की अवस्था 약시

दृष्टिहीन [दृष्टि+हीन 없는] a. दृष्टिविहीन 보이지 않는/눈먼

तद्भव शब्द

दर्शाना [〈दर्शयति] vt. दिखाना 보여주다

दिखना [〈H.देखना] vi. दिखाई देना 보이다

दिखाना [देख+आ+ना] vt. देखने में प्रवृत्त करना 보여주다

दिखावट [दिखा+आवट] f. बाह्य रूप 외관, बनावट 허식

दिखावा [दिखा+आवा] m. आडंबर 겉치레, टीम-टाम 허영(虛榮), तड़क-भड़क 허식(虛飾) ☞ दिखावा करना 겉치레하다

देखना [〈द्रक्षति/दृक्षति] vt. नेत्रों से ज्ञान प्राप्त करना 보다, निहारना 살펴보다, समझना 이해하다, ध्यान से पढ़ना 주의해서 읽다, मिलना 만나다, सहन करना 인내하다, ध्यान रखना 주의를 기울이다

देखभाल [देख+भाल- 주시하다] f. निगरानी 감독, देख-रेख 돌봄

देखादेखी [देखा+देखी] f. दूसरों की नक़ल करना 흉내

प्रयोग

वाह! कितना **दर्शनीय** दृश्य है!

와우! 얼마나 **볼 만한** 광경인가!

आपकी **दृष्टि** में धर्म क्या है?

당신의 **생각**으로는 다르마가 무엇입니까?

हज़ारों **दर्शकों** ने एक घंटे में ही नये गाने की वीडियो को यूट्यूब पर देखा और पसंद किया।

시청자 수천 명이 한 시간 안에 새 뮤직 비디오를 유투브에서 보고 좋아했다.

मंदिर के बाहर **दर्शन** के लिए हज़ारों दर्शनार्थियों की भीड़ खड़ी है।

사원 밖에 **참배**를 위한 방문자들의 무리가 수천명 서있다.

किसानों का **प्रदर्शन** शांतिपूर्ण रहा।

농부들의 **시위**는 평화롭게 이루어졌다.

10과 धृ

P. **धरति** A. **धरते** (cl. 10 P. **धारयति** A. **धारयते**)

थामना 쥐다, **संभालना** 붙잡다/버티다/유지하다, **धारण करना** 취하다/보유하다/입다, **सहारा देना** 지원(支援)하다

+ प्रत्यय

धर [धृ+अ(अच्)] a. **ग्रहण करने वाला** 쥐는, **संभालने वाला** 지탱하는 m. **गिरिधर** 산을 들어올린 자/끄리슈나/비슈누

धरण [धृ+अन(ल्युट्)] m. **धारण करने की क्रिया** 붙잡음/유지/지탱

धरणि/धरणी [धृ+अनि(अनि)/धरणि+ई(ङीष्)] f. **भूमि** 땅, **पृथ्वी** 지구

धरा [धर+आ] f. **धरती** 대지, **भूमि** 땅

धरित्री [धृ+इत्र+ई(ङीष्)] f. **पृथ्वी** 대지, **ज़मीन** 땅

धर्म [धृ+म(मन्)] m. **स्वभाव** 속성, **मज़हब** 종교, **पुण्य-कर्म** 덕, **कर्तव्य** 의무, **न्याय** 의(義), **नियम** 법

धर्मी [धर्मिन्의 주격] a. **धर्म विशेष से युक्त** 도의를 지키는, **किसी धर्म या मत का अनुयायी** 믿는 m. **धार्मिक मनुष्य** 신앙인

धार [धृ+(णिच्)+अ(अच्)] a. **सहारा देने वाला** 지탱하는, **बहने वाला** 흐르는 m. **ज़ोर से होने वाली वर्षा** 소나기 f. **जल का प्रवाह** (물의) 흐름, **तलवार आदि का तेज़ किनारा** (칼의) 날

धारक [धृ+अक(ण्वुल्)] a. **थामने वाला** 쥐는 m. **धारण करने वाला** 소지자(所持

者), पट्टेदार 임차인, उधार लेने वाला 채무자

धारण [धृ+(णिच्)+अन(ल्युट्)] m. थामना 쥠, संभालना 유지, सुरक्षित रखना 보전, याद रखना 기억, मन में बैठाना 마음에 새김, अपने क़ाबू में रखना 보유, पहनना 착용, शरीर पर रखना 부착, ऋण लेना 차용

धारणा [धारण+आ(ट्प्)] f. विश्वास 믿음, विचार 사고, निश्चित मति या मानसिकता 관념, स्मृति 기억, दृष्टिकोण 견해

धारा [धार+आ(ट्प्)] f. प्रवाह 흐름, जल का बहाव 물의 흐름, किसी वस्तु का क्रम 순서, पहाड़ का किनारा 산줄기, परंपरा 전통, आर्टिकल (법) 조항

धारिता [धारिन्+त(तल्)+आ(टाप्)] f. धारण करने की शक्ति 지구력, धारण करने की अपनी पात्रता 용적(容積)/용량

धारी [धारिन्의 주격] f. कपड़े आदि पर की लकीर 줄무늬, रेखा 선(線) ☞ धारीदार a. 줄무늬가 있는

धार्मिक [धर्म+इक(ठक्)] a. धर्म से संबंधित 종교의, धर्मशील 종교적인, न्यायप्रिय 정의로운

धृत [धृ+त(क्त)] a. धारण किया गया 잡힌, ग्रहण किया हुआ 잡은, स्थिर किया हुआ 고정된

धृति [धृ+ति(क्तिन्)] f. ग्रहण 쥠, धैर्य 꿋꿋함, चित्त की स्थिरता 생각의 확고함

-धारी [धारिन्의 주격] suf. धारण करने वाला 쥐는, पहनने वाला 입는, वहन करने वाला 운반하는, संभालने वाला 유지하는, स्मृति में रखने वाला 기억하는, ऋण लेने वाला 빌리는 m. ऋणी 채무자, क़र्ज़दार 채권자

उपसर्ग +

अ- 아닌

अधर्म [अ+धर्म] m. अन्याय 불의, पाप 죄, कुकर्म 악행

अधर्मी [अ+धर्मी] a. जिसका कोई धर्म न हो 종교가 없는 m. पापी 죄인,

नास्तिक 무신론자, विधर्मी 이교도

अधार्मिक [अ+धार्मिक] a. जो धर्म से संबद्ध न हो 비종교적인, धर्म को न मानने वाला 신앙이 없는, धर्मविरुद्ध 도의(道義)에 반하는

आ- 까지/가까이

आधार [आ+धार] m. अवलंब 지탱, सहारा 지지, नींव 기초

आधृत [आ+धृत] a. आधारित 기초한

अव- 아래로

अवधारण [अव+धारण] m. निश्चय करना 결의, सीमा निर्धारित करना 결단, ज़ोर देना 강조

अवधारणा [अव+धारणा] f. अवधारण 결단, संकल्पना 개념

निर्- 밖으로

निर्धारण [निर्+धारण] m. निश्चय 결정, निर्णय 판단

वि- 다른

विधर्म [वि+धर्म] a. धर्म-विरुद्ध 도의(道義)에 반하는, अन्यायपूर्ण 불의의 m. पराया धर्म 이교

विधर्मी [वि+धर्मी] a. धार्मिक नियमों के विपरीत चलने वाला 교리에 반하는 m. किसी भिन्न संप्रदाय का अनुयायी 이교도

यौगिक शब्द

धरा 대지/땅 ~

धरातल [धरा+तल 표면] m. पृथ्वी का ऊपरी तल 땅 표면

धराधर [धरा+धर 지탱하는] a. वह जो धरा धारण करे 대지를 지탱하는 m. पर्वत 산, शेषनाग (신화) 셰샤나가(뱀)

धराधाम [धरा+धाम 집] m. घरबार और ज़मीन-ज़ायदाद 집과 소유지,

इहलोक 이 세상

धराधिप/धराधिपति [धरा+अधिप/अधिपति 지배자] m. राजा 왕

धराशायी [धरा+शायी 잠든/누운] a. धरती पर सोया 땅에서 잔, गिरा हुआ 쓰러진, भूमिशायी 땅에 누운/잠든

धर्म 종교/법/도의 ~

धर्म-कर्म [धर्म+कर्म 행위] m. धार्मिक कार्य (기도, 단식, 시주 등의) 종교적 활동이나 종교의식

धर्मकाय [धर्म+काय 몸] m. बुद्ध का धर्मरूपी अविनाशी शरीर 법신(法身)

धर्म-कार्य [धर्म+कार्य 일] m. धार्मिक कृत्य 종교의례/제의(祭儀)

धर्मक्षेत्र [धर्म+क्षेत्र 지역] m. धर्मस्थान 정토(淨土)

धर्मगुरु [धर्म+गुरु 스승] m. धर्म-संबंधी गुरु 종교상의 스승

धर्मग्रन्थ [धर्म+ग्रन्थ 책] m. धर्म-संबंधी ग्रन्थ 경전

धर्मचक्र [धर्म+चक्र 바퀴] m. धर्मरूपी रथ का पहिया 법륜

धर्मच्युत [धर्म+च्युत 추락한] a. धर्म या कर्तव्य से भटका हुआ 종교나 규범에서 벗어난

धर्मतंत्र [धर्म+तंत्र 제도] m. थिआक्रसी 신권정치

धर्मद्रोह [धर्म+द्रोह 적의] m. धर्म की स्थापित मान्यताओं और उसकी सत्ता का विरोध करना 인륜이나 도의에 반하는 일 ☞ धर्मद्रोही 인륜이나 도의에 반하는

धर्मनिरपेक्ष [धर्म+निरपेक्ष 무관심한/중립의] a. जो किसी भी धर्म का पक्षपात न करता हो 정교(政教)분리의, लौकिक 세속적인

धर्मनिरपेक्षता [धर्म+निरपेक्षता 무관심/중립] f. धर्मनिरपेक्ष होने की अवस्था 세속주의/정교분리

धर्मनिष्ठ [धर्म+निष्ठ 믿음을 가진] a. धर्मपरायण 경건한, धर्मशील 신앙이 깊은

धर्मनिष्ठा [धर्म+निष्ठा 믿음] f. धर्म के प्रति समर्पण 경건/깊은 신앙

धर्मपत्नी [धर्म+पत्नी 처] f. वह स्त्री जिसके साथ धर्मशास्त्र के अनुसार विवाह हुआ हो 정처(正妻)

धर्मपरायण [धर्म+परायण 열심인] a. धर्मनिष्ठ 경건한, धर्मप्रवण 신앙심이 깊은

धर्मपरिवर्तन [धर्म+परिवर्तन 변화] m. अपने धर्म को त्याग कर दूसरा धर्म अपना लेना 개종

धर्मपीठ [धर्म+पीठ 성지] m. धार्मिक दृष्टि से प्रमुख और पवित्र स्थान 종교 중심지

धर्मप्रचार [धर्म+प्रचार 전파] m. धर्म-संबंधी प्रचार 선교/포교 ☞ धर्मप्रचारक m. 선교사

धर्म-प्रवचन [धर्म+प्रवचन 강연] m. जीवन को उदात्त बनाने वाला धार्मिक उपदेश 종교 강연

धर्मप्रवर्तक [धर्म+प्रवर्तक 창시하는] m. धर्मप्रचारक 종교창시자

धर्मभीरु [धर्म+भीरु 무서운] a. जो अधर्म करने से डरता हो 신심이 깊은, धर्मपरायण 경건한

धर्मभ्रष्ट [धर्म+भ्रष्ट 일탈한] a. धर्मच्युत 도의(道義)에서 벗어난

धर्मयुद्ध [धर्म+युद्ध 전쟁] m. जिहाद 성전(聖戰), ऐसा युद्ध जिसमें छल या धोखाधड़ी न की जाती हो 정당한 싸움

धर्म-रक्षक [धर्म+रक्षक 보호하는] a./m. धर्म की रक्षा करने वाला 종교를 수호하는 (자)

धर्मराज [धर्म+राज 왕] m. धर्म का पालन करने वाला राजा 정의를 지키는 왕, युधिष्ठिर (마하바라뜨의) 유디슈티르

धर्मवीर [धर्म+वीर 용감한] a. धर्मशील 품행이 바른, धर्म और समाज की भलाई का काम करने वाला 선행하는

धर्मशाला [धर्म+शाला 집] f. धर्माथ सराय 순례자를 위한 휴식처

धर्मशास्त्र [धर्म+शास्त्र 경전] m. धर्म विशेष से संबंधित ग्रंथ (브라흐만교의)

법전 ☞ धर्मशास्त्रीय 브라흐만교 법전의

धर्मसंकट [धर्म+संकट 위기] m. दुविधा 딜레마

धर्म-सुधार [धर्म+सुधार 개혁] m. धर्म का सुधार 종교개혁

धर्मांतरण [धर्म+अंतरण 전환] m. अपना धर्म त्याग कर दूसरे धर्म को ग्रहण करने की क्रिया 개종

धर्माचार्य [धर्म+आचार्य 대학자] a. धर्मगुरु 종교가

धर्मात्मा [धर्म+आत्मा 자신] m. भला एवं नेक व्यक्ति 선하고 좋은 사람, धार्मिक व्यक्ति 신심이 깊은 사람

धर्मादा [धर्म+A.अदा 지불된] m. धार्मिक कार्य या दान के लिए निकाला हुआ धन 자선금/헌금

धर्मादेश [धर्म+आदेश 명령] m. फ़तवा 계율

धर्मांध [धर्म+अंध 눈먼] a. जो केवल अपने धर्म को श्रेष्ठ मानता हो 맹신적인, धर्म के नाम पर लड़ने वाला 광신적인

धर्मांधता [धर्मांध+ता] f. धर्मांध होने की अवस्था 광신

धर्मार्थ [धर्म+अर्थ 위하여] ad. धर्म के लिए 종교를 위해, जनहितार्थ 자선을 위하여 m. परोपकार की दृष्टि से किया गया दान 보시

धर्मोन्माद [धर्म+उन्माद 미침] m. धर्म के प्रति पागलपन 광신☞ धर्मोन्मादी 광신적인

धर्मोपदेश [धर्मो+उपदेश 설교] m. धर्म का प्रवचन 설교/설법

धर्मोपदेशक [धर्म+उपदेशक 설교자] m. धर्म-गुरु 설법자, धर्म संबंधी उपदेश देने वाला व्यक्ति 설교자

धारा 흐름/줄기 ~

धाराप्रवाह [धारा+प्रवाह 흐름] a. धारा के रूप में निरंतर बहने वाला 유창한 ad. निरंतर और अटूट क्रम से 유창하게 ☞ धाराप्रवाह भाषण 막힘없는 연설

धारावाहिक [धारा+वाहिक 운반하는] a. जो धारा के समान निरंतर चलता रहे

연속하는 m. रेडियो या दूरदर्शन पर लगातार क्रमिक रूप से प्रसारित कथाक्रम 연속극/연재물 ☞ धारावाहिक उपन्यास 연재소설

~ -धारी 지닌/착용한 (자)

अँगोछाधारी [H.अँगोछा 타올+धारी] a./m. अंगवस्त्र धारण करने वाला (व्यक्ति) 큰 목욕 타올을 두른 (자)

ऋणधारी [ऋण 빚+धारी] a./m. ऋण लेने वाला (व्यक्ति) 빚을 진 (자)

कवचधारी [कवच 갑옷+धारी] a./m. कवच पहनने वाला (व्यक्ति) 갑옷을 입은 (자)

खद्दरधारी [H.खद्दर 무명+धारी] a./m. खादी के ही कपड़े पहनने वाला (व्यक्ति) 무명옷을 입은 (자)

त्रिशूलधारी [त्रिशूल 삼지창+धारी] a./m. त्रिशूल धारण करने वाला (व्यक्ति) 삼지창을 가진 (자), 시바(शिव)

धोतीधारी [H.धोती 도띠(허리춤에 동여매 입는 바지)+धारी] a./m. धोती पहनने वाला (व्यक्ति) 도띠를 입은 (자)

बंदूक़धारी [P.बंदूक़ 총+धारी] a./m. बंदूक़ धारण करने वाला (व्यक्ति) 총을 지닌 (자)

तद्भव शब्द

धरती [〈धरित्री] f. पृथ्वी 대지, ज़मीन 땅, संसार 세상

धरना [〈धरति] vt. पकड़ना 쥐다, ग्रहण करना 잡다

धरपकड़ [धर+पकड़ 붙잡음] f. धरने या पकड़ने की क्रिया 잡거나 붙잡음, गिरफ़्तारी 체포

धरम [〈धर्म] m. = धर्म

धरमी [〈धर्मी] a. =धर्मी

धराना [धर+आ+ना] vt. थमाना 쥐게 하다, पकड़ाना 잡게 하다

प्रयोग

धर्मनिरपेक्षता लोकतंत्र का अभिन्न अंग है।

세속주의는 민주주의의 밀접한 일부분이다.

मैं **धारक** को एक सौ रुपये अदा करने का वचन देता हूँ।

나는 **소지자**에게 백 루피를 지불할 것을 서약합니다.

आज की पीढ़ी के बारे में आपकी क्या **धारणा** है।

오늘날의 세대에 대해 당신은 어떤 **견해**를 가지고 있습니까?

कोरियाई छात्र-छात्राएँ **धाराप्रवाह** हिन्दी बोलना चाहते हैं।

한국 학생들이 **유창하게** 힌디어를 말하기를 원합니다.

सरकार टैक्स चोरी करने वालों की **धरपकड़** कर रही है।

정부는 조세를 탈루한 자들을 **잡아내고** 있는 중이다.

11과 नम्

P. **नमति**

झुकना 숙이다/굽히다, अभिवादन करना 인사하다

+प्रत्यय

नत	[नम्+त(क्त)] a. झुका हुआ 숙인/굽힌
नति	[नम्+ति(क्तिन्)] f. झुकना (고개를) 숙임, प्रणाम 인사, नम्रता 겸손, ढाल 경사
नमन	[नम्+अन(ल्युट्)] m. झुकाव 숙임, झुककर किया गया अभिवादन 인사
नमनीय	[नम्+अनीय(अनीयर्)] a. जो झुकाया जा सके 굽혀지는, आदरणीय 존경할 만한, पूज्य 추앙할 만한
नमस्	[नम्+अस्(असुन्)] m. नमः 경례
नमित	[नम्+(णिच्)+त(क्त)] a. झुकाया हुआ 숙여진/굽혀진
नम्य	[नम्+य(यत्)] a. = नमनीय ☞ नम्य संविधान 연성헌법(軟性憲法)
नम्र	[नम्+र(र)] a. विनीत 겸손한, विनयशील 공손한 ☞ नम्र निवेदन m. 공손한 요청
नम्रता	[नम्र+ता] f. विनीतता 겸손, विनयशील ता 공손 ☞ नम्रतापूर्वक ad. 공손하게

उपसर्ग +

अ- 아닌

अनत	[अ+नत] a. न झुकने वाला 굽히지 않는, सीधा 곧은, दृढ़ 강한
अनम्र	[अ+नम्र] a. न झुका हुआ 숙이지 않는, उद्दंड불손한, अविनीत 건방진

अव- 아래로

अवनत	[अव+नत] a. गिरा हुआ 하강한, पतित 떨어진, झुका हुआ 숙인
अवनति	[अव+नति] f. गिरावट 하강, अधःपतन 하락, झुकाव 숙임

आ- 향하여/까지

आनत	[आ+नत] a. झुका हुआ 기울은, नम्र 공손한, नमस्कार की मुद्रा में झुका हुआ 굽힌

उन्- 위로

उन्नत	[उन्+नत] a. आगे बढ़ा हुआ 발달된/발전한
उन्नति	[उन्+नति] f. प्रगति 발전

परि- 충분히

परिणत	[परि+नत] a. रूपांतरित 변형된/변화된, अधिक झुका या झुकाया हुआ 많이 기울은
परिणति	[परि+नति] f. परिणत होने की अवस्था 변형/변화, झुकाव 기울음, परिणाम 결과, परिपक्व होने की अवस्था 성숙, अंत 결말

प्र- 앞으로/ 매우

प्रणत	[प्र+नत] a. बहुत झुका हुआ 매우 숙인, विनीत 겸허한
प्रणति	[प्र+नति] f. झुकाव 숙임, नम्रता 겸허
प्रणम्य	[प्र+नम्य] a. वन्दनीय 경례 해야 할
प्रणाम	[प्र+नाम] m. नमस्कार 인사, झुकाव 굽힘

प्रोन्नत [प्र+उन्नत] a. विशेष रूप से उन्नत 높게 위치한, जिसकी तरक्की हुई हो 승진한

प्रोन्नति [प्र+उन्नति] f. पदोन्नति (प्रोमोशन) 승진

वि- 다른/구분된/특별한

विनत [वि+नत] a. झुका हुआ 숙인, विनीत 겸손한, शिष्ट 예의바른

विनति [वि+नति] f. झुकाव 숙임, नम्रता 겸손

विनम्र [वि+नम्र] a. झुका हुआ 숙인, विनीत 겸손한, सुशील 예의바른

विनम्रता [वि+नम्रता] f. झुकाव 숙임, नम्रता 겸손

सम्- 잘/완전히

समुन्नत [सम्+उन्नत] विशेष रुप से विकसित 발전한/발달한

यौगिक शब्द

नमस् 인사 ~

नमस्कार [नमस्+कार 행위] m. प्रणाम 경례 interj. अभिवादन के लिए कहा जाने वाला शब्द 인사말

नमस्ते [नमस्+ते 너에게] m. नमस्कार 경례/인사말

तद्भव शब्द

नमना [〈नमति] vi. झुकना 숙이다, प्रणाम करना 인사하다

नमाना [〈नमयति] vt. झुकाना 숙이게 하다, वश में करना 복종시키다

प्रयोग

विनम्र आग्रह है कि ____________ ।

____________를 **겸허히** 요청합니다.

नम्र निवेदन है कि ________________ ।

____________를 **겸허히** 청원/탄원합니다.

विनम्रता शिष्टाचार की जननी है।

겸손이 예의범절의 어머니이다.

आप सभी देवियों और सज्जनों को सादर **नमन**!

신사 숙녀 여러분들께 존경어린 **인사**를!

हमारी शुभकामना है कि आप **उन्नति** के सोपान चढ़ें।

리는 당신이 **발전**의 계단을 올라가기를 염원한다.

12과 नी

P. **नयति, A. नयते**

ले जाना 데려가다, नेतृत्व करना 이끌다, निर्देश करना 지도/지휘하다

+ प्रत्यय

नय [नी+अ(अच्)] m. निर्देश 지도(指導), मार्गदर्शन 안내, विनय 겸손, बरताव 행동, अग्रदृष्टि 선견, व्यवस्था संबंधी नीति 방책/정책, योजना 기획

नयन [नी+अन(ल्युट्)] m. आँख 눈, किसी को कहीं ले जाना 인도(引導)

नायक [नी+अक(ण्वुल्)] m. नेता 지도자, अगुआ 선도자, मुखिया 수장(首長), स्वामी 주인, कहानी नाटक और फ़िल्म आदि का मुख्य पात्र 주인공

नायिका [नायक+आ(टाप्)] f. नेत्री 여성지도자, स्वामिनी 여주인, कहानी नाटक और फ़िल्म आदि की मुख्य स्त्री पात्र 여주인공

नीत [नी+त(क्त)] a. पहुँचाया हुआ 도달시킨, लाया हुआ 가져간, प्राप्त 획득한, नेतृत्व किया हुआ 인도한

नीति [नी+ति(क्तन्)] f. व्यवहार का ढंग 방침(方針), व्यवहारकुशलता 처세술, नैतिकता 도덕/윤리, उपाय 방책, पॉलिसी 정책

नेता [नेतृ의 주격] m. नायक 지도자, अगुआ 선도자 ☞ नेतागिरी f. 리더십/지도자의 활동

नेतृत्व [नेतृ+त्व] m. मार्गदर्शन एवं संचालन करना 주도(主導), लीडरशिप 리더십

नेत्र	[नी+त्र(ष्ट्रन्)]* m. नयन 눈
नेत्री	[नेत्र+ई(ङीष्)] f. स्त्री नेता 여성 지도자
नैतिक	[नीति+इक] a. नीति के अनुसार किया जाने वाला 도덕적인/윤리적인
नैतिकता	[नैतिक+ता] f. समाज में स्वीकृत रीति-नीति के अनुरूप किया जाने वाला आचरण 도덕/윤리

उपसर्ग +

अ- 아닌/없는

अनीति	[अ+नीति] f. नीति के विरुद्ध अनुचित व्यवहार 비행, अन्याय 부정의(不正義), बेइंसाफ़ी 부정, अनैतिकता 부도덕
अनैतिक	[अ+नैतिक] a. नीति के विरुद्ध 부도덕한, सदाचार के विरुद्ध 부정한

अनु- 후에

अनुनय	[अनु+नय] m. प्रार्थना 간청 ☞ अनुनय-विनय 간청/애원

अभि- 향하여/쪽으로

अभिनय	[अभि+नय] m. अदाकारी 연기(演技)
अभिनीत	[अभि+नीत] a. अभिनय किया हुआ 연기한
अभिनेता	[अभी+नेता] m. ऐक्टर 배우
अभिनेत्री	[अभि+नेत्री] f. ऐक्ट्रेस 여배우
अभिनेय	[अभि+नेय] a. जिसका अभिनय किया जाना संभव हो 연기할 수 있는

अव-아래로

अवनयन	[अव+नयन] m. नीचे की ओर लाना 추락하게 함

* ष्ट्रन् 접사는 도구나 기구를 의미하는 파생접사로서 어근에 붙으며 -ट्र/-त्र만 남는다.
예) राज्+ष्ट्रन्=राष्ट्र 국가, मन्+ष्ट्रन् =मन्त्र 주문, तन्+ष्ट्रन्=तन्त्र 시스템

उत्- 위로

उन्नयन [उत्+नयन] m. उन्नति की ओर ले जाना 향상하게 함/진보하게 함

उप- 가까이

उपनयन [उप+नयन] m. दीक्षा का एक हिन्दू अनुष्ठान 입문식(베다 공부를 위해 스승의 아슈람에서 치루는 의식)

निर्- 밖으로/완전히

निर्णय [निर्+नय] m. निश्चय 결정, फ़ैसला 판단, निष्कर्ष 결론

निर्णयात्मक [निर्+नय+आत्मक] a. निर्णय के रूप में होने वाला 결정적인

निर्णायक [निर्+नायक] a. निर्णय करने वाला 결정하는/결정적인 m. निर्णय करनेवाला व्यक्ति 결정자, रेफ़री 심판, अंपायर(umpire) 심판

निर्णीत [निर्+नीत] a. निश्चित 결정된, फ़ैसला किया गया 판단된

प्र- 앞으로

प्रणय [प्र+नय] m. प्रेम 사랑

प्रणीत [प्र+नीत] a. निर्मित 만들어진, संशोधित 수정된, संस्कृत 교화된, लाया हुआ 옮긴, भेजा हुआ 보낸

प्रणेता [प्र+नेता] m. नेता 지도자, रचयिता 작자(作者)

परि- 둘레의

परिणय [परि+नय] m. विवाह 결혼, शादी 혼인

परिणीत [परि+नीत] a. विवाहित 결혼한, शादी-शुदा 혼인한 ☞ अपरिणीत 미혼의

परिणीता [परि+नीत] f. विवाहिता 기혼녀

वि- 특별한

विनय [वि+नय] m. नम्रता 겸손, शिष्टता 예의 ☞ सविनय 겸손한, विनयपूर्वक 겸손하게

विनीत [वि+नीत] a. विनम्र 겸손한, शिष्ट 예의있는 ☞ अविनीत a. 무례한

यौगिक शब्द

नयन 눈 ~

नयनतारा [नयन+H.तारा 별] a. अत्यंत प्रिय 매우 사랑스러운, दुलारा 애지중지하는

नयनसुख [नयन+सुख 행복] m. आँखों को सुख देने वाला दृश्य 눈에 즐거운 모습, संतान 자식(子息)

नीति 방책/정책/윤리 ~

नीतिकथा [नीति+कथा 이야기] f. उपदेशात्मक कथा 우화

नीतिज्ञ [नीति+ज्ञ 아는] a. नीति-कुशल 사려 깊은/분별 있는

नीतिपरक [नीति+परक 관련된] a. नीतिगत 윤리적인/정책적인

नीतिवचन [नीति+वचन 말씀] m. नीति विषयक उक्ति 잠언

नीतिशास्त्र [नीति+शास्त्र 학(學)] m. नीतिविद्या 윤리학

~ नीति 정책

कूटनीति [कूट 기만+नीति] f. छिपी हुई चाल 비책(秘策), गुप्त चाल 계책(計策), डिप्लोमसी 외교

राजनीति [राज 국가+नीति] f. सत्ता या शासन चलाने का व्यवहार 정치

ने [नी+(विच्)] 지도자 ~

नेपथ्य [ने+पथ्य 적당한/유익한] m. परदे के पीछे 무대 뒤, बैकस्टेज 분장실

नेत्र 눈 ~

नेत्रचिकित्सक [नेत्र+चिकित्सक 의사] m. नेत्र विशेषज्ञ 안과의(眼科醫)

नेत्रजल [नेत्र+जल 물] m. आँसू 눈물/누(淚)

नेत्ररोग [नेत्र+रोग 병] m. आँख का रोग 눈병

नेत्रविज्ञान [नेत्र+विज्ञान 학(學)] m. नैत्रिकी 안과학

नेत्रहीन [नेत्र+हीन 없는] a. अंधा 시력이 없는/눈이 먼

प्रयोग

फ़िल्म के **नायक** और **नायिका** दोनों बहुत क़ाबिल हैं।

영화의 **남자주인공과 여자주인공** 둘 모두 매우 유능하다.

आजकल भारत में भाजपा **नीत** एनडीए की सरकार है।

요즘 인도에 인도인민당(BJP)이 **주도한** 전국민주동맹(NDA) 정부가 집권하고 있다.

विदेश **नीति** और **कूटनीति** किसी भी सरकार के महत्वपूर्ण अंग हैं।

외교 **정책**과 **책략**은 어떤 정부라도 중요한 부분들이다.

आजकल, राजनीतिक **नेताओं** की कोई अच्छी साख नहीं है।

요즘 정치 **지도자들은** 아무런 신용이 없다.

मुझे **नेत्र** विशेषज्ञ से सलाह लेनी पड़ेगी।

나는 **안과**의로부터 의견을 구해야만 할 것이다.

13과 पठ्

P. **पठति**

पढ़ना 읽다, बोलकर पढ़ना 소리 내어 읽다, पाठ करना 공부하다

+ प्रत्यय

पठन [पठ्+अन(ल्युट्)] m. पढ़ना 읽기, पाठ 학습

पठनीय [पठ्+अनीय(अनीयर्)] a. पढ़ने लायक़ 읽을 만한

पठित [पठ्+इत(क्त)] a. जो पढ़ा जा चुका हो 읽힌, पढ़ा हुआ 읽은

पाठ [पठ्+अ(घञ्)] m. पढ़ना 읽기, पढ़ने वाला विषय 과목, अध्ययन 학습, पुस्तक का चैप्टर 과(課), सबक़ 단원(單元), टेक्स्ट 텍스트, निर्धारित नियम पूर्वक किसी धर्मग्रन्थ को पढ़ना 경전 독송 ☞ वेदपाठ 베다 독송

पाठक [पठ्+(णिच्)+अक(ण्वुल्)] a. पाठ पढ़ने वाला 공부하는, पाठ पढ़ाने वाला 가르치는 m. पढ़ने वाला 독자, विद्यार्थी 학습자, अध्यापक 교사, धर्मोपदेशक 설교자, ब्राह्मण-समाज में एक कुलनाम 브라흐만의 한 성씨

पाठकीय [पाठक+ईय] a. पाठक का 독자의 ☞ पाठकीय प्रतिक्रिया 독자의 반응

पाठन [पठ्+(णिच्)+अन(ल्युट्)] m. पढ़ाने की क्रिया 가르침, अध्यापन 교육, पढ़कर सुनाना 낭독

पाठी [पाठिन्의 주격] m. पाठ करने वाला 읽는 사람, पढ़ने वाला 독자 ☞ वेदपाठी 베다를 읽는 자

पाठ्य [पाठ+य] a. पढ़ाया जाने योग्य 읽혀져야 할/읽을 만한

उपसर्ग +

अ- 아닌

अपठित [अ+पठित] a. जो पहले पढ़ा न गया हो 이전에 읽히지 않은/처음 읽는

अपाठ्य [अ+पाठ्य] a. जो पढ़ने लायक़ न हो 읽을 만 하지 않은, जिसे पढ़ना वर्जित हो 읽지 말아야 할

सह- 함께

सहपाठी [सह+पाठी] m. एक ही कक्षा में पढ़ने वाले छात्र (क्लासमेट) 급우, एक ही विद्यालय में पढ़ने वाले छात्र (स्कूलमेट) 학우

यौगिक शब्द

पठन 읽기/학습 ~

पठन-पाठन [पठन+पाठन 교육] m. पठन और पाठन 독서와 교육

पठन-सामग्री [पठन+सामग्री 재료] f. पढ़ने के लिए प्रयोग की जाने वाली सामग्री 학습 자료, पाठ्य पुस्तक 교과서

पाठ 텍스트/학습 ~

पाठदोष [पाठ+दोष 잘못] m. पाठ संबंधी दोष 텍스트 오류

पाठ-भेद [पाठ+भेद 차이] m. एक ही किसी ग्रंथ की दो प्रतियों के अलग-अलग उपलब्ध पाठों में मिलने वाला अंतर 두 판본의 다른 텍스트

पाठ-योजना [पाठ+योजना 계획] f. किसी विषय को पढ़ाने की योजना (स्टडी प्लान)

수업계획

पाठविच्छेद [पाठ+विच्छेद 단절] m. वाचन के दौरान थोड़ी देर के लिए रुकना(운율의) 휴지(休止)

पाठ-विश्लेषण [पाठ+विश्लेषण 분석] m. पाठ का विश्लेषण 텍스트 분석

पाठशाला [पाठ+शाला 집] f. स्कूल 학교

पाठांतर [पाठ+अंतर 차이] m. = पाठभेद

पाठांश [पाठ+अंश 부분] m. पाठ का एक भाग 텍스트의 일부

पाठ्य 읽혀져야 할/학습해야 할 ~

पाठ्यक्रम [पाठ्य+क्रम 과정] m. कोर्स 교과과정, सिलेबस 강의요강(講義要綱)

पाठ्यपुस्तक [पाठ्य+पुस्तक 책] f. टेक्स्टबुक 교과서

पाठ्यसामग्री [पाठ्य+सामग्री 재료] f. पढ़ने-लिखने की आवश्यक वस्तुएँ 학습 자료

तद्भव शब्द

पढ़ना [〈पठति] vt. अक्षरों का क्रम से उच्चारण करना (소리내어) 읽다, वर्णों आदि को देखकर उनका अभिप्राय जानना 독해하다, अभ्यास के रूप में याद करना 학습하다, अध्ययन एवं मनन करना 공부하다 ☞ पढ़ना-लिखना vt. 학습하다, पढ़ा-लिखा a. 배운/학식 있는

पढ़ाना [पढ़+आ+ना] vt. शिक्षा देना 가르치다, शिक्षित बनाना 학습시키다, उच्चारण करना सिखाना 읽는 것을 가르치다 ☞ पढ़ाना-लिखाना vt. 교육하다

पढ़ाई [पढ़+आई] f. अध्ययन 학습, पढ़ने का काम 학업/수업 ☞ पढ़ाई-लिखाई f. 교육

प्रयोग

देखना होगा कि चौथी औद्योगिक क्रान्ति का **पढ़ने-पढ़ाने** / **पठन-पाठन** पर क्या असर पड़ता है।

4차 산업혁명이 **학습과 교육**에 어떤 영향을 미치는지 살펴보아야 할 것이다.

आजकल साहित्य के गंभीर **पाठक** कम हैं।

요즘 문학의 진지한 **독자**가 적다.

आपने किस **पाठ्यक्रम** में प्रवेश लिया है?

당신은 어떤 **과정**에 입학했나요?

हिन्दी की **पाठ्यपुस्तक** अभी बाज़ार में उपलब्ध नहीं है।

힌디어 **교과서**는 아직 시장에서 구할 수 없다.

देशभर में प्राथमिक **पाठशालाओं** की स्थिति अच्छी नहीं है।

전국적으로 초등**학교들**의 상황이 좋지 않다.

14과 पा

P. **पिबति**, A. **पिबते**

पीना 마시다

+ प्रत्यय

पात्र	[पा+त्र(ष्ट्रन्)] m. प्याला 컵, बर्तन 그릇, कोई व्यक्ति जो किसी काम के योग्य हो (어떤 일에) 역량을 갖춘 인물, नाटक, उपन्यास आदि में वर्णित व्यक्ति 등장인물
पात्रता	[पात्र+ता] f. पद, कार्य आदि की योग्यता 역량/기량 ☞ पात्रता-परीक्षा f. 자격시험/역량테스트
पात्री	[पात्र+ई] f. छोटा पात्र 작은 그릇, साहित्यिक रचना का स्त्री पात्र 여성 등장인물
पान	[पा+अन(ल्युट्)] m. पीना 마심/음(飮)
पानीय	[पा+अनीय(अनीयर्)] a. पीने योग्य 마실 수 있는 m. पेय 음료, जल 물, मदिरा 술
पिपासा	[पा+स्(सन्)+अ+आ(टाप्)]* f. प्यास 갈증, लालच 탐욕
पिपासु	[पा+स्(सन्)+उ] a. प्यासा 갈증나는
पेय	[पा+य(यत्)] a. पीने योग्य 마실 수 있는 m. पीने योग्य द्रव 음료

* सन् 접사는 '원하다'의 의미를 갖는 파생접사로서 중첩된 어근에 붙으며 -स्만 남는다.

उपसर्ग +

अ-아닌

अपात्र [अ+पात्र] a. कुपात्र 그릇이 안되는, अयोग्य 부적합한 m. अयोग्य व्यक्ति 적합하지 않은 인물

अपेय [अ+पेय] m. न पीने योग्य 마실 수 없는

अनु- 후에

अनुपान [अनु+पान] m. दवा के साथ या बाद ली जानेवाली वस्तु 약과 함께 또는 후에 먹는 것

कु- 결핍된

कुपात्र [कु+पात्र] a. अयोग्य 부적합한 m. अयोग्य व्यक्ति 적합하지 않은 인물

सु- 좋은

सुपात्र [सु+पात्र] a. योग्य 적합한 m. उपयुक्त व्यक्ति 적합한 인물, अच्छा पात्र 좋은 인물

यौगिक शब्द

~ पान 마심

जलपान [जल 물+पान] m. नाश्ता 간식, कलेवा 간편한 음식

धूम्रपान [धूम्र 연기+पान] m. धूमपान 흡연

मदिरापान [मदिरा 술+पान] m. शराब पीना 음주

तद्भव शब्द

पानी [〈पानीय] m. जल 물

पिलाना [पी+आ+ना] vt. पीने में प्रवृत्त करना 마시게 하다

पीना [〈पिबति] vt. किसी द्रव को गले से नीचे उतारना 마시다

प्यास [〈पिपासा] f. पिपासा 갈증

प्यासा [〈पिपासक] a. पिपासु 갈증나는

पन- [〈H.पानी] m. पानी 물

पनचक्की [पन+चक्की 맷돌] f. पानी से चलने वाली चक्की 물레방아

पनडुब्बा [पन+डुब्बा 잠수] m. गोताख़ोर 잠수부

पनडुब्बी [पन+डुब्बी 잠수] f. सबमैरीन 잠수함

पनबिजली [पन+बिजली 전기] f. जलविद्युत 수력전기

प्रयोग

ज़मीन इतनी सूखी थी कि सब **पानी** पी गई।

땅이 너무나 메말라서 모든 **물을** 흡수했다.

हमने स्टेशन पर चाय-समोसा **जलपान** किया।

우리는 역에서 차와 만두로 **간단한 식사를** 했다.

लोग गर्मी के दिनों में **प्यास** बुझाने के लिए बहुत ज़्यादा पानी पीते हैं।

사람들이 여름날에 **갈증**을 해소하기 위해 물을 매우 많이 마신다.

एक महिला बाँस से बने **पात्र** में पूजा के लिए सामग्री लेकर जा रही है।

한 부인이 대나무로 만든 **그릇**에 예배용 재료를 담아 가는 중이다.

अगले रविवार को यु.जी.सी. की **पात्रता परीक्षा** है।

다음 일요일에 UGC(University Grants Commission)의 **자격시험**이 있다.

15과 रक्ष्

P. **रक्षति**

रक्षा करना 방어하다, देखभाल करना 돌보다, पहरा देना 지키다

+ प्रत्यय

रक्षक [रक्ष्+अक(ण्वुल्)] a. रक्षा करने वाला 지키는 m. पहरेदार 경비원/보초
☞ अंगरक्षक m. 신변 보호자

रक्षण [रक्ष्+अन(ल्युट्)] m. रखवाली 보호, रक्षा 방어/수비, पालन-पोषण 양육

रक्षणीय [रक्षण+ईय] a. रक्षा करने योग्य 방어할 만한

रक्षा [रक्ष्+अ(अच्)+आ(टाप्)] f. सुरक्षा 방어, रखवाली 보호, पहरेदारी 파수

रक्षित [रक्ष्+इत(क्त)] a. संभालकर रखा हुआ 보호된

रक्षी [रक्षिन्의 주격] m. रक्षक 수호자, पहरेदार 파수꾼

रक्ष्य [रक्ष्+य(ण्यत्)] a. रक्षणीय 방어할 만한

उपसर्ग +

आ- 까지/가까이

आरक्षण [आ+रक्षण] m. समाज में समानता लाने के लिए सरकारी नौकरियों,

अवसरों और सुविधाओं में वंचित समाज के लिए कुछ हिस्सा निर्धारित करना (특정 계층에게 정원을 할당해주는) 유보(留保), पहले से सीट आदि को निर्धारित किया जाना 예약 ☞ रेल टिकट का आरक्षण 기차표 예약

आरक्षित [आ+रक्षित] a. आरक्षण किया गया 유보된/예약된/예비된

आरक्षी [आ+रक्षी] m. रक्षक 경호인, पुलिस 경찰관 ☞ आरक्षी अधीक्षक m. 경찰서장

प्रति- 대(對)

प्रतिरक्षा [प्रति+रक्षा] f. रक्षा 방어, हिफ़ाज़त 보호, रोगप्रतिरोधी 면역

प्रतिरक्षित [प्रति+रक्षित] a. निरापद 안전한, असंक्राम्य 면역된

प्रतिरक्षी [प्रति+रक्षी] m. एंटीबाडी 항체

सम्- 잘/완전히

संरक्षक [सं+रक्षक] m. अभिभावक 보호자

संरक्षण [सं+रक्षण] m. रक्षा 보호, निगरानी 감독, देखरेख 돌봄 ☞ संरक्षणवाद 보호무역주의, संरक्षण शुल्क 보호관세

संरक्षा [सं+रक्षा] m. बचाव 안전/보호

संरक्षित [सं+रक्षित] a. सुरक्षित 보호된

सु- 좋은/잘

सुरक्षा [सु+रक्षा] f. हिफ़ाज़त 방어, निरापदता 안전, रखवाली 보호 ☞ संयुक्त राष्ट्र सुरक्षा परिषद f. 유엔안전보장이사회, संयुक्त राष्ट्र सुरक्षा-बल m. 유엔안전보장군, सुरक्षाकर्मी m. 경호원/경비원

सुरक्षित [सु+रक्षित] a. अच्छी तरह रक्षित 방어된, निरापद 안전한

यौगिक शब्द

रक्षण 방어 ~

रक्षणार्थ [रक्षण+अर्थ 위하여] ad. रक्षा के लिए 방어를 위해

रक्षा 방어/보호 ~

रक्षाकवच [रक्षा+कवच 갑옷] m. रक्षा के साधन 갑옷, अभिमंत्रित तावीज़ 부적

रक्षात्मक [रक्षा+आत्मक 속성을 가진] a. रक्षा से संबंधित 방어의 ☞ रक्षात्मक कार्रवाई 보호조치

रक्षाबंधन [रक्षा+बंधन 묶기] m. श्रावणी पूर्णिमा को होने वाला एक हिन्दू त्योहार 락샤반단(남매간의 결속을 기념하는 축제)

रक्षा-मंत्रालय [रक्षा+मंत्रालय 부(部)] m. देश की रक्षा से संबद्ध मंत्रालय 국방부

रक्षा-मंत्री [रक्षा+मंत्री 장관] m. रक्षा मंत्रालय का प्रधान अधिकारी 국방부 장관

रक्षासूत्र [रक्षा+सूत्र 실] m. राखी (락샤반단 축제 때 자매가 남자형제의 손목에 매주는) 실

तद्भव शब्द

रखना [〈रक्षति] vt. धरना 놓다/두다, लादना 얹다, तैनात करना 배치하다, संग्रह करना 챙기다, हिफ़ाज़त करना 보존하다, रक्षा करना 보호하다

रखरखाव [रख+रख+आव] m. मेन्टिनन्स् 보수(保守), (मर्यादा, परंपरा आदि का) उचित निर्वाह 유지

रखवाई [रख+वाई] f. रखवाली 보호, चौकीदारी 파수

रखवाना [रख+वा+ना] vt.= रखाना

रखवाल/रखवाला [〈रक्षपाल] m. पहरेदार 파수꾼, चौकीदार 보초

रखवाली [रखवाल+ई] f. सुरक्षा 보호, हिफ़ाज़त 방어

रखवाई [रख+आई] f. रखवाली 지킴

रखाना [रख+आ+ना] vt. रखने का काम कराना 두게 하다/유지시키다/배치시키다

रखैया [रख+ऐया] m. रक्षक 수호자

रखैल/रखेली [<H.रखना] f. रक्षिता 첩

राखी [<रक्षी] f. रक्षा बंधन पर्व पर बहन द्वारा भाई को बाँधा जानेवाला सूत्र 호신을 위한 실 조각(부적)

प्रयोग

सरकारी नौकरियों में **आरक्षण** की व्यवस्था एक सकारात्मक क़दम है।

공무원직의 **고용할당**제는 하나의 긍정적인 행보이다.

मुझे भोपाल के लिए शताब्दी ट्रेन में **आरक्षण** कराना है।

나는 보빨 행 샤따브디 기차를 **예약**해야 한다.

मेट्रो ट्रेन का पहला डिब्बा महिलाओं के लिए **आरक्षित** है।

지하철의 첫 번째 칸은 여성들을 위해 **유보되어** 있다.

रक्षा सौदे को लेकर आजकल तहलका मचा हुआ है।

방산물자 구매를 가지고 요즘 소요가 일었다.

शहर में कर्फ़्यू लगा है, चारों ओर **सुरक्षाकर्मी** तैनात हैं।

도시에 통행금지령이 내려졌다, 사방에 **안전요원들**이 배치되어 있다.

16과 वद्

P. **वदति** A. **वदते**

कहना 말하다, सूचित करना 알리다, बोलना 소리내다, गायन करना 가창(歌唱)하다

+ प्रत्यय

वदन [वद्+अन(ल्युट्)] m. कथन 발언, चेहरा 얼굴, मुख 입, अगला भाग 전면(全面)

वदन्ती(वदंती) [वद्+अन्त(झच्)*+ई(ङीष्)] f. कथन 발언, प्रवचन 강연

वाद [वद्+अ(घञ्)] m. बात-चीत 대화, बहस 언쟁, सिद्धांत 원리, व्याख्या 해설, तर्क (इज़्म) 주의(主義), मुक़दमा (केस) 소송사건

वादक [वद्+(णिच्)+अक(ण्वुल्)] m. बोलने वाला 화자(話者), बजाने वाला 연주가, वादविवाद करनेवाला 토론자

वादन [वद्+(णिच्)+अन(ल्युट्)] m. बाजा बजाना 연주, बाजा बजाने वाला 연주가, बाजा 악기

वादित [वद्+(णिच्)+इत(क्त)] a. बजाया हुआ 연주된, उच्चरित कराया गया 발성된

वादी [वादिन्의 주격] m. वक्ता 화자, मुद्दई 원고, अभियोगी 고소인, अभियोक्ता 원고, गायक 가수, बाजा बजाने वाला 연주가

* झच्는 उणादि 접사에 해당된다.

वाद्य [वद्+(णिच्)+य(यत्)] m. बाजा 악기, कथन 말, भाषण 연설 a. जो कहा या बजाया जाने को हो 말해질 만한/연주될 만한

-वद [वद्+अ(अच्)] suf. बोलने वाला 말하는

-वादी [वादिन्의 주격] suf. वाद वाला 주의(主義)의/주의자(主義者)

उपसर्ग +

अति- 과다한

अतिवाद [अति+वाद] m. उग्रवाद 극단주의

अतिवादी [अति+वादी] m. उग्रवादी 극단주의자, मर्यादा का उल्लंघन करनेवाला 과격주의자

अनु- 뒤따르는

अनुवाद [अनु+वाद] m. भाषांतर 번역

अप- 멀리/상반된/열등한

अपवाद [अप+वाद] m. निन्दा 비난, सामान्य नियम से भिन्न बात 예외, प्रतिवाद 반론

अभि- 위/향한

अभिवादन [अभि+वादन] m. श्रद्धापूर्वक नमन 경례, स्तुति 찬미

परि- 둘레의/주변의

परिवाद [परि+वाद] m. निंदा 비난, झूठी निंदा 비방, शिक़ायत 불평, कुख्याति 악명, जुर्म 범죄

परिवादी [परि+वादी] a. निंदा करने वाला 비난하는, झूठी निंदा करने वाला 비방하는, आरोप करने वाला 고소하는, शिक़ायत करने वाला 불평하는

प्र- 대단한/도를 넘는

प्रवाद [प्र+वाद] m. बोलना 말, जनश्रुति 풍문, किंवदंती 소문, बातचीत 대화

प्रति- 대하여

प्रतिवाद [प्रति+वाद] m. वादी की बात के विरोध में कही जानेवाली बात 반론, वादी की बात का उत्तर 반박/항변, विरोध 항의

प्रतिवादी [प्रति+वादी] m. मुद्दालह 피고, विरोधी 반대자, शत्रु 원수

वि- 다른

विवाद [वि+वाद] m. बहस 언쟁, झगड़ा 논란, तक़रार 논쟁, मतभेद 이견(異見), मुक़दमा 소송 ☞ विवादग्रस्त a. 논쟁에 빠진, विवादास्पद a. 논쟁 중인

विवादित [वि+वादित] a. विवाद किया गया 논쟁된

विवादी [वि+वादी] m. विवाद करने वाला 논쟁자, मुक़दमेबाज़ 소송을 제기한 사람

सम्- 함께

संवाद [सं+वाद] m. वार्तालाप 대화, बहस 논쟁, वाद-विवाद 토론, संदेश 알림, सहमति 동의, दावा 주장, समाचार 뉴스 ☞ संवाददाता 리포터

संवादी [सं+वादी] a. बात करने वाला 대화하는, जो सहमत हो 동의하는 m. राग का मंत्री स्वर (인도음악) 라가(राग)의 두번째 주요 음

यौगिक शब्द

~ वदन 얼굴

चंद्रवदन [चंद्र 달+वदन] a. चंद्रमुख 달처럼 아름다운 얼굴의

~ वदन्ती 발언

किंवदंती [किम् 무엇+वदंती] f. जनश्रुति 풍문, अफ़वाह 소문

~ वाद 주의(主義)

आतंकवाद [आतंक 폭력+वाद] m. टेरोरिज़्म 테러리즘 ☞ आतंकवादी a./m. 테러의/테러리스트

आदर्शवाद [आदर्श 이상+वाद] m. आइडियलिज़्म 이상주의 ☞ आदर्शवादी a./m. 이상주의의/이상주의자

कन्फ्युशीवाद [E.कन्फ्युशी 공자+वाद] m. कुन्फ़्यूशियसी धर्म 유교

नारीवाद [नारी 여자+वाद] m. फ़ेमिनिज़्म 여성주의

यथार्थवाद [यथार्थ 사실+वाद] m. रीअलिज़्म 사실주의

राष्ट्रवाद [राष्ट्र 국가+वाद] m. नैशनलिज़्म 민족주의

समाजवाद [समाज 사회+वाद] m. सोशलिज़्म 사회주의

साम्राज्यवाद [साम्राज्य 제국+वाद] m. इमपिअरीअलिज़्म 제국주의

साम्यवाद [साम्य 동일+वाद] m. कॉम्युनिज़्म 공산주의

शून्यवाद [शून्य 공(空)+वाद] m. निहिलिज़्म 공론(空論)/허무론

वाद 대화/토론 ~

वाद-प्रतिवाद [वाद+प्रतिवाद 반론] m. बहस 논쟁, उत्तर-प्रत्युत्तर 토의

वाद-विवाद [वाद+विवाद 논쟁] m. बहस 논쟁, तक़रार 언쟁

वाद्य 악기 ~

वाद्ययंत्र [वाद्य+यंत्र 기계/기구] m. बाजा 악기

वाद्यवृन्द [वाद्य+वृन्द 그룹] m. बाजों का समूह(ऑर्केस्ट्रा) 오케스트라

वाद्य-संगीत [वाद्य+संगीत 음악] m. केवल बाजे से उत्पन्न ध्वनि 기악(器樂) ☞ कंठ्य संगीत 성악

~ -वद 말하는

प्रियंवद [प्रियं 사랑하는+वद] a. प्रिय बोलने वाला 사랑스럽게 말하는,

मधुर भाषी 우아하게 말하는 ☞ प्रियंवदा a. प्रियंवद의 여성 형태 f. 샤꾼딸라의 친구 이름

तद्भव शब्द

बजना	[〈H. बाजा] vi. ध्वनि निकलना 소리 나다, बाजे से आवाज़ निकलना (악기가) 울리다
बजाना	[बज+आ+ना] vt. आवाज़ निकालना 소리 내다, वादन करना 연주하다
बाजा	[〈वाद्य] m. वाद्य 악기

प्रयोग

स्वस्थ **वाद-विवाद** की परंपरा समाज से ख़त्म होती जा रही है।
건전한 **토론**의 전통이 사회에서 사라지고 있다.

लोग **विवादास्पद/विवादित** मुद्दों पर बोलने से प्राय: बचते हैं।
사람들은 **논쟁 중인** 사안들에 대해 언급하는 것을 보통 회피한다.

अतिवाद पूरे विश्व में कम होने के बजाय बढ़ता जा रहा है।
전 세계에 **극단주의**가 사라지는 것 대신에 증가하고 있다.

तबला, सितार और हारमोनियम आदि **वाद्ययंत्र** हैं।
따블라(인도전통 북), 시따르(인도전통 현악기)와 풍금 등은 **악기**이다.

17과 वस्

P. **वसति**, A. **वसते**

निवास करना 거주하다, बसना 정착하다, विद्यमान होना 현존하다

+ प्रत्यय

वसन [वस्+अन(ल्युट्)] m. निवास 거주, मकान 집

वसित [वस्+इत(क्त)] a. बसा हुआ 거주한 m. वास स्थान 거주지

वस्तु [वस्+तु(तुन्)] f. वह जिसका अस्तित्व हो 실체, पदार्थ 물체, गोचर पदार्थ 대상, चीज़ 물품, द्रव्य 객체 ☞ गतिशील वस्तु 움직이는 물체, खाद्य वस्तु 식품

वस्तुतः [वस्तु+तः] ad. वास्तव में 실제로

वास [वस्+अ(घञ्)] m. निवास 거주, घर 집

वासु [वस्+उ(उण्)]* m. परमात्मा 초월신, विष्णु 비슈누 신

वास्तव [वस्तु+अ(अण्)] a. यथार्थ 실제의, सत्य 사실의 m. यथार्थता 실제, सत्यता 사실

वास्तविक [वास्तव+इक] a. यथार्थ 실제의, सत्य 사실의 ☞ वास्तविक स्थिति 실제의 상황, वास्तविक आकार 실제의 모양, वास्तविक प्रमाण-पत्र

---

* वासु '모든 곳에 거주한다'는 의미에서 나왔으며 उण्은 उणादि 접사임.

사실증명서

वास्तविकता [वास्तविक+ता] f. असलियत 사실성

वास्तु [वस्+तु(तुण्)] m. मकान 주택, इमारत 건축물, घर बनाने योग्य स्थान 건물부지, इमारत का नक्शा 건물도면

वास्य [वास+य(यत्)] a. बसने के योग्य 거주할 만한

उपसर्ग +

अधि- 특별한

अधिवास [अधि+वास] m. वास-स्थान 주거지, बस्ती 정착지, डोमिसाइल 주소

आ- 가까이

आवास [आ+वास] m. निवास-स्थान 거주지, घर 주택 ☞ आवास योजना (빈민을 위한) 주택공급계획

आवासन [आ+वासन] m. हाउसिंग 주택공급 ☞ राजस्थान आवासन मंडल 라자스탄 주 주택공단

आवासी [आ+वासी(वासिन्의 주격)] a. निवास करने वाला 거주하는

आवासीय [आ+वास+ईय] a. आवास संबंधी 주택의, आवास की सुविधा से युक्त 거주설비가 있는 ☞ आवासीय विद्यालय 기숙학교

उप- 특별한 (노력의)

उपवास [उप+वास] m. व्रत 단식, धार्मिक उद्देश्य से भोजन का त्याग 금식

नि- 완전히/안에

निवास [नि+वास] m. वास 거주, वास-स्थान 거주지, विश्राम-स्थल 휴식처, घर 주택

निर्- 밖으로

निर्वासन [निर्+वासन] m. निष्कासन 추방, देश-निकाला 국외추방

निर्वासित [निर्+वासित] a. निष्काषित 추방된

प्र- 앞으로

प्रवास [प्र+वास] m. विदेश में निवास 해외거주, देशान्तरण 이주(移住), कहीं दूर की यात्रा 정행(征行), कुछ समय के लिए अपना निवास छोड़कर कहीं और रहना 거류 ☞ जैन मुनियों का चातुर्मास प्रवास 자이나교 성자들의 넉달간의 정행

प्रवासन [प्र+वासन] m. विदेश में निवास 해외 거주, निर्वासन 추방

प्रवासी [प्र+वासी] a./m. प्रवास करने वाला 해외나 타지에 거주하는/이민자/이주자 ☞ प्रवासी भारतीय 해외거류인도인(NRI)

आ- 역으로 / उत्- 위로 + प्र- 앞으로

आप्रवास/आप्रवासन [आ+प्र+वास/वासन] m. विदेश से अपने देश में आकर बसना 국내 이주

आप्रवासी [आ+प्र+वासी] m. आप्रवास करने वाला 국내 이주자

उत्प्रवासन [उत्+प्रवासन] m. अपने देश से किसी दूसरे देश में जाना 이민

यौगिक शब्द

वस्तु 실체/객체/물품 ~

वस्तुगत [वस्तु+गत 적(的)] a. वस्तुपरक 객관적인

वस्तुजगत् [वस्तु+जगत् 세계] m. संसार 현상 세계

वस्तुनिष्ठ [वस्तु+निष्ठ 신뢰하는] a. वस्तुगत 객관적인 ☞ वस्तुनिष्ठतावाद 실증주의

वस्तुपरक [वस्तु+परक 관련된] a. वस्तुगत 객관적인

वस्तुवाद [वस्तु+वाद 주의] m. प्रत्यक्षवाद 실증주의

वस्तु-विनिमय [वस्तु+विनिमय 교환] m. वस्तुओं का अदल-बदल 물물교환

वस्तुस्थिति [वस्तु+स्थिति 상태] f. वास्तविक स्थिति 현실/사실

वास्तु 주택/건축물/건물부지 ~

वास्तुकला [वास्तु+कला 기술] f. स्थापत्यकला 건축술

वास्तुकार [वास्तु+कार 만드는 자] m. इमारत महल आदि का डिजाइन बनाने वाला इंजिनियर 건축가

वास्तुशास्त्र [वास्तु+शास्त्र 학(學)] m. भवन-निर्माण से संबंधित प्राचीन भारतीय शास्त्र 인도의 고대 건축학

वास्तुशिल्पी [वास्तु+शिल्पी 기술자] m. वास्तुकार 건축가

तद्भव शब्द

बसत [〈H.बसना] a. बसा हुआ 거주한

बसना [〈वसति] vi. निवास करना 거주하다, ठहरना 머물다

बसेरा [बस-+एरा] m. मार्ग में ठहरने की जगह 여관/숙소, अस्थायी निवास 임시거처 ☞ रेन बसेरा 도시빈민수용소

बस्ती [〈H.बसत] f. कालोनी 부락, आबादी 거주민

बास [〈वास] m. निवास 거주, रहने की जगह 집

प्रयोग

सरकार ने कई **वस्तुओं** पर लगाए गए कर को समाप्त कर दिया है।

정부는 여러 **물품들**에 적용되었던 세금을 없애버렸다.

वास्तव में, बात ऐसी नहीं है।

실제로 일이 이렇지 않다.

कई लोग **वास्तु** के अनुसार घर बनाने में विश्वास करते हैं।

여러 사람이 **건물도면**에 따라 집 짓는 것을 신뢰한다.

आजकल, आपका **निवास** कहाँ है?

요즈음, 당신의 **거주지**가 어디입니까?

कोरिया और विश्व के बीच सेतु-निर्माण में कोरियाई **प्रवासी** समुदाय की अहम भूमिका है।

한국과 세계 사이에 가교를 놓는 데에 한국인 **해외거주**단체가 중요한 역할을 한다.

18과 सेव्

P. **सेवते**

सेवा करना 봉사하다, सम्मान करना 받들다, पूजा करना 예배하다, उपयोग में लाना 이용하다

+ प्रत्यय

सेवक [सेव्+अक(ण्वुल्)] a. सेवा करने वाला 봉사하는 m. नौकर 하인, परिचारक 시중드는 사람/간호원, सेवा करने वाला व्यक्ति 봉사자, भगवान का भक्त 신도 ☞ सेवक-सेव्य भाव 신자와 신의 관계

सेवन [सेव्+अन(ल्युट्)] m. सेवा 봉사, परिचर्या 시중, खा लेना 섭취

सेवा [सेव्+अ(अङ्)+आ(टाप्)] f. सेवन 봉사, सर्विस 사업/영업, परिचर्या 간호/간병, आराधना 예배, वेतन लेकर किया जानेवाला काम 근무, सरकारी संस्था या कंपनी का विभाग (기관, 회사의) 부서 ☞ केंद्रीय गुप्तचर सेवा 중앙정보국, भारतीय प्रशासनिक सेवा 인도행정부

सेविका [सेवक+आ] f. नौकरानी 여종업원, परिचारिका 간호원, दासी 여자하인

सेवी [सेविन्의 주격] a. सेवा करने वाला 봉사하는, उपभोग करने वाला (서비스를) 이용하는, उपासना करने वाला 예배하는

सेव्य [सेव्+य(ण्यत्)] a. जिसकी पूजा की जाए 섬김을 받을 만한, सेवन के योग्य 봉사받을 만한 m. स्वामी 주인

यौगिक शब्द

~ सेवक 봉사자

जनसेवक [जन 대중+सेवक] m. आम जनता के हित के लिए काम करने वाला व्यक्ति 사회봉사자

लोकसेवक [लोक 공중+सेवक] m. सबके हित के लिए काम करने वाला व्यक्ति 공공봉사자, सरकारी नौकर 공무원

स्वयंसेवक [स्वयं 자신+सेवक] m. स्वयंसेवी 자원봉사자

सेवा 봉사/근무/간호 ~

सेवा-उद्योग [सेवा+उद्योग 산업] m. सर्विस इन्डस्ट्री 서비스 산업

सेवाकार्य [सेवा+कार्य 일] m. सेवा करने का कार्य 봉사활동

सेवाकाल [सेवा+काल 기간] m. सेवा करने की अवधि 임기(任期)

सेवा-टहल [सेवा+H.टहल 시중] f. सेवा-शुश्रूषा 간호/간병

सेवादार [सेवा+P.दार 가진] m. सिख धर्माधिकारी 시크교 교무원, गुरुग्रंथ साहिब की पूजा के लिए नियुक्त व्यक्ति 시크사원의 종무원

सेवानिवृत्त [सेवा+निवृत्त 완료한] a. सेवामुक्त 퇴직한/은퇴한

सेवानिवृत्ति [सेवा+निवृत्ति 퇴역] f. सेवामुक्ति 퇴직/은퇴

सेवाभाव [सेवा+भाव 정신] m. सेवा-भावना 봉사정신

सेवामुक्त [सेवा+मुक्त 해방된] a. सेवानिवृत्त 퇴역한/퇴직한

सेवारत [सेवा+रत 열중하는] a. सेवा मे लगा हुआ 근무 중인/봉직 중인

सेवा-शुश्रूषा [सेवा+शुश्रूषा 간병] m. पालन-पोषण 양육, सेवा-टहल 간호/간병

~ सेवा 봉사

जनसेवा [जन 대중+सेवा] f. आम जनता के हित के लिए किया जाने वाला काम 사회봉사

देश-सेवा [देश 국가+सेवा] f. देश की सेवा 국가봉사

लोकसेवा [लोक 공중+सेवा] f. सबके हित के लिए किया जाने वाला काम

공공봉사, सरकारी नौकरी 공직 ☞ संघ लोकसेवा आयोग 연방 인사관리국

समाज-सेवा [समाज 사회+सेवा] f. समाज की सेवा 사회봉사

~ सेवी 봉사자

समाजसेवी [समाज 사회+सेवी] a./m. समाज सेवा करने वाला (व्यक्ति) 사회봉사를 하는/사회봉사자

स्वयंसेवी [स्वयं 자신+सेवी] a./m. अपनी इच्छा से दूसरों की सेवा करने वाला (व्यक्ति) 자원봉사의/자원봉사자 ☞ स्वयंसेवी संस्था 자원봉사기구

प्रयोग

मेरा **सेवक** आज बीमार है।

나의 **간호인**이 오늘 아프다.

दवाओं का नियमित **सेवन** करना चाहिए।

약을 규칙적으로 **복용**해야만 한다.

गाँधी जी ने देश की **सेवा** में अपना जीवन समर्पित कर दिया।

간디는 국가 **봉사**에 자신의 삶을 바쳤다.

आजकल **समाज-सेवी** कहलाना सम्मान की बात है।

요즘 **사회봉사자**라고 불리는 것은 영예로운 일이다.

प्रोफ़ेसर रघुनाथ **सेवानिवृत्त** हो गए।

라구나트 교수가 **은퇴**하였다.

सेवा में

공식서한의 첫 줄에 '**귀하**'의 의미로 쓰이는 표현, 수신자의 이름은 둘째 줄에 놓임.

19과 स्था

P. **तिष्ठति**, A. **तिष्ठते**

खड़ा होना 서다, ठहरना 머물다, अवस्थित होना 위치하다

+ प्रत्यय

स्थाणु [स्था+नु] a. दृढ़ 견고한, स्थिर 고정된 m. तना 나무의 줄기, खंभा 기둥

स्थान [स्था+अन(ल्युट्)] m. स्थल 장소, जगह 위치, ओहदा 지위, अवस्था 상태, देश 나라, दर्जा 등급, मरतबा 순위 ☞ स्थानक m. 장소/도시

स्थानीय [स्थान+ईय] a. स्थानिक 지역적, क्षेत्रीय 지역의, प्रादेशिक 지방의 ☞ स्थानीय कर m. 지방세, स्थानीय शासन m. 지방행정

स्थापक [स्था+(णिच्)+अक(ण्वुल्)] m. स्थापना करनेवाला 설립자

स्थापन [स्था+(णिच्)+अन(ल्युट्)] m. स्थापित करना 설치/설립, प्रतिपादन 확립 ☞ मूर्ति-स्थापन m. 동상 설치

स्थापना [स्था+(णिच्)+अन(ल्युट्)+आ(टाप्)] f. स्थापन 설치/설립, प्रतिपादन 확립

स्थापित [स्था+(णिच्)+इत(क्त)] a. स्थापन किया हुआ 설립된/설치한

स्थायित्व [स्थायिन्+त्व] m. स्थिरता 안정, टिकाऊपन 지속

स्थायी [स्थायिन्의 주격] a. हमेशा बना रहने वाला 지속적인, नियमित 정규의, टिकाऊ 오래가는, स्थिर 안정된 ☞ स्थायी नियुक्ति f. 정규직 임명, स्थायी समिति f. 상임위원회

स्थावर [स्था+वर(वरच्)] a. अचल 부동의, स्थिर 확고한

स्थित [स्था+इत(क्त)] a. किसी स्थान पर अवस्थित 위치한, उपस्थित 출석한, मौजूद 존재하는

स्थिति [स्था+ति(क्तिन्)] f. दशा 상태, हालत 형편

स्थिर [स्था+इर(किरच्)] a. गतिहीन 부동의, दृढ़ 굳은, निश्चित 확고한, स्थाई 안정된

स्थिरता [स्थिर+ता] f. स्थिर होने का भाव 안정/확고, अचलता 부동

-स्थ [स्था+अ(क)] suf. स्थित 위치한, आधारित 기초한, उपस्थित 있는, ठहरने वाला 머무르는 ☞ मध्यस्थ a. 중간에 위치한, तटस्थ a. 중립의

उपसर्ग +

अ- 아닌

अस्थायी [अ+स्थायी] a. थोड़े समय के लिए ही नियुक्त 임시의, क्षणिक 일시적인, परिवर्तनशील 변동의

अस्थिर [अ+स्थिर] a. जो स्थिर न हो 불안정한, अनिश्चित 정해지지 않은

अस्थिरता [अ+स्थिरता] a. स्थिर न होने की स्थिति 불안정

अनु- 순서에 따라

अनुष्ठान [अनु+स्थान] m. मांगलिक कर्मकांड 종교의례, धार्मिक कृत्य 제식, कार्यारंभ 개시

अधि- 위에/특별히

अधिष्ठाता [अधि+स्थाता] m. देखभाल करने वाला 보호자, मुखिया 책임자/장(長)

अधिष्ठान [अधि+स्थान] m. वास स्थान 거주지, आधार 기반, संस्था 기관

अधिष्ठित [अधि+स्थित] m. स्थापित 확립된, अधिकृत 부여된

अव- 아래에

अवस्था [अव+स्था] f. हालत 상태, आयु 연령, उम्र के मुताबिक़ देह आदि की अवस्था 시절/시기

अवस्थित [अव+स्थित] a. ठहरा हुआ 머무른, विद्यमान 존재하는, किसी विशेष अवस्था में स्थित 처한

अवस्थिति [अव+स्थिति] f. ठहरे-टिके होने की स्थिति 주재, अवस्थान 주재지, विद्यमानता 존재함

उत्- 위로

उत्थान [उत्+स्थान] m. उठान 일어섬, वृद्धि 진보, उन्नति 발전, समृद्धि 번영

उत्थित [उत्+स्थित] a. उठा हुआ 일어선, बढ़ा हुआ 증대된, उत्पन्न 생겨난, फैलाया हुआ 넓혀진, उद्धार किया हुआ 구조된

उप- 가까이

उपस्थित [उप+स्थित] a. हाज़िर 출석한, मौजूद 존재하는 ☞ अनुपस्थित a. 결석한, समुपस्थित a. 출석한

उपस्थिति [उप+स्थिति] f. हाज़िरी 출석, विद्यमानता 존재함 ☞ अनुपस्थिति f. 결석

नि- 완전히/안에

निष्ठा [नि+स्था] f. गहरा विश्वास 신뢰, दृढ़ निश्चय 신념, श्रद्धा एवं भक्ति 헌신/충성 ☞ निष्ठावान a. 충실한/신념있는

निष्ठित [नि+स्थित] a. दृढ़ता से स्थित 확립된, निष्ठायुक्त 신뢰되는, निष्ठावान 신의가 있는

परि- 둘레의

परिस्थिति [परि+स्थिति] f. चारों ओर की स्थिति 상황, हालत 형편, वातावरण 환경

परिनिष्ठा [परि+निष्ठा] f. चरम सीमा 정점, पूर्णता 완전

परिनिष्ठित [परि+निष्ठित] a. पूर्ण रूप से शुद्ध 완벽한, मानक 표준의 ☞ परिनिष्ठित भाषा 표준어

प्र- 앞으로

प्रस्थान [प्र+स्थान] m. गमन 떠남, रवानगी 출발, कूच 진군, मरण 사망

प्रति- 대하여

प्रतिष्ठा [प्रति+स्था] f. मान-मर्यादा 명예, ख्याति 명성, गौरव 위신

प्रतिष्ठान [प्रति+स्थान] m. स्थापन 설립/설치, पदवी 지위, संस्था 기관

प्रतिष्ठित [प्रति+स्थित] a. स्थापित 설립된/설치된, बैठाया गया 안치된, सम्मान प्राप्त 명성이 있는

वि- 구분된/특별한

व्यवस्था [वि+अवस्था] f. इंतज़ाम 관리, उचित क्रम 질서, तरतीब 정돈, विधान 법령, तंत्र 제도, पद्धति 체계, गठन 조직

व्यवस्थित [वि+अवस्थित] a. व्यवस्था किया हुआ 체계적인/조직적인, क्रम में रखा हुआ 질서 있는

सम्- 함께/잘

संस्था [सम्+स्था] m. परिषद् 협회, संगठन 조직, सामाजिक व्यवस्था 제도, संस्थान 기관/연구소

संस्थान [सम्+स्थान] m. इंस्टीट्युट 연구소, परिषद् 협회, संघ 단체

संस्थापक [सम्+स्थापक] m. प्रतिष्ठापक 설립자

संस्थापन [सम्+स्थापन] m. स्थापित करना 설립

यौगिक शब्द

स्थ [〈स्थापना] 설립 ~

स्थपति [स्थ+पति 장(長)] m. भवन का निर्माण संबंधित समस्त प्रक्रिया का सम्पूर्ण स्वामी 건축가

स्थापत्य [स्थपति+य(ष्यञ्)] m. आर्किटेक्चर 건축 ☞ स्थापत्य कला 건축술

~ स्थान 장소

कर्म-स्थान [कर्म 일+स्थान] m. कर्मशाला 일터

जन्म-स्थान [जन्म 출생+स्थान] m. जन्म-भूमि 출생지

देव-स्थान [देव 신+स्थान] m. देवालय 사원

निवास-स्थान [निवास 거주+स्थान] m. वास-स्थान 거주지

स्थान 장소 ~

स्थान-परिवर्तन [स्थान+परिवर्तन 전환] m. तबादला 장소이동/이전

स्थानांतरण [स्थान+अंतरण 이전] m. तबादला 이전/전근 ☞ स्थानांतरित a. 이전한/전근한

स्थानापन्न [स्थान+आपन्न 획득한] a. एवज़ी 대리의, प्रतिस्थापित 서리의

स्थानाभाव [स्थान+अभाव 부재] m. जगह का अभाव 공간의 부족

स्थित 처한 ~

स्थितप्रज्ञ [स्थित+प्रज्ञ 명석] a. सांसारिक कामनाओं से रहित 초연한, स्थिरबुद्धि 마음이 안정된, सदा संतुष्ट और आनंदित रहने वाला 자족하는

स्थितधी [स्थित+धी 지혜] a.= स्थितप्रज्ञ

स्थिर 부동의/안정된 ~

स्थिरचित्त [स्थिर+चित्त 마음] a. दृढ़ मन वाला 심지가 굳은, शांत 마음이 안정된

स्थिरबुद्धि [स्थिर+बुद्धि 지성] a.= स्थिरचित्त

स्थिरमति [स्थिर+मति 지력] a. =स्थिरचित्त

तद्भव शब्द

उठना	[〈उत्-स्थाति] vi. खड़ा होना 일어서다, जगना 깨어나다, ऊपर की ओर उठना 일어나다
उठान	[〈उत्थान] m. उठने का क्रिया 오름, शारीरिक दृष्टि से विकास की स्थिति 성장
उठाना	[उठ+आ+ना] vt. जगाना 깨우다, खड़ा करना 세우다

प्रयोग

सभी **स्थानीय निकाय** स्वच्छ भारत के निर्माण के लिए प्रयत्नशील हैं।

모든 **지방자치단체**들이 깨끗한 인도 건설을 위해 열심이다.

हुफ़्स(HUFS) कब **स्थापित** हुआ था?

한국외국어대학교는 언제 **설립되었**습니까?

हुफ़्स(HUFS) की **स्थापना** सन् 1954 में हुई थी।

한국외국어대학교는 1954년에 **설립**되었다.

शिक्षण **संस्थाओं** की गुणवत्ता में गिरावट चिंता का विषय है।

교육 **기관들**의 품질 저하가 고민 주제이다.

विधेयक का मसौदा संसद की **स्थायी** समिति को भेज दिया गया है।

법안의 초고가 국회의 **상임**위원회에 보내졌다.

आर्थिक सुधारों को लागू करने के लिए राजनीतिक **स्थिरता** का होना आवश्यक है।

경제개혁을 적용하기 위해서는 정치적 **안정**이 있어야 한다.

20과 स्मृ

P. **स्मरति**

याद करना 기억하다, मन में लाना 회상하다

+ प्रत्यय

स्मर [स्मृ+अ(अप्)] m. स्मृति 기억, कामदेव 사랑의 신

स्मरण [स्मृ+अन(ल्युट्)] m. स्मृति 기억, याद 회상, याद रखने की शक्ति 기억력

स्मरणी [स्मरण+ई] f. जपमाला 묵주

स्मरणीय [स्मृ+अनीय(अनीयर्)] a. स्मरण करने योग्य 기억할 만한

स्मारक [स्मृ+(णिच्)+अक(ण्वुल्)] a. याद कराने वाला 기념하는 m. यादगार 기념물, कीर्तिस्तंभ 기념비 ☞ ऐतिहासिक स्मारक 역사기념물, स्मारक व्याख्यान 기념 강연, स्मारक ग्रन्थ 기념지(紀念誌)

स्मारिका [स्मारक+आ(टाप्)] f. यादगार 기념품, स्मारक पुस्तिका 기념호(紀念號)

स्मार्त [स्मृति+अ(अण्) a. स्मृति ग्रंथों के अनुसार चलने वाला 스므리띠 문헌을 따르는 m. स्मृति ग्रंथों को मानने वाला धार्मिक समुदाय 스므리띠 문헌을 따르는 종파

स्मृत [स्मृ+त(क्त)] a. याद किया हुआ 기억한, याद आया हुआ 생각난

स्मृति [स्मृ+ति(क्तिन्)] f. याद 기억, स्मरणशक्ति 기억력, प्राचीन हिंदू विधि संहिता 힌두법전 ☞ मनुस्मृति 마누법전

उपसर्ग +

अनु- 후에

अनुस्मरण [अनु+स्मरण] m. भूली हुई बातों को याद करना 회상, बार-बार स्मरण 상기(想起)

अनुस्मारक [अनु+स्मारक] m. किसी बात का स्मरण दिलाने वाला औपचारिक पत्र (रिमाइंडर) 독촉장

वि- 없는

विस्मृत [वि+स्मृत] a. भूला हुआ 잊은, भुलाया हुआ 잊혀진

विस्मृति [वि+स्मृति] f. विस्मरण 망각

विस्मरण [वि+स्मरण] m. भूल जाना 망각

सम्- 잘

संस्मरण [सं+स्मरण] m. अच्छी तरह स्मरण करना 회고, स्मृति के आधार पर किसी व्यक्ति या विषय के संबंध में लिखित लेख 회고록 ☞ महादेवी वर्मा की एक रचना 마하데비 와르마의 작품 〈회고록〉

यौगिक शब्द

स्मृति 기억 ~

स्मृतिकार [स्मृति+कार 만드는 자] m. स्मृति ग्रंथों के रचयिता 스므리띠 성전들의 저자

स्मृतिचित्र [स्मृति+चित्र 그림] m. स्मृति के आधार पर बनाया जाने वाला चित्र 기억에 근거해 그린 그림

स्मृति चिह्न [स्मृति+चिह्न 흔적] m. निशानी 기념품/유물

स्मृति पत्र [स्मृति+पत्र 쪽지] m. स्मरण दिलाने वाला पत्र 각서(覺書), स्मरण-पत्र

독촉장

स्मृति लोप [स्मृति+लोप 소멸] m. विस्मरण 망각

स्मृति शास्त्र [स्मृति+शास्त्र 경전] m. धर्म-शास्त्र 성전(聖傳) 문헌

स्मृति शेष [स्मृति+शेष 나머지] a. जिसकी केवल स्मृति ही शेष हो 기억만 남아 있는 m. पुरावशेष 유물

स्मरण 기억 ~

स्मरणांजलि [स्मरण+अंजलि 두 손바닥을 모아 오목하게 만든 모양] f. किसी मृत व्यक्ति को याद करते हुए आदरपूर्वक कथन 추모의 말

स्मरणशक्ति [स्मरण+शक्ति 힘] f. स्मरण की शक्ति 기억력

~ स्मरण 기억

नाम-स्मरण [H. नाम+स्मरण 기억] m. ईश्वर के नाम का बार-बार स्मरण, नाम-जप 신의 이름을 반복하여 부르기

तद्भव शब्द

सुमिरन [〈स्मरण] m. अच्छे अर्थों में किसी का स्मरण 추억, ईश्वर का ध्यान 신에 대한 기념(祈念)

सुमिरनी [〈स्मरणी] f. जपमाला 묵주

प्रयोग

बचपन की बहुत-सी **स्मृतियाँ** अभी भी दिमाग में दर्ज हैं।

어린시절의 많은 **기억들이** 아직도 머리에 입력되어 있다.

स्मृति शास्त्रों से प्राचीन समाज-व्यवस्था का कुछ-कुछ अंदाज़ा लगता है।
성전 문헌들로 고대 사회 제도가 어느 정도 가늠된다.

इस बार मुझे गाँधी **स्मारक** जाना है।
이번에 나는 간디 **기념물**에 가야 한다.

प्रगतिशील सामाजिक कार्यों के लिए राजा सेजोंग का नाम इतिहास में **स्मरणीय** है।
진보적인 사회사업들로 세종대왕의 이름이 역사에 **기억할 만**하다.

बात बहुत पुरानी हो गई, अब तो कुछ भी **स्मरण** नहीं है।
일이 매우 오래되었다, 이젠 아무것도 **기억**나지 않는다.

धर्म-परंपरा में **नाम स्मरण** का बहुत महत्त्व है।
인도의 종교전통에서 신의 **이름을 반복하여 부르는 행위**는 매우 중요하다.

21과 हृ

P. **हरति** A. **हरते**

लेना 갖다/획득하다, ले जाना 가져가다, लूटना 약탈하다, हटाना 제거하다, जीत लेना 이기다

+ प्रत्यय

हर [हृ+अ(अच्)] a. हरण करने वाला 빼앗는, दुर करने वाला 제거하는/파괴하는

हरण [हृ+अन(ल्युट्)] m. छीनने, लूटने या अनुचित रूप से बलपूर्वक ले लेने की क्रिया 취함/약탈/빼앗음/강탈

हरणीय [हरण+ईय] a. हरण करने योग्य 취해야 할, छीन लेने योग्य 빼앗아야 할

हर्ता [हर्तृ의 주격] m. हरण करने वाला 약탈자/파괴자

हार [हृ+अ(घञ्)] f. हार जाने की अवस्था या भाव 패배, ज़ब्ती 압수

हारक [हृ+अक(ण्वुल्)] m. हरण करने वाला 약탈자, चोर 도둑

हार्य [हृ+य(ण्यत्)] a. हरण किए जाने योग्य 취해질 만한, हटाये जाने योग्य 제거되어야 하는

-हारी [हारिन्의 주격] suf. हरण करने वाला 취하는, लूट लेने वाला 약탈하는, नाश करने वाला 파괴하는

उपसर्ग +

अप- 멀리/아래/열등한

अपहरण [अप+हरण] m. छीन लेना 납치, चुरा ले जाना 강탈

आ- 가까이/향하여/까지

आहरण [आ+हरण] m. छीन लेना 강탈, उठा ले जाना 제거, बैंक खाते से पैसा निकालना 인출

आहार [आ+हार] m. खाना 음식, भोजन 섭취

आहारी [आ+हारी] a. भोजन करने वाला m. 섭취하는 자

आहार्य [आ+हार्य] a. खाने योग्य 먹을 만한, लेने योग्य 가질 만한, कृत्रिम 작위적인

उद्- 위

उदाहरण [उद्+आहरण] m. मिसाल 예

उप- 특별한/보조의

उपहार [उप+हार] m. भेंट 선물

उपाहार [उप+आहार] m. नाश्ता 스낵, जलपान 간식, अल्पाहार 군음식

निर्- 아닌

निराहार [निर्+आहार] m. अनाहार 식사를 안함, उपवास 단식 a. बिना आहार किए हुए 먹지 않은

परि- 주변의

परिहार [परि+हार] m. त्यागना 버리다, दोष आदि को दूर करना 제거하다

परिहार्य [परि+हार्य] a. परिहार करने योग्य 버릴 만한, त्यागने योग्य 필수가 아닌

अपरिहार्य [अ+परि+हार्य] a. अत्याज्य 버릴 수 없는, अनिवार्य 필수의

प्र- 앞으로/대단한

प्रहार [प्र+हार] m. आघात 가격, वार 타격

प्रति- 대(對)

प्रत्याहरण [प्रति+आहरण] m. पीछे खींचना 철수, वापस लेना 철회, इन्द्रिय संयम 감각기관의 제어

प्रत्याहार [प्रति+आहार] m. पीछे खींचना 퇴각, आदेश, वचन, शब्द आदि को वापस लेना 철회, इन्द्रिय-संयम 감각기관의 제어, संक्षेप में वर्णों की सूचना देने वाला संकेत-शब्द 특정 발음들의 집합을 나타내는 음절기호

वि- 구분된/아닌/특별한 + अव- 아래로/멀리

विहार [वि+हार] m. घूमना-फिरना 배회, सैर-सपाटा 소풍, क्रीड़ा 오락, मनोरंजन 여흥

व्यवहार [वि+अव+हार] m. बरताव 행위, प्रयोग 사용, प्रथा 관습, संबंध 관계

व्यवहृत [वि+अव+हृ+त] m. व्यवहार या प्रयोग में लाया हुआ 사용된

व्यावहारिक [व्यवहार+इक] m. व्यवहार से संबंधित 실용적인

सम्- 함께/잘/완전히

संहार [सम्+हार] m. विनाश 파괴, प्रलय 전멸, अनेक लोगों की हत्या 살육

संहारक [सम्+हारक] a. नाशक 파멸시키는

समाहार [सम्+आहार] m. संग्रह 수집

समाहरण [सम्+आहरण] m संग्रह 수집

यौगिक शब्द

~ आहार 섭취

अल्पाहार [अल्प 적은+आहार] m.सामान्य से कम आहार 소식

मांसाहार [H.मांस 고기+आहार] m. मांस का आहार 육식

शाकाहार [शाक 채소+आहार] m. निरामिष आहार 채식

फलाहार [फल 과일+आहार] m. फल या कंद का आहार 과일이나 뿌리 식물 등을 섭취

~ आहारी 섭취자

अल्पाहारी [अल्प 적은+आहारी] m.कम मात्रा में आहार लेने वाला 소식가

मांसाहारी [H.मांस 고기+आहारी] m. मांस का आहार लेने वाला 육식가

शाकाहारी [शाक 채소+आहारी] m. निरामिष आहार लेने वाला 채식가

फलाहारी [फल 과일+आहारी] m. केवल फल खाकर निर्वाह करने वाला 과일류만을 섭취하는 자

सर्वाहारी [सर्व 모두+आहारी] m. सब कुछ खाने वाला 잡식가

~ हर 제거하는/빼앗는

पापहर [पाप 죄+हर] a. पापनाशक 죄를 없애는

मनोहर [मनः 마음+हर] a. मन को हरने वाला 마음을 사로잡는

हार 패배 ~

हार-जीत [हार+जीत 승리] f. हार और जीत 승패

तद्भव शब्द

हरना [〈हरति] vt. हरण कर लेना 빼앗다, छीन लेना 약탈하다 vi. परास्त होना 패하다

[हर+आ+ना] vt. पछाड़ना 물리치다, परास्त करना 패배시키다, हरा देना 이기다

हारना [〈H. हार] vi. पराजित होना 패하다/지다

प्रयोग

चुनाव **हारने** के लिए नहीं लड़ा जाता।

선거는 **패하기** 위해 치뤄지는 것이 아니다.

विपक्ष के अधिकांश उम्मीदवार चुनाव में **हार गए हैं**।

야당의 대부분 후보들은 선거에서 **졌다**.

मरते दम तक मैं **हार** नहीं मानूँगा।

죽을 때까지 나는 **패배**를 인정하지 않겠다.

तमाम कोशिशों के बावजूद उन्हें **हार** का मुँह देखना पड़ा।

모든 노력에도 불구하고 그들은 **패배**를 직면해야 했다.

राजनीति में **हार-जीत** होती रहती है, इसमें दुखी क्यों होना!

정치에서 **승패**는 늘 있는 일이다, 이것에 슬퍼할 것이 아니다!

खेल में **हारना-जीतना** आम बात है, इसे दिल से नहीं लगाना चाहिए।

시합에서 **지고 이기는 것**은 일상적인 것이다, 이것을 가슴에 담지 않아야 한다.

संतुलित **आहार लेना** सेहत के लिए अच्छा है।

균형 있는 **식사**는 건강을 위해 좋다.

मांसाहार करना चाहिए या नहीं, इस पर दुनिया में एक राय नहीं है।

육식하는 것이 필요한가 아닌가, 이에 대해 세상에 여러 견해가 있다.

2장 अदादिगण

- 22과 अस् (होना)
- 23과 आस् (बैठना)

22과 अस्

P. **अस्ति**

होना 이다/있다, विद्यमान होना 존재하다, हो जाना 되다, घटित होना 생기다, रहना 살다, बसना 거주하다

+ प्रत्यय

अस्ति [अस्+ति(श्तिप्)] f. सत्ता 존재, वर्तमान होने की अवस्था या भाव 현존

अस्तित्व [अस्ति+त्व] m. विद्यमानता 현존성, सत्ता/हस्ती 존재

अस्तु [अस्의 명령법 3인칭 단수] interj. जो भी हो ऐसा हो 그렇게 될지라

आस्तिक [अस्ति+इक(ठक्)] a. ईश्वर तथा परलोक के अस्तित्व में विश्वास करने वाला 유신론의 m. ईश्वर में विश्वास करनेवाला व्यक्ति 유신론자 ☞ नास्तिक a./m. 무신론의/무신론자

आस्तिकता [आस्तिक+ता] f. ईश्वर, परलोक, पुनर्जन्म में विश्वास होना 유신론

सत् [अस्+अत्(शतृ)]* a. विद्यमान 현존하는, यथार्थ 실제의, साधु 고귀한, अच्छे गुणों वाला 선량한, सच्चा 참된, नित्य 끊임없는, शाश्वत 영원한 m. सत्य 진리/참됨

सती [सत्+ई(ङीप्)] a. पतिव्रता 남편에 대한 절개를 지키는, पतिपरायण 남편에게 헌신을 다하는 f. पति परायण स्त्री 열부(烈夫), सहगामिनी

* अत्(शतृ)는 현재분사를 파생하는 접사임.

स्त्री 남편과 함께 화장되는 여인, पार्वती का एक नाम 빠르바띠 여신의 다른 이름 ☞ सतीप्रथा f. 남편과 함께 부인을 화장하는 관습

सतीत्व [सती+त्व] m. पतिव्रत्य 절개, सती का धर्म(कर्तव्य) 열부(烈夫)의 법도

सत्ता [सत्+ता] f. शक्ति 권력, अस्तित्व 존재, अधिकार 권력, प्रभुसत्ता 통치권

सत्त्व [सत्+त्व] m. अस्तित्व 존재, स्वभाव 본성, मूल तत्व 본질, सत्य 진리

सत्य [सत्+य(यत्)] a. सच 진실된, वास्तविक 실제의 m. वास्तविक तथ्य या बात 사실, सच्चाई 진실/참

सत्यतः [सत्य+तः] ad. सचमुच 참으로, दरअसल 실제로, वस्तुतः 실로

सत्यता [सत्य+ता] f. वास्तविकता 사실성

सत्या [सत्य+अ(अच्)+आ(टाप्)] f. सच्चाई 사실, सत्य 진실, दुर्गा 두르가 여신, सीता 씨따(람의 부인)

सत्यापन [सत्य+(णिच्)+अन(ल्युट्)] m. सत्य की जाँच-पड़ताल 사실 확인, प्रमाणीकरण 증명/검증

सत्यापित [सत्य+(णिच्)+इत(क्त)] a. सत्यापन किया हुआ 사실 확인된, प्रमाणीकृत 검증된/증명된

उपसर्ग +

अ- 아닌/없는

असत् [अ+सत्] a. अविद्यमान 부재하는, मिथ्या 거짓의

असत्ता [अ+सत्ता] f. सत्ता का अभाव 부재/존재없음

असत्य [अ+सत्य] a. झूठ 거짓된

असत्यता [अ+सत्यता] f. झुठाई 거짓

यौगिक शब्द

अस्ति/अस्तित्व 존재 ~

अस्तित्ववाद [अस्तित्व+वाद 주의] m. एग्ज़िस्टेन्शलिज्म 실존주의

अस्तित्ववादी [अस्तित्व+वादी 주의의/주의자] a./m. अस्तित्ववाद में आस्था रखने वाला 실존주의의/실존주의자

अस्ति-नास्ति [अस्ति+नास्ति 부재] f. हाँ-नहीं 존폐(存廢)/존부(存否)

सत् 참된/본질 ~

सच्चिदानंद [सत्+चित् 의식+आनंद 지복] m. सत्, चित् एवं आनंद से युक्त सत्ता (존재, 의식, 지복을 가진) 최고 존재/최고신

सज्जन [सत्+जन 사람] m. भला आदमी 신사, शरीफ़ 선남(善男)
☞ असज्जन m. 불한당

सत्कार [सत्+कार 행위] m. अतिथि का सम्मान और सेवा 환대(歡待)
☞ अतिथि-सत्कार m. 손님 환대, असत्कार m. 푸대접

सत्कृत [सत्+कृत 행한] a. जिसका आदर-सत्कार किया गया हो 환대받은

सत्कर्म [सत्+कर्म 일] m. अच्छा कर्म 선행

सद्गुण [सत्+गुण 속성] m. अच्छा गुण 참된 속성/대덕(大德)

सद्गुरु [सत्+गुरु 스승] m. साधना का मार्ग बताने वाला गुरु 제자를 해탈로 인도하는 스승, श्रेष्ठ गुरु 훌륭한 스승

सदाचार [सत्+आचार 행실] m. अच्छा और शुभ आचरण 참된 행실

सद्धर्म [सत्+धर्म 법도] m. लोककल्याणकारी धर्म 세상을 이롭게 하는 법도

सत्य 진리 ~

सत्ययुग [सत्य+युग 시대] m. चार युगों में से पहला युग(कृतयुग) 우주의 첫 번째 시대

सत्याग्रह [सत्य+आग्रह 고수] m. सत्य पर आग्रह 진리에 대한 주장/

진리파지(眞理把指), अन्यायपूर्ण शासन के विरुद्ध किया जाने वाला अहिंसात्मक आंदोलन 식민통치에 대항한 비폭력 운동 ☞ सत्याग्रह आंदोलन 진리파지 운동

सत्या 진실/현실 ~

सत्यानाश [सत्या+नाश 파괴] m. सर्वनाश 전멸, बर्बादी 파멸

सत्यानाशी [सत्या+नाशी 파괴하는] a. सर्वनाश करने वाला 전멸시키는, बर्बाद 파멸하는

तद्भव शब्द

सच [〈सत्य] a. सत्य 참된 m. सच्ची बात 사실/진실

सचाई [सच+आई] f. सच्चाई 진실, सत्यता 참됨, वास्तविकता 사실

सच्चा [〈सत्य] a. सच बोलने वाला 진실된, जिसमें छल-कपट न हो 참된, जिसका व्यक्तित्व कृत्रिम और बनावटी न हो 꾸밈이 없는

सच्चापन [सच्चा+पन] m. सच्चा होने का गुण 진실성

सत [〈सत्/सत्य] a. विद्यमान 존재하는, यथार्थ 사실의, सत्य 참된 m. सच्चाई 진리

सतगुरु [सत+गुरु 스승] m. आध्यात्मिक गुरु 참된 스승, परमात्मा 절대자, ईश्वर 신

सतयुग [सत+युग 시대] m. सत्ययुग 사따유그(우주의 시간 중 첫번째 주기)

प्रयोग

आस्तिक या **नास्तिक** होना व्यक्तिगत विषय हैं।
유신론자나 **무신론자**가 되는 것은 개인적인 일이다.

सत्ता का उपयोग जनता के कल्याण के लिए होना चाहिए।
권력은 민중의 복리를 위해 사용되어야 한다.

द्वितीय विश्वयुद्ध के बाद मनुष्य के **अस्तित्व** का संकट चिंतन के केंद्र में आ गया।
이차 세계대전 이후에 인간의 **실존**의 위기가 사상의 중심에 위치하게 되었다.

प्रमाणपत्रों की **सत्यापित** प्रति जमा कराएँ।
증명서의 **인증된** 사본을 제출하십시오.

महात्मा गाँधी का **सत्याग्रह** आंदोलन आधुनिक भारतीय इतिहास की महत्त्वपूर्ण घटना है।
마하뜨마 간디의 **진리파지** 운동은 근대 인도사의 중요한 사건이다.

एवम**स्तु**।*
(원하는 바대로) 이처럼 **되길** (바란다).

* एवम् 이렇게, अस्तु 될지라

23과 आस्

A. **आस्ते**

बैठना 앉다, लेटना 눕다, स्थित होना 위치하다, ठहरना 머무르다

+ प्रत्यय

आसन [आस्+अन(ल्युट्)] m. बैठने का ढंग 자세, बैठने का स्थान 좌석, चटाई 자리, योगासन की मुद्रा 요가 자세, ध्यान की मुद्रा 명상 자세

आसीन [आस्+ईन(शानच)] a. बैठा हुआ 앉은, पद पर नियुक्त 지위가 있는

उपसर्ग +

उद्- 위/초월한

उदासीन [उद्+आसीन] a. किसी चीज़ में रुचि न लेने वाला 흥미 없는, विरक्त 무관심한, तटस्थ 중립적인

उप- 가까이/준하는/아래

उपासक [उप+आस्+अक(ण्वुल्)] a. उपासना करने वाला 예배하는/숭배하는 m. आराधक 경배자, भक्त 숭배자, अनुयायी 신도

उपासना [उप+आस्+अना(युच्)]* f. आराधना 경배, पूजा-अर्चना करना 예배, भगवान की भक्ति 숭배 vt. आराधना करना 경배하다

उपासनीय [उप+आसन+ईय] a. पूजनीय 숭배할 만한, पूज्य 존귀한

उपासित [उप+आस्+इत(क्त)] a. आराधित 숭배 받는, पूजित 존경받는

उपास्य [उप+आस्+य] a. आराध्य 숭배할 만한, पूज्य 존귀한

यौगिक शब्द

~ आसन 자세/의자

पद्मासन [पद्म 연꽃+आसन] m. कमल का आसन, पालथी मारकर तनकर बैठने की एक योगमुद्रा (요가) 연꽃자세

योगासन [योग 요가+आसन] m. योग साधने की मुद्रा 요가 수행 자세

शवासन [शव 시체+आसन] m. एक आसन जिसमें शव की भाँति सब अंग शिथिल किए जाते हैं (요가) 시체자세

सिंहासन [सिंह 사자+आसन] m. राजाओं के बैठने का आसन 왕좌

~ आसीन 앉은

पदासीन [पद 자리+आसीन] a. पद पर बैठा हुआ 지위에 있는

पीठासीन [पीठ 자리+आसीन] a. पीठ या अध्यक्ष के आसन पर बैठा हुआ 주재하는/사회를 보는

मंचासीन [मंच 연단+आसीन] a. मंच पर बैठा हुआ 연단에 앉은

सभासीन [सभा 회의+आसीन] a. सभा में बैठा हुआ 집회/회의에 앉은

---

* आस्가 파생하여 행동을 나타내는 여성명사를 형성할 때 युच् 접사가 붙는다(P.3.3.107 참조).

तद्भव शब्द

आसनी [आसन+ई] f. कुश का बना छोटा आसन 작은 좌석, बैठने की छोटी चटाई 작은 자리

प्रयोग

शिव के तांडव से इंद्र का **आसन** डगमगाने लगा।

시바의 격렬한 춤으로 인드라의 **자리**가 흔들리기 시작했다.

जो लोग **आसन** जमाए बैठे हैं, उन्हें नैतिकता के आधार पर पद से हट जाना चाहिए।

자리를 굳히고 앉은 사람들은 도덕성에 근거하여 직위에서 물러나야만 한다.

मंच पर **आसीन** सभी अतिथियों का स्वागत है।

무대에 **자리**한 모든 손님들을 환영합니다.

विष्णु और शिव की **उपासना** के दो अलग-अलग संप्रदाय हैं।

비슈누와 시바를 **숭배**하는 개별적인 종파들이 둘 있다.

3장 주호뜨야디가나

- 24과 दा (देना)
- 25과 धा (धारण करना)
- 26과 भी (डरना)

24과 दा

P. **ददाति** A. **दत्ते**

देना 주다, प्रदान करना 수여하다, समर्पित करना 봉납/봉헌하다, सौंपना 넘겨주다

+ प्रत्यय

दत्त [दा+त(क्त)] a. दिया हुआ 주어진, वितरित 교부된, समर्पित 바쳐진, प्रदत्त 수여된, चुकता किया हुआ 지불된 m. दान 기부, चंदा 시여(施與)

दत्तक [दत्त+क(कन्)] m. गोद लिया हुआ बच्चा 양자(養子)

दाता [〈दातृ의 주격] m. दानी 주는 자

दान [दा+अन(ल्युट्)] m. श्रद्धापूर्वक किसी को कुछ देना 기부, ख़ैरात 시여

दानी [दानिन्의 주격] a. दानशील 아낌없이 주는, देने वाला 베푸는 m. बहुत बड़ा दाता 기부자

दाय [〈दा+अ(घञ्)] m. दान 기부, दिया जाने वाला धन 기부금, पैतृक संपत्ति में हिस्सा 상속재산, दहेज़ 결혼지참금

दायक [दा+अक(ण्वल्)] a. देने वाला 주는 m. देने वाला व्यक्ति 주는 자

दायित्व [दायिन्+त्व] m. दायिता 임무, ज़िम्मेदारी 책임

दायी [दायिन्의 주격] a. देने वाला 주는, उत्तरदायी 책임있는

देय [दा+य(यत्)] a. देने योग्य 줄 만한, जो दिया जा सकता हो 줄 수 있는, जिसका भुगतान किया जाना हो 지불해야 하는, बक़ाया 미불된

उपसर्ग +

अनु- 보조의

अनुदान [अनु+दान] m. सरकार से मिलने वाली वित्तीय सहायता 보조금

अप- 떨어진/분리된

अपादान [अप+आदान] m. हटाना 분리, अलगाव 격리, पाँचवाँ कारक (문법) 탈격

अभि- 향하여

अभिदान [अभि+दान] m. चंदा 기부금, अनुदान 보조금

आ- 가까이/역으로

आदाता [आ+दाता] m. पाने वाला 수령인, लेने वाला 수취인 ☞आदाता-खाता चेक m. 수취인계좌수표(account payee cheque)

आदान [आ+दान] m. ग्रहण 받음, लेना 수령 ☞ आदान-प्रदान m. 주고받음/교환

आदेय [आ+देय] a. जिसे लिया जा सके 취해질 수 있는, प्राप्त करने योग्य 획득할 만한, जिसपर शुल्क लिया जा सके 징수될 수 있는

उद्- 위로/좋은

उदात्त [उद्+आ+दा+त] a. श्रेष्ठ 고매한, विशाल हृदय वाला 관대한, जिसका ऊँचे स्वर में उच्चारण किया गया हो 양음(揚音)의

उप- 준하는/보조의/하위의

उपादान [उप+आदन] m. ग्रहण लेना 획득, वह सामग्री जिससे कोई अन्य वस्तु तैयार हो 재료/성분

उपादेय [उप+आदेय] a. उपयोगी 유용한

प्र- 앞으로/매우

प्रदत्त [प्र+दत्त] a. प्रदान किया हुआ 준, जो दिया गया हो 수여된

प्रदान [प्र+दान] m. देने की क्रिया या भाव 수여, दी जाने वाली वस्तु 증여물,

पुरस्कार 상

प्रदाय [प्र+दाय] m. प्रदान की जाने वाली वस्तु 증여물

प्रदायक [प्र+दायक] a. = प्रदायी

प्रदायी [प्र+दायी] a. प्रदान करने वाला 수여하는, देने वाला 주는

प्रति- 역으로

प्रतिदेय [प्रति+देय] a. लौटाने या बदलने योग्य 반환 또는 교환할 수 있는
☞ अप्रतिदेय 반품이나 교환되지 않는

सम्- 함께/잘/완전히

संप्रदान [सम्+प्रदान] m. देने की क्रिया 증여, चतुर्थ कारक (문법) 여격

संप्रदाय [सम्+प्रदाय] m. किसी मत विशेष के अनुयायियों का समूह 공동체, धर्म के अंतर्गत कोई सिद्धांत या मत 종파

यौगिक शब्द

दत्तक 양자 ~

दत्तकग्रहण [दत्तक+ग्रहण 취함] m. दत्तक पुत्र बनाने की क्रिया 입양

दत्तकग्राही [दत्तक+ग्राही 취하는] a. दत्तक लेने वाला 입양하는 m. दत्तक पुत्र बनाने वाला 양부모

दत्तक-पुत्र [दत्तक+पुत्र 아들] m. गोद लिया हुआ बेटा 양자

दत्तक-पुत्री [दत्तक+पुत्री 딸] f. गोद ली हुई बेटी 양녀

दान 줌 ~

दान-धर्म [दान+धर्म 의무] m. दान का धर्म 보시의 의무/기부의 의무

दानपत्र [दान+पत्र 증서] m. दान दिए जाने का पत्र 기부서

दानपात्र [दान+पात्र 인물] m. दान देने योग्य व्यक्ति 보시의 대상이 될 만한 사람

दान-पुण्य [दान+पुण्य 공덕] m. दान का पुण्य 보시의 공덕

दानवीर [दान+वीर 영웅] m. बहुत दानी व्यक्ति 큰 보시를 행하는 자

दानशील [दान+शील 성향의] a. जिसका स्वभाव दान देने का हो 자선적인

दानशीलता [दान+शीलता 성향] f. दान देते रहने की प्रवृत्ति 베푸는 성향

~ दान 줌

अंगदान [अंग 신체+दान] m. अंग का दान 장기기증

अंशदान [अंश 일부+दान] m. सार्वजनिक या सामूहिक कोष या निधि में नियमित रूप से दिया जाने वाला आर्थिक सहयोग (कॉन्ट्रिब्यूशन) 거금/갹금(醵金)

कन्यादान [कन्या 딸+दान] m. विवाह में वर को कन्या देने की एक रीति 신랑에게 딸을 주는 결혼 예식

क्षमादान [क्षमा 용서+दान] m. क्षमा का दान 사면/은사

गोदान [गो 소+दान] m. गाय का दान 소를 봉헌함

महादान [महा 큰+दान] m. (पुराण) उन सोलह दानों में से कोई एक जिनसे स्वर्ग की प्राप्ति होती है (천국을 얻을 수 있는) 큰 기부

रक्तदान [रक्त 피+दान] m. रक्त का दान 헌혈

विद्यादान [विद्या 지식+दान] m. विद्या का दान 지식 기부

~ दाता 주는 자

अंशदाता [अंश 일부+दाता] m. अंशदान करने वाला 기부자/갹금을 내는 자

करदाता [H.कर 세금+दाता] m. कर देने वाला 납세자

विद्यादाता [विद्या 지식+दाता] m. विद्यादान करने वाला 지식 기부자

दायक 주는 (사람/일) ~

आरामदायक [P.आराम 편안+दायक] a. आराम देने वाला 편안한

शान्तिदायक [शान्ति 평안+दायक] a. शान्ति देने वाला 평안을 주는

सुखदायक [सुख 기쁨+दायक] a. आनंददायक 기쁨을 주는

धनदायक [धन 재물+दायक] a. धन देने वाला 재물을 주는

लाभदायक [लाभ 이익+दायक] a. फ़ायदेमंद 이익을 주는

~ दायित्व 책임

उत्तरदायित्व [उत्तर 대답+दायित्व] m. ज़िम्मेदारी 책임

~ दायी 주는

उत्तरदायी [A.जवाब 대답+दायी] a. जवाबदेह 답해야 하는, ज़िम्मेदार 책임있는

कष्टदायी [कष्ट 고통+दायी] a. कष्ट देने वाला 고통을 주는

दुखदायी [दुख 슬픔+दायी] a. दुख देने वाला 슬픔을 주는

देय 반환해야 하는/지불해야 하는/줄 수 있는 ~

देय तिथि [देय+तिथि 날짜] f. लौटाया या भुगतान किया जाने का तिथि 반환일/납부일

देयादेश [देय+आदेश 명령] m. पे-आर्डर 지불명령

देय राशि [देय+राशि 금액] f. दिया जाने वाला धन 부과금

तद्भव शब्द

आदाय [〈आदेय] m. किसी से धन आदि लेना 취득

दातार [〈दातृ] a./m. बहुत दान देने वाला (व्यक्ति) 많이 주는 (자), दाता 주는 자

देन [〈H.देना] f. देने की क्रिया या भाव 줌 ☞ लेन-देन 주고받기/교환

देनदार [〈H.देन+P.दार 가진] m. क़र्ज़दार 부채자, ऋणी 채무자, आभारी 신세진 자

देनदारी [〈देनदार+ई] f. देनदार होने की स्थिति 채무

देना [〈ददाति] vt. प्रदान करना 주다 ☞ लेना-देना 주고받기

प्रयोग

दधीचि जैसा **दानी** कोई नहीं हुआ।

다디찌 성자처럼 **베푸는 사람**은 아무도 없었다.

दानवीर कर्ण की **दानशीलता** प्रसिद्ध है।

큰 보시를 행하는 까르나의 **베푸는 기질**은 유명하다.

बिजली के बिल की **देय तिथि** क्या है?

전기세 고지서의 **납부일**이 언제입니까?

KTX में सफ़र बहुत **आरामदायक रहा**।

KTX 여행은 매우 **편안했다**.

विचारों का **आदान-प्रदान** होना चाहिए।

생각은 **주고 받아**야 한다.

पैसे के **लेन-देन** में हिसाब-किताब साफ़ रहना चाहिए।

돈을 **주고 받음**에 있어서 계산이 분명해야만 한다.

इस मसले से मेरा कोई **लेना-देना** नहीं है।

이 문제와 나는 아무 **상관**이 없다.

25과 धा

P. **दधाति** A. **धत्ते**

रखना 놓다/두다, प्रदान करना 주다, धारण करना 쥐다/지탱하다, पहनना 입다, संभालना 유지하다/버티게 하다, स्थापित रखना 설치하다, पैदा करना 생산하다

+ प्रत्यय

धाक [धा+क(क)] m. प्रभाव 영향/권세, दबदबा 위엄, रोब 위신, प्रसिद्धि 유명, ख्याति 명성

धाता [धातृ의 주격] m. विधाता 창조자, विष्णु (유지하는 자로서) 비슈누 신, ब्रह्मा 브라흐마 신

धातु [धा+तु(तुन्)] f. खनिज पदार्थ 광물, मूल तत्व 요소, क्रिया का मूल रूप 동사어근

धात्र [धा+त्र(ष्ट्रन्)] m. पात्र 용기, बर्तन 그릇

धात्री [धात्र+ई(ङीप्)] f. माता 어머니, दूध पिलाने वाली दाई 젖어미, धाय 유모

धान [धा+न(ल्युट्)] m. स्थान 장소, आधार 기반, पोषण 자양

धाना [धान+आ(टाप्)] f. अनाज 곡식, अन्न 곡물, अङ्कुर 새싹, चावल 쌀

धानी [धान+ई(ङीप्)] f. स्थान 장소, अधिष्ठान 기반, पात्र 용기

धान्य [धान+य(यत्)] m. अनाज 곡물, धान 벼

धाम [धामन्의 주격] m. आवासस्थान 주거지, देवस्थान 사원, बड़ा तीर्थ 순례지 ☞ बदरीनाथ धाम 바드리나트 사원

धेय	[धा+य(यत्)] a. धारण किया जाने योग्य 유지할 만한, पोषण किया जाने योग्य 길러져야 할

हित	[धा+त(क्त)] a. रखा हुआ 놓인 ☞ विहित 규정된

उपसर्ग +

अनु- 후에

अनुसंधान	[अनु+संधान] m. अन्वेषण 연구

अन्तर्- 안쪽에/사이에

अन्तर्धान	[अन्तर्+धान] m. अचानक ओझल हो जाना 갑자기 사라짐

अव- 아래로/떨어진

अवधान	[अव+धान] m. मन की एकाग्रता 집중, ध्यान 주의, चौकसी 경계

आ- 가까이/역으로/까지

आधान	[आ+धान] m. रखना 놓음, स्थापन 설치, धारण 보유

आधि	[आ+धा+इ(कि)] f. मानसिक पीड़ा 번뇌, चिंता 심려 ☞ आधि-व्याधि f. मानसिक और शारीरिक पीड़ा 심신의 고통

नि- 완전히/안에

निधान	[नि+धान] m. स्थापित करना 설치, सुरक्षित रखना 보존, आश्रय 토대

निहित	[नि+हित] a. अंदर स्थित 내재된, अंदर छिपा हुआ 내장된, स्थापित 정해진

परि- 둘레의/충분히

परिधान	[परि+धान] m. पहनना 착용, पोशाक 의복

प्र- 앞에/대단히

प्रणिधान	[प्र+निधान] m. प्रयत्न 노력, समाधि 명상, चित्त की एकाग्रता 집중

प्रधान	[प्र+धान] a. मुख्य 주요한, प्रमुख 주된, सबसे बड़ा 으뜸의 ☞ प्रधान मंत्री 수상, प्रधान सचिव 서기장, प्रधान कार्यालय 본부

वि- 다른/아닌/구분된/특별한

विधा	[वि+धा] f. रीति 양식, ढंग 방법, प्रकार 유형
विधाता	[वि+धाता] m. सृष्टि का रचयिता 창조자, व्यवस्था या विधान करने वाला 입법자
विधान	[वि+धान] m. विधि 규정, नियम 규칙, क़ानून आदि बनाने का कार्य 제정
विधायक	[वि+धा+अक(ण्वुल)] a. विधान करने या बनाने वाला 제정하는 m. विधान सभा का सदस्य 인도 주의회 의원
विधायी	[वि+धायिन्의 주격] a. विधान-निर्माण से संबंधित 입법의
विधि	[वि+धा+इ(कि)] f. तरीक़ा 방법, क़ानून 법 ☞ विधि-विधान 법률 제정
विधेय	[वि+धेय] a. विधान के योग्य 규정/제정될 만한 m. प्रेडीकेट (문법) 술어
विधेयक	[विधेय+क(कन्)] m. बिल 법안 ☞ 법안(विधेयक)이 통과되면 법령(अधिनियम)이 됨
विविध	[वि+विधा] a. भिन्न-भिन्न प्रकार का 다양한
विविधता	[विविध+ता] f. विविध होने का भाव 다양성
वैधानिक	[विधान+इक] a. क़ानूनी 법률상의/법제상의
व्यवधान	[वि+अवधान] m. रुकावट 장해(障害), बीच में पड़ने वाला अवकाश 간격, परदा 막(幕)

स- 함께

सावधान	[स+अवधान] a. सचेत 조심하는
सावधानी	[स+अवधान+ई] f. सचेतता 조심

सम्- 함께/완전히/잘

संधान [सम्+धान] m. खोजना 조사, पता लगाना 탐구, निशाना बैठाना 겨냥, जोड़ना 결합

संविधान [सम्+विधान] m. कांस्टिट्यूशन 헌법

संवैधानिक [सम्+विधान+इक] a. संविधान का 헌법의 ☞ असंवैधानिक 위헌의

सन्निधान [सम्+निधान] m. समीपता 근접, साथ-साथ रखना 병치

समाधान [सम्+आधान] m. सुलझन 해결, समाधि 삼매(三昧)

समाधि [सम्+आधि] f. चित्त के पूर्ण एकाग्र होने की स्थिति 무아지경, समाधान 삼매

यौगिक शब्द

अनुसंधान 연구 ~

अनुसंधानकर्ता [अनुसंधान+कर्ता 행위자] m. अनुसंधान करने वाला 연구원

~ आधान 놓음/설치

गर्भाधान [गर्भ 자궁+आधान] m. गर्भधारण 수태, गर्भस्थापन 임신

~ धानी 장소

राजधानी [राज 왕국+धानी] f. राज्य का शासन केंद्र 수도

~ निधान 토대/바탕

कृपानिधान [कृपा 친절+निधान] a. अनुग्रही 자비로운 m. ईश्वर 신

विधान 제정/규정 ~

विधानमंडल [विधान+मंडल 부(府)] m. विधान सभा और विधान परिषद् 인도의 주의회, 주 입법부(상 · 하원) ☞ विधान परिषद् m. 인도의 주 상원, विधान सभा f. 인도의 주 하원

समाधि 삼매 ~

समाधि-लेख [समाधि+लेख 글] m. क़ब्र पर अंकित मृतक का परिचय 묘비명

समाधिस्थ [समाधि+स्थ 위치한] a. समाधि में लीन 삼매경에 들어간

समाधि-स्थल [समाधि+स्थल 장소] m. क़ब्रिस्तान 묘지/묘소

तद्भव शब्द

धान [〈धान्य] m. धान्य 벼

धानी [धान+ई] a. जिसका रंग धान की पत्ती जैसा हो 벼의 잎처럼 노란

धाय [〈 धात्री] f. दूध पिलाने वाली दाई 유모

प्रयोग

वरदान देते ही प्रभु **अंतर्धान** हो गए।

은혜를 주신 후 바로 주께서 **사라지**셨다.

भारतीय अंतरिक्ष **अनुसंधान** केंद्र बेंगलुरु में है।

인도의 우주**연구**소는 방갈로르에 있다.

भारत और कोरिया के प्राचीन **परिधानों** में कुछ समानता है।

인도와 한국의 고대 **의복들**에 어느 정도 동일성이 있다.

काम के बीच में अचानक आये **व्यवधान** से मैं परेशान हूँ।

일의 중간에 갑자기 발생한 **장해**로 인해 나는 괴롭다.

अमेरिका और चीन दोनों दुनिया में अपनी-अपनी **धाक** जमाना चाहते हैं।

미국과 중국 두 나라 모두 세계에 자신들의 **권세**를 굳히길 원한다.

मैंने इस बारे में उन्हें कई बार **सावधान** किया है।

나는 이것과 관련하여 그들을 몇 번 **주의**시켰다.

समस्या का कुछ-न-कुछ **समाधान** तो होगा?

문제가 어느 정도 **해결**은 될까요?

26과 भी

P. **बिभेति**
डरना 두려워하다, घबराना 무서워하다, भय खाना 겁먹다

C. **भीषयते/ भाययति**
डराना 두렵게 하다, त्रास देना 겁을 주다, संत्रस्त करना 겁주다

+ प्रत्यय

भय	[भी+अ(अच्)] m. डर 두려움, ख़ौफ़ 공포, बेचैनी 불안, ख़तरा 위험
भयानक	[भी+आनक] a. भय उत्पन्न करने वाला 겁주는, डरावना 무서운 ☞ भयानक रस (साहित्य) (문학) 공포 정조(情調)
भीत	[भी+त(क्त)] a. डरा हुआ 두려운, भयभीत 무서운
भीति	[भी+ति(क्तिन्)] f. डर 두려움, भय 공포
भीम	[भी+म(मक्)] a. बहुत बड़ा 매우 큰, भयावह 무서운
भीरु	[भी+रु(क्रु)] a. डरपोक 겁쟁이의, कायर 겁이 많은
भीरुता	[भीरु+ता] f. डरपोकपन 겁, कायरता 비겁, बुज़दिली 소심
भीषण	[भी+(णिच्)+अन(ल्युट्)] a. विकराल 무서운, डरावना 두려운, भयानक 공포스러운
भीषित	[भी+(णिच्)+इत(क्त)] a. डराया हुआ 겁에 질린, संत्रस्त 두려운
भीष्म	[भी+(णिच्)+म(मक्)] a. भयानक 무서운, डरावना 두려운 m. महाभारत के एक पात्र (마하바라따) 비슈마

उपसर्ग +

अ- 아닌/없는

अभय [अ+भय] a. भयरहित 겁 없는, निडर 당돌한, निर्भीक 당찬 m. भय का अभाव 두려움이 없음

अभया [अ+भया] f. देवी दुर्गा का एक रूप 아바야(두르가 여신의 별칭)

अभीति [अ+भीति] f. भय न होने का भाव 겁 없음, निडरता 담대함

निर्- 없는/아닌

निर्भय [निर्+भय] a. जिसे किसी से भय न हो 두렵지 않은, निडर 담대한, भयमुक्त 겁 없는

निर्भयता [निर्+भय+ता] f. निडरता 겁 없음

निर्भीक [निर्+भीक(भी+कप्)] a. निडर 겁없는, भयरहित 두려움 없는

वि- 특별한/강조

विभीषिका [वि+भीषिका] f. त्रास 공포, आतंक 폭력

विभीषण [वि+भीषण] a. अत्यंत भीषण 무시무시한, बहुत डरावना 매우 두려운 m. रावण का भाई 비비샨(라완의 동생 이름)

यौगिक शब्द

अभय 겁 없는 ~

अभयदान [अभय+दान 줌] m. भय से रक्षा का वचन देना 보호를 약속함, शरण या संरक्षण देना 안전을 보장함 ☞ अभयदान देना 보호를 약속하다

अभयवचन [अभय+वचन 약속] m. रक्षा करने का वचन 안전보장 ☞ अभयवचन देना 안전을 보장하다

अभयारण्य [अभय+अरण्य 산림] m. ऐसा वन जिसमें जानवर शिकारियों से निडर होकर घूम सकें 야생동물 보호 산림

भयम्/भय 공포 ~

भयंकर [भयम्+कर 만드는] a. डरा देने वाला 공포스러운, भयानक 무서운

भयंकरता [भयंकर+ता] f. डरावना होने का भाव 공포

भयकारक [भय+कारक 유발하는] a. भय पैदा करने वाला 공포스러운

भयकारी [भय+कारी 만드는] a. डरा देने वाला 공포를 주는, भयकारक 공포를 일으키는

भयग्रस्त [भय+ग्रस्त 잡힌] a. भय से ग्रस्त 두려움에 사로잡힌, डरा हुआ 무서워하는

भयनाशक [भय+नाशक 파괴하는] a. भय का नाश करने वाला 두려움을 없애는

भयभीत [भय+भीत 두려운] a. डरा हुआ 두려워하는, आतंकित 겁먹은 ☞ भयभीत करना 두렵게 하다

भयाकुल [भय+आकुल 괴로운] a. भय से आकुल 두려워하는

भयाक्रांत [भय+आक्रांत 뒤흔들린] a. असुरक्षा के डर से आक्रांत 두려움에 빠진

भयातुर [भय+आतुर 조급한] a. भय से आतुर 두려움에 초초한, डर से परेशान 두려움에 불안한

भयार्त [भय+आर्त 괴로운] a. डरा हुआ 두려워하는

भयावह [भय+आवह 일으키는] a. डरावना 공포스러운

भीम 무서운 ~

भीमकाय [भीम+काय 몸] a. विशाल आकार का 거대한 몸의, विशालकाय 거구의

~ भीरु 겁이 많은

धर्मभीरु [धर्म 종교+भीरु] a. अधर्म से डरकर धर्म का पालन करने वाला 신을 경외하는, वफ़ादार 독실한

तद्भव शब्द

भयावन [〈भय] a. भयानक 무서운

भयावना [〈H. भयावन] a. डरावना 무서운

प्रयोग

भयावह दृश्य को देखकर देह काँप गया।

무서운 장면을 보고 몸이 떨렸다.

आजकल रात में बाहर निकलना बहुत **भयावना** लगता है।

요즘 밤에 밖에 나가는 것이 매우 **두렵게** 느껴진다.

तुम बेवजह **भयभीत** क्यों हो?

너는 이유없이 왜 **두려워**하는가?

कल **भयंकर** आग लगी थी।

어제 **끔찍한** 불이 났었다.

सुनामी का **भयानक** दृश्य, रोंगटे खड़े कर देता है।

쓰나미의 **무시무시한** 장면이 몸의 털을 서게 한다.

द्वितीय विश्वयुद्ध की **विभीषिका** ने विश्वभर में चिंतन की दिशा बदल दी।

2차대전의 **공포**가 전 세계에 사고의 방향을 전환시켰다.

क्या **भीमकाय** प्रतिमा है!

얼마나 **거대한** 형상물인가!

4장 दिवादिगण

- 27과 अस् (फेंकना)
- 28과 कुप्/क्रुध् (क्रुद्ध होना)
- 29과 गुप् (छिपाना)
- 30과 जन् (उत्पन्न होना)
- 31과 नश् (नष्ट होना)
- 32과 नृत् (नाचना)
- 33과 युध् (लड़ना)

27과 अस्

P. **अस्यति**

फेंकना 던지다, दाग़ना 쏘다, छोड़ना 버리다

+ प्रत्यय

अस्त [अस्+त(क्त)] a. फेंका हुआ 던져진, अदृश्य 사라진, ओझल 안 보이는, डूबा हुआ 가라앉은, अंत 끝난, समाप्त 종결된

अस्त्र [अस्+त्र(ष्ट्रन्)] m. फेंककर चलाया जाने वाला हथियार 던지는 무기 ☞ अस्त्र-शस्त्र m. 무기/병기

अस्थि [अस्+थि(क्थिन्)] f. हड्डी 뼈

उपसर्ग +

अभि- 향하여/가까이/위/매우

अभ्यस्त [अभि+अस्त] a. अच्छी तरह सीखा हुआ 익힌, कुशल 숙련된

अभ्यास [अभि+अस्+अ(घञ्)] m. किसी कार्य को बार-बार करना 연습/수련, परीक्षण 실습, आदत 습관 ☞ अभ्यास-पुस्तक 학습서

अभ्यासी [अभ्यासिन्의 주격] a. अभ्यास करने वाला 숙련하는, निपुण 능숙한, दक्ष 숙련된

उद्- 위/초월한

उदास [उद्+अस्+अ(घञ्)] a. दुःखी슬픈, खिन्न 우울한, विरक्त 무관심한, मुरझाया हुआ 활기 없는

नि- 아래

न्यस्त [नि+अस्त] a. (नीचे) रखा हुआ (아래에) 놓여진, स्थापित किया हुआ 세워진, फेंका हुआ 투하된, त्यागा हुआ 방기된, छिपा हुआ 숨겨진

निर्- 밖/멀리

निरस्त [निर्+अस्त] a. खारिज़ किया गया 취소된, त्यागा हुआ 폐기된

निरस्त्र [निर्+अस्त्र] a. अस्त्रहीन 비무장의, जिससे अस्त्र छीन लिया गया हो 무장 해제된

पर- 멀리/뒤로

परास्त [पर+अस्त] a. पराजित 패배한

वि- 다른/특별한

व्यस्त [वि+अस्त] a. किसी काम में लगा हुआ 바쁜, बिखरा हुआ 흩어진, अव्यवस्थित 너저분한

व्यस्तता [व्यस्त+ता] f. किसी काम में लगे रहने की स्थिति 바쁨, व्यस्त रहना 분주함

विन्यस्त [वि+न्यस्त] a. रखा हुआ 놓여진, व्यवस्थित रूप में रखा या स्थापित किया हुआ 잘 세워진, व्यवस्थित 체계적인

सम्- 함께

समस्त [सम्+अस्त] a. संपूर्ण 전체의, सभी 모든, समासयुक्त 복합어의 ☞ समस्त पद 합성어/복합어

समास [सम्+अस्+अ] m. योग 결합, मेल 합성, संयोजित शब्द 합성어/복합어

यौगिक शब्द

अस्त 낙하한/버려진 ~

अस्त-व्यस्त [अस्त+व्यस्त 흩어진] a. बिखरा हुआ 흩어진, अव्यवस्थित 혼란스러운

अस्ताचल [अस्त+अचल 산] m. पश्चिम में स्थित कल्पित पर्वत 신화 상의 태양이 지는 서쪽 산

~ अस्त 낙하한

सूर्यास्त [सूर्य 해+अस्त] m. सूर्य का डूब जाना 일몰

अस्त्र 무기/병기 ~

अस्त्रविद्या [अस्त्र+विद्या 지식] f. हथियार चलाने की विद्या 병기학 ☞ धनुर्विद्या f. 궁술(弓術)

अस्त्रागार [अस्त्र+आगार 창고] m. हथियार रखने का भण्डार 병기고, अस्त्रशाला 무기고

अस्त्रीकरण [अस्त्र+ईकरण 화(化)] m. अस्त्र-शस्त्र से युक्त करना 무기화(武器化)/무장 ☞ निरस्त्रीकरण [निर्+अस्त्रीकरण] m. 비무장화 परमाणु निरस्त्रीकरण m. 핵비무장화

तद्भव शब्द

उदासी [उदास+ई] f. खिन्नता 우울, विरक्तता 무관심

प्रयोग

सूर्य **अस्त हो गया**।

해가 **졌다**.

उनकी **अस्थियाँ** गंगा में प्रवाहित कर दी गईं।

그분의 **뼈들이** 갠지스 강에 흘려 보내졌다.

परमाणु **अस्त्रों** पर पूर्ण प्रतिबन्ध होना चाहिए।

핵 **무기들**은 완전히 금지되어야 한다.

लगातार **अभ्यास** से बेहतरी आती है।

계속된 **수련**으로 향상된다.

वे आजकल बहुत **व्यस्त हैं**।

그분은 요즘 매우 **바쁘시다**.

28과 कुप्/क्रुध्

कुप् P. **कुप्यति** A. **कुप्यते**

क्रुध् P. **क्रुध्यति** A. **क्रुध्यते**

क्रुद्ध होना 화나다

+ प्रत्यय

कुपित	[कुप्+इत(क्त)] a. क्रुद्ध 화난, नाराज़ 성난, ख़फ़ा 노한, नाख़ुश 불쾌한
कोप	[कुप्+अ(घञ्)] m. क्रोध 분노, नाराज़गी 화, आक्रोश 격노, क्षोभ 동요, खीझ 짜증
कोपी	[कोपिन्의 주격] a. कोप करने वाला 화내는, क्रोधी 분노하는
क्रुद्ध	[क्रुध्+त(क्त)] a. कुपित 화난, क्षुब्ध 동요한, ख़ुफ़ा 노한, रुष्ट 성난
क्रोध	[क्रुध्+अ(घञ्)] m. कोप 분노, रोष 화
क्रोधन	[क्रुध्+अन(ल्युट्)] m. कोप 분노, रोष 화
क्रोधित	[क्रोध+इत(इतच्)] a. कुपित 화난
क्रोधी	[क्रोधिन्의 주격] a. क्रोध करने वाला 화내는, कोपी 분노하는, गुस्सैल 성마른

उपसर्ग +

प्र- 매우/대단한

प्रकुपित	[प्र+कुपित 분노한] a. **बहुत कुपित** 매우 분노한
प्रकोप	[प्र+कोप 분노] m. **अत्यधिक कोप** 진노

यौगिक शब्द

क्रोध 분노 ~

क्रोधवश	[क्रोध+वश 인하여] ad. **क्रोध में** 분노하여, **क्रोध के कारण** 분노로 인해

प्रयोग

क्रोध हमारे भीतर बैठा दुश्मन है।
분노는 우리의 안에 자리한 적이다.

क्रोधी स्वभाव हमें लोगों से दूर कर देता है।
성마른 품성은 우리를 사람들로부터 멀어지게 한다.

प्रकृति का **प्रकोप** कभी-कभी विनाश-लीला में बदल जाता है।
자연의 **진노**는 때때로 재앙으로 변한다.

कुपित ऋषि ने **क्रोधवश** शाप दे दिया।
성난 선인(仙人)이 **분노하여** 저주를 내렸다.

29과 गुप्

P. **गोप्यति**

छिपाना 숨기다, रक्षा करना 보호하다

+ प्रत्यय

गुप्त [गुप्+त(क्त)] a. छिपाया हुआ 숨겨진, अपरिचित 모르는, गूढ़ 내밀한 m. भारत का एक प्राचीन राजवंश 굽따 왕조, वैश्य समाज में एक कुलनाम 바이샤 족의 성(姓)

गुप्ति [गुप्+ति(क्तिन्)] f. गोपन은닉, रक्षा보호

गोपन [गुप्+अन(ल्युट्)] m. छिपाना 숨김, दुराव 은닉

गोपनीय [गुप्+अनीय(अनीयर्)] a. छुपाने लायक 숨길 만한, जो दूसरों के सामने प्रकट न किया जा सके 비밀의 ☞ गोपनीय दस्तावेज़ f. 기밀서류

गोपनीयता [गोपनीय+ता] f. गोपनीय होने का भाव 비밀 ☞ गोपनीयता की शपथ f. (취임식) 비밀엄수선서

गोप्य [गुप्+य(ण्यत्)] a. गोपनीय 숨길 만한/비밀의/은밀한

यौगिक शब्द

गुप्त 비밀의 ~

गुप्तचर	[गुप्त+चर 행위자] m. खुफ़िया 간첩, जासूस 밀정(密偵)
गुप्तदान	[गुप्त+दान 기부] m. छिपाकर दिया जाने वाला दान 무명의 기부
गुप्तमत	[गुप्त+मत 의견] m. गोपनीय मत 무기명 투표 ☞ गुप्त मतदान m. 무기명 투표/표결
गुप्त-वंश	[गुप्त+वंश 가계] m. गुप्त राजवंश 굽따 왕조
गुप्तांग	[गुप्त+अंग 부분] m. जननांग 음부(陰部)

तद्भव शब्द

गुप्ती	[गुप्त+ई] f. वह छड़ी जिसके भीतर तलवार छिपा हो 속에 칼이 든 지팡이

प्रयोग

गुप्तचर एजेंसी ने आतंकी हमले की आशंका से आगाह किया है।

정보국은 테러 공격의 의혹을 갖고 경고했다.

कल पाँच मंत्रियों को पद और **गोपनीयता की शपथ** दिलाई जाएगी।

내일 다섯 명의 장관들에게 직위와 **비밀엄수의 선서**가 행해질 것이다.

सरकार ने सुरक्षा संबंधी **गोपनीय** जानकारियों को साझा करने से इनकार किया है।

정부는 방어 관련 **비밀** 정보들을 공유하는 것을 거절하였다.

कई लोग **गुप्तदान** करने में विश्वास करते हैं।

몇몇 사람들은 **남몰래 기부**하는 것에 신념을 두고 있다.

30과 जन्

A. **जायते**

पैदा होना 태어나다, उत्पन्न होना 생겨나다, घटित होना 발생하다

+ प्रत्यय

जन्तु(जंतु) [जन्+तु(तुन्)] m. जानवर 동물, प्राणी 생물 ☞ जंतु विज्ञान m. 동물학

जन [जन्+अ(अच्)] m. मनुष्य 사람, व्यक्ति 인(人), जनता 대중, प्रजा 백성

जनक [जन्+(णिच्)+अक(ण्वुल्)] a. जन्म देने वाला 낳는 m. पिता 아버지, वालिद 부친, उत्पादक 생산자, राजा जनक (마하바라따) 자나까 왕

जनता [जन+ता] f. अवाम 평민, जनसमूह 민중, जनसाधारण 대중, आम आदमी 일반인

जनन [जन्+अन(ल्युट्)] m. जीव के द्वारा अपने सदृश दूसरे जीव का उत्पादन 생식, प्रजनन 번식, प्रसव 분만, पैदाइश 출산

जननी [जन्+(णिच्)+अनि(अनि)+ई(ङीप्)] f. जन्म देने वाली 낳는 자, माता 어머니, वालिदा 모친

जनित [जन्+(णिच्)+इत(क्त)] a. पैदा किया हुआ 출산된, उत्पन्न 생산된

जनित्र [जनि+त्र(त्रल्)] m. जन्म-स्थान 출생지, जेनेरेटर 발전기

जन्म [जन्+म(मन्)] m. गर्भ से उत्पत्ति 출생, पैदा होना 탄생

जन्मना [जन्मन्의 도구격] a. जन्म के विचार से 출생상으로, जन्म की दृष्टि से

생래적으로

जन्य	[जन्+य(ण्यत्)] a. उत्पन्न 태어나는/생기는, जनित 태어난
जात	[जन्+त(क्त)] a. जन्म दिया गया 태어난, उत्पन्न 생겨난, प्रकट 명백한 m. पुत्र 아들, प्राणी 생명, समूह 집단, वर्ग 부류
जातक	[जात+क(कन्)] a. नवजात शिशु 신생아, बुद्ध के पूर्वजन्मों की कथा 본생경(本生經)
जाति	[जन्+ति(क्तिन्)] f. जन्म 출생, कास्ट 카스트, प्रजाति 인종, भाषा और संस्कृति आदि की समानता रखने वाला मानव समुदाय 민족, कोटि 부류
जातीय	[जाति+ईय] a. जाति सम्बन्धी 카스트의, क़ौमी 민족의
जातीयता	[जातीय+ता] f. जाति विशेष से जुड़े होने का भाव 민족성, राष्ट्रीयता 민족주의
जानकी	[जनक+अ(अण्)+ई(ङीप्)] f. जनक की पुत्री सीता 씨따(자나까 왕의 딸)
-ज	[जन्+अ(ड)]* suf. उत्पन्न 생겨난

उपसर्ग +

अ- 아닌/없는

अजन्मा	[अ+जन्मा] a. जिसका जन्म न हुआ हो 태어나지 않은, अनादि 무시(無始)의 ☞ अजन्मा कहा जाने वाला परमात्मा '출생없이 존재하는 지고한 존재'라고 불리는 최고신

अनु- 후에

अनुज	[अनु+ज] a. बाद में पैदा होने वाला 나중에 태어난 m. छोटा भाई 동생

* ड 접사가 붙는 경우 어근의 끝자음은 생략됨.

अनुजा [अनु+जा] a. बाद में पैदा होने वाली 나중에 태어난 f. छोटी बहन 여동생

अभि- 위/훌륭한

अभिजन [अभि+जन] m. अभिजात जन 귀족

अभिजात [अभि+जात] a. कुलीन 귀족의, उच्चवर्गीय 상류의 ☞ अभिजात वर्ग 상류계급, अभिजात तंत्र 귀족정치

आ- 까지

आजन्म [आ+जन्म] ad. जन्म से अब तक 태어나서 지금까지, आजीवन 평생

परि- 주변의/둘레의

परिजन [परि+जन] m. परिवार के सदस्य 식구, भरण-पोषण के लिए आश्रित लोग 식솔

पुनर्- 다시

पुनर्जन्म [पुनर्+जन्म] m. मृत्यु के बाद फिर से जन्म लेना 윤회/전생(轉生)

प्र- 앞으로/대단히/많은

प्रजनन [प्र+जनन] m. संतान उत्पन्न करना 생식, प्रसव क्रिया 출산

प्रजा [प्र+जा] f. राष्ट्र की जनता 백성, संतान 자손

प्रजाति [प्र+जाति] f. मानव जाति की विभिन्न नस्लें 인종, पशु-पक्षियों का वह समूह जिसके सदस्यों के आकार-प्रकार, रूप-रंग आदि में समानता हो 동물의 종(種), क़िस्म 품종

स्व- 자신의

स्वजन [स्व+जन] m. परिवार के लोग 식구/가족, रिश्तेदार 친족

यौगिक शब्द

जन 대중/민중/사람 ~

जन-आंदोलन/जनांदोलन [जन+आंदोलन 운동] m. विशेष उद्देश्य की पूर्ति हेतु जनता द्वारा चलाया गया आंदोलन 대중운동/민중운동

जन-औषधि [जन+औषधि 약] f. सरकार द्वारा सस्ते में उपलब्ध करवाई जाने वाली जेनेरिक दवाइयाँ 정부에 의해 서민에게 저가로 공급되는 보급약

जनगणना [जन+गणना 셈] f. राष्ट्र के समस्त जनों की गणना 인구조사

जनजाति [जन+जाति 부류] f. आदिवासी 부족

जनजीवन [जन+जीवन 생활] m. लोगों की रोज़मर्रा की ज़िंदगी 민중의 일상생활/생계

जनतंत्र [जन+तंत्र 제도] m. गणतंत्र 공화제, लोकतंत्र 민주주의, जनता का शासन 민주정치

जनतांत्रिक [जन+तांत्रिक 제도의] a. जनतंत्र संबंधी 공화제의

जनपद [जन+पद 장소] m. ज़िला (डिस्ट्रिक्ट) (행정구역) 현(縣), देश 지방

जनबल [जन+H.बल 힘] m. जनता की शक्ति 대중의 힘

जनभाषा [जन+भाषा 언어] f. आमजन द्वारा बोली जाने वाली भाषा 대중 언어

जनमत [जन+मत 의견] m. आम लोगों की राय या विचार 민의(民意)

जनमानस [जन+मानस 마음] m. जनता का मन 민심(民心)

जनवाद [जन+वाद 주의] m. जनता की इच्छा को सर्वोपरि मानने वाला सिद्धांत 대중주의

जनश्रुति [जन+श्रुति 듣기] f. किंवदंती 전설, अफ़वाह 소문, लोकप्रवाद 풍설

जनसंख्या [जन+संख्या 수] f. आबादी 인구

जनसंघ [जन+संघ 단체] m. एक राजनीतिक दल (정당) 민중당(인도인민당(भारतीय जनता पार्टी)의 전신

जनसंचार [जन+संचार 전달] m. जन-जन तक समाचार और सूचना को पहुँचाने के माध्यम 대중매체

जनसंपत्ति [जन+संपत्ति 재산] f. सार्वजनिक संपत्ति 공공재산

जनसंपर्क [जन+संपर्क 연락] m. जनता और किसी संस्थान के बीच सूचनाओं का आदान-प्रदान 홍보/공보, सरकार या शासकों द्वारा जनता से होने वाला संपर्क 대민 섭외활동 ☞ जनसंपर्क अधिकारी 홍보관

जनसभा [जन+सभा 모임] f. लोगों की सभा 대중 집회, एकत्रित जनसमुदाय 민중집회

जनसमुदाय [जन+समुदाय 무리] m. भीड़ 군중, मजमा 무리

जनसेवक [जन+सेवक 봉사자] m. जनता की सेवा करने वाला 사회봉사자

जनसेवा [जन+सेवा 봉사] f. जनसाधारण के हित का कार्य 사회봉사

जनाधार [जन+आधार 기반] m. किसी राजनेता या दल का समर्थक वर्ग 민중의 지지층

जनन 생식 ~

जननांग [जनन+अंग 신체] m. गुप्तांग 생식기

जननेन्द्रिय [जनन+इन्द्रिय 기관] f. संतान उत्पन्न करने-कराने वाली इंद्रिय(लिंग और योनि) 외부생식기

जन्म 출생 ~

जन्मकुंडली [जन्म+कुंडली 천궁도] f. जन्मपत्री (사주를 포함한) 출생기록

जन्मजात [जन्म+जात 생겨난] a. पैदाइशी 타고난, जन्म से ही प्राप्त 생득의 ☞ जन्मजात प्रतिभा 타고난 재능, जन्मजात शत्रु 천적

जन्मतिथि [जन्म+तिथि 일(日)] f. जन्मदिन 생일

जन्मदर [जन्म+H.दर 비율] f. जन्म की दर 출생률

जन्मदाता [जन्म+दाता 주는 자] m. जनक 생친, पिता 부친

जन्मदिन [जन्म+दिन 일] m. जन्मतिथि 생일

जन्मपत्री [जन्म+पत्री 서류] f. वह पत्रिका जिसमें किसी के जन्म काल के समय के

ग्रहों की स्थिति, दशा, अंतर्दशा आदि का विस्तार से उल्लेख रहता है। (사주를 포함한) 출생기록

जन्मभूमि [जन्म+भूमि 땅] f. जन्मस्थान 출생지, स्वनगर 고향

जन्मान्तर [जन्म+अन्तर 다른] m. पूर्वजन्म 전생, भावी जन्म 내세

जन्मान्ध [जन्म+अन्ध 눈먼] a. जन्म से अंधा 장님으로 태어난

जन्मोत्सव [जन्म+उत्सव 축제] m. किसी के जन्म लेने की ख़ुशी में मनाया जाने वाला उत्सव 생일잔치

जात 출생 ~

जातकर्म [जात+कर्म 일] m. हिन्दू संस्कार-पद्धति में जन्म के समय का संस्कार 출생의식

~ ज/जात 생겨난

अंडज [अंड 알+ज] a. अंडे से उत्पन्न 난생의 m. पंखदार जंतु 날짐승, मछली 물고기

जलज/जलजात [जल 물+ज/जात] a. जल में उत्पन्न 물에서 생겨난 m. कमल 연꽃

तनुज [तनु 몸+ज] f. बेटा 아들 ☞ तनुजा f. 딸

धीरज [H. धीर(〈धैर्य) 인내+ज] m. धैर्य 인내, सब्र 근기

नवजात [नव 새로운+जात] a. जिसका जन्म अभी-अभी हुआ हो 갓 태어난

नीरज [नीर 물+ज] a. नीर में उत्पन्न 물에서 난 m. कमल 연꽃, मोती 진주

पंकज [पंक 진흙+ज] a. कीचड़ में उत्पन्न 진흙에서 생겨난 m. कमल 연꽃

पूर्वज [पूर्व 먼저+ज] a. अग्रज 먼저 태어난 m. बड़ा भाई 형

जाति 카스트/부류 ~

जातिगत [जाति+गत 상태에 있는] a. जाति के आधार पर 계급에 따른/카스트 상의, जाति संबंधी 카스트와 관련된

जातिवर्ग [जाति+वर्ग 계층] m. एक जाति विशेष का वर्ग 카스트 계층

जातिवाचक [जाति+वाचक 나타내는] a. जाति का सूचक 카스트/부류를 나타내는 ☞ जातिवाचक संज्ञा 보통명사

जातिवाद [जाति+वाद 주의] m. जाति को महत्व देने का सिद्धांत 카스트 우선주의, प्रजातिवाद 인종차별주의

जातिवादी [जाति+वादी 주의자] m. जातिवाद का समर्थक 카스트우선주의자, नस्लवादी 인종차별주의자

जाति-व्यवस्था [जाति+व्यवस्था 체제] f. जाति-आधारित व्यवस्था 카스트 제도

तद्भव शब्द

जनना [〈जनयति] vt. पैदा करना 출산하다, बच्चे को जन्म देना 낳다

जनमना/जन्मना [जनम(〈जन्म)+ना] vi. पैदा होना 태어나다

जनमाना/जन्माना [जनम+आ+ना] vt. पैदा करना 낳다

जनवासा [〈जनवास] m. बरातियों के ठहरने का स्थान 신랑측 하객을 위한 휴게소

जनाना [जन+आ+ना] vt. जनवाना 낳게 하다, प्रसव कराना조산(助産)하다

जात [〈जाति] f. = जाति 카스트

जातपाँत [〈जाति+पंक्ति 열(列)] f. जातियों और उपजातियों से संबंधित वर्गीकरण 카스트 상의 구분, जातिगत भेदभाव 카스트 상의 차별

प्रयोग

ए.पी.जे. अब्दुल कलाम भारतीय परमाणु कार्यक्रम के **जनक** हैं।

A. P. J. 압둘 깔람은 인도 핵 프로그램의 **아버지**이다.

सभी दलों ने **जनता** से समर्थन की अपील की है।

모든 정당들이 **민중**에게 지지를 호소했다.

जननी और जन्मभूमि, दोनों स्वर्ग से भी बढ़कर हैं।

어머니와 고향, 두 가지는 천국보다 우선한다.

जाति-व्यवस्था समाज की प्रगति में बाधक है।

카스트 제도는 사회 발전에 저해가 된다.

जनाधार घटने से सत्ताधारी दल के लोग चिंतित हैं।

민중의 기반이 감소함으로써 집권당의 사람들이 근심하고 있다.

31과 नश्

P. **नश्यति**

अंतर्धान होना 사라지다, नष्ट होना 망치다, बरबाद होना 파괴되다

+ प्रत्यय

नश्वर [नश्+वर(क्वरप्)] a. नाशवान् 소멸하는, क्षणिक 일시적인, जो शाश्वत न हो 비항구적

नश्वरता [नश्वर+ता] f. नष्ट हो जाने का भाव 파멸, फ़ना 소멸

नष्ट [नश्+त(क्त)] a. बरबाद 파괴된, तबाह 황폐한, ख़त्म 끝난, तिरोहित 없어진, लुप्त 사라진

नाश [नश्+अ(घञ्)] m. बरबादी 파괴, तबाही 황폐, ख़ात्मा 끝남, प्रलय 전멸, लोप 말소

नाशक [नश्+(णिच्)+अक(ण्वुल्)] a. नाश करने वाला 파괴하는, विध्वंसक 파괴하는, अंतक 끝내는, संहारक 전멸시키는

नाशन [नश्+(णिच्)+अन(ल्युट्)] m. नाश करना 파괴

नाशी [नाशिन्의 주격] a. नाश करने वाला 파괴하는, नाशक 파괴의, नश्वर 파괴되는

उपसर्ग +

अ- 아닌

अनश्वर	[अ+नश्वर] a. सनातन 영원의, ध्रुव 영원한, अविनाशी 불멸의
अविनाशी	[अ+विनाशी] a. अमर 죽지 않는, शाश्वत 영구의, नित्य 불변의

वि- 특별한

विनष्ट	[वि+नष्ट] a. ध्वस्त 파괴된, विलुप्त 사라진
विनाश	[वि+नाश] m. बरबादी 파괴, तबाही 파멸, लोप 소멸
विनाशक	[वि+नाशक] a. विनाश करने वाला 파괴하는, विध्वंसक 파멸하는
विनाशी	[नाशिन्의 주격] a. नाशक 파괴하는, नश्वर 소멸하는 m. विनाश करने वाला 파괴자

यौगिक शब्द

~ नाश 파괴

सर्वनाश	[सर्व 모든+नाश] m. ऐसा नाश जिसमें कुछ भी शेष न बचे 말살

विनाश 파괴 ~

विनाशकारी	[विनाश+कारी 하는/만드는] a. विनाश करने वाला 파괴하는
विनाशलीला	[विनाश+लीला 놀이/공연] m. नाश 파괴, विध्वंस 파멸, बरबादी का कृत्य 재앙

प्रयोग

संसार **नश्वर** है।

세상은 **일시적인** 것이다.

भीषण बारिश से धान की फ़सल **नष्ट हो गई**।

끔찍한 비로 벼농사가 **망가졌다**.

इस लड़के ने परिवार की इज़्ज़त-प्रतिष्ठा का **नाश** कर दिया।

이 소년이 가문의 명성과 명예를 **파멸**시켰다.

भूकंप की ऐसी **विनाशलीला** पहले नहीं देखी गई।

지진에 의한 이러한 **재앙**을 전에 본 적이 없다.

32과 नृत्

P. **नृत्यति**

नाचना 춤추다, अभिनय करना 연기하다

+ प्रत्यय

नर्तक	[नृत्+अक(ष्वुन्)] m. नाचने वाला 무용수, नट 배우
नर्तकी	[नृतक+ई(ङीष्)] f. नाचने वाली 여무용수, नटी 여배우
नर्तन	[नृत्+अन(ल्युट्)] m. नाचना 무용, नृत्य 춤
नर्तित	[नृत्+(णिच्)+इत(क्त)] m. नाचा हुआ 춤춘, नाचता हुआ 춤추는, नचाया हुआ 춤추게 한
नृत्त	[नृत्+त(क्त)] m. वह नाच जिसमें केवल अंगों से हाव-भाव दिखाया जाए 춤
नृत्य	[नृत्+य(क्यप्)] m. लय और ताल के साथ किया जाने वाला शरीर के अंगों का संचालन 무용, नाच 춤

उपसर्ग +

आ– 향하여/가까이

आनर्त	[आ+नृत्+अ(घञ्)] m. नृत्यशाला 무용공연장, रंगशाला 극장

यौगिक शब्द

नृत्य 춤/무용 ~

नृत्यकला	[नृत्य+कला 예술] f. नृत्य करने की कला 무용예술
नृत्यगान	[नृत्य+गान 노래] m. गाने के साथ नृत्य 가무
नृत्यगीत	[नृत्य+गीत 노래] m. नृत्यगान 노래를 겸한 춤
नृत्यनाटिका	[नृत्य+नाटिका 작은 연극] f. नृत्यनाटक 무용극
नृत्यमुद्रा	[नृत्य+मुद्रा 자세] m. नृत्य की मुद्रा 무용 자세
नृत्यशाला	[नृत्य+शाला 집] f. नाचघर 무용공연장
नृत्यांगना	[नृत्य+अंगना 여자] f. नर्तकी 여무용수

तद्भव शब्द

नचनिया	[नचन(〈H.नाचना)+इया] m. नाचने वाला 무용수
नचवैया	[नच(〈H.नाचना)+वैया] m. नाचने वाला 무용수, नाचना जिसका पेशा हो 무용가
नचाना	[〈नर्तयति] vt. नाचने में प्रवृत्त करना 춤추게 하다, परेशान करना 괴롭히다, गोलाई में घुमाना (몸을) 돌게 하다
नाच	[〈नृत्य] m. नृत्य 춤, डांस 댄스, ठुमका 몸을 가볍게 흔들기
नाच-गान	[नाच+गान 노래] m. नाचना और गाना 춤과 노래
नाच-तमाशा	[नाच+P.तमाशा 구경거리] m. उछल-कूद या अंग-संचालन युक्त क्रीड़ा 춤 놀이
नाचना	[〈नृत्यति] vt. नृत्य करना 춤추다, ठुमका लगाना 몸을 가볍게 흔들다
नाचरंग	[नाच+रंग 놀이] m. नाच-गाने से युक्त जलसा 축제, आमोद-प्रमोद 유흥

प्रयोग

नाट्यशास्त्र में **नृत्त** और **नृत्य** दोनों के विविध अंगों का विस्तृत वर्णन है।
극이론서 『**나뗘샤스뜨라**』에 **춤**과 **무용**의 다양한 요소들에 대한 자세한 설명이 있다.

भारत में **नृत्यकला** का विकास देखते ही बनता है।
인도에서 **춤예술**의 발전을 볼 수가 있다.

मृणालिनी साराभाई प्रसिद्ध **नृत्यांगना** है।
므리날리니 사라바이는 유명한 **여성무용수**이다.

33과 युध्

A. **युध्यते**

लड़ना 싸우다, संघर्ष करना 충돌하다, विवाद करना 다투다

+ प्रत्यय

युद्ध [युध्+त(क्त)] m. कलह 분쟁, संघर्ष 투쟁, लड़ाई 싸움, संग्राम 전쟁, रण 전투

युद्धक [युध्+अक(ण्वुल्)] a. युद्ध संबंधी 전투의 m. युद्ध करने वाला व्यक्ति 전사(戰士) ☞ युद्धक विमान 전투기

योद्धा [युद्धृ의 주격] m. युद्ध करने वाला 전사, सैनिक 군인

उपसर्ग +

आ- 가까이/까지

आयुध [आ+युध(युध्+अ(घञ्)] m. अस्त्र 병기, हथियार 무기

यौगिक शब्द

आयुध 무기 ~

आयुध-कारख़ाना [आयुध+P.कारख़ाना 공장] m. आयुध बनाने का कारख़ाना 무기공장

आयुध-भण्डार [आयुध+भण्डार 창고] m. आयुध रखने का भण्डार 병기창

आयुधशाला [आयुध+शाला 집] f. हथियार रखने का स्थान 무기고

युद्ध 전쟁 ~

युद्ध-अपराधी [युद्ध+अपराधी 위법자] m. युद्ध-अपराध करने वाला व्यक्ति 전범

युद्धकाल [यद्ध+काल 시간] m. युद्ध का समय 전시(戰時)

युद्धकालीन [यद्ध+कालीन 시간의] a. युद्धकाल का 전시의

युद्धपोत [यद्ध+पोत 배] m. जंगी जहाज़ 전함

युद्धप्रिय [यद्ध+प्रिय 사랑하는] a. युद्ध के प्रति अधिक प्रेम हो 호전적인, युद्धक 전투적인

युद्धबंदी [युद्ध+P.बंदी 포로] m. वह सैनिक जिसे युद्ध में जीतकर बंदी बना लिया गया हो 전쟁포로

युद्धभूमि [यद्ध+भूमि 땅] f. युद्धस्थल 전장

युद्धरत [यद्ध+रत 열중하는] a. जो युद्ध में लगा हुआ हो 교전중의, युद्धरत देश 교전국

युद्धविराम [यद्ध+विराम 중지] m. युद्ध रोकना 휴전

युद्धवीर [यद्ध+वीर 영웅] m. युद्ध का वीर 전쟁영웅

युद्धस्थल [युद्ध+स्थल 장소] m. युद्धरंग 전쟁터, युद्धक्षेत्र 전지(戰地), रणभूमि 전장

युद्धोत्तर [युद्ध+उत्तर 후] a. युद्ध के बाद का 전후의

युद्धोन्माद [युद्ध+उन्माद 광분] m. युद्ध के लिए उतावलापन 전쟁광분

~ युद्ध 전쟁

गृह-युद्ध	[गृह 집+युद्ध] m. देश का आंतरिक लड़ाई-झगड़ा 내전
धर्म-युद्ध	[धर्म 종교+युद्ध] m. धर्म की रक्षा हेतु किया जाने वाला युद्ध 종교전쟁/성전, न्यायपूर्ण युद्ध 정당한 전쟁
मल्ल-युद्ध	[मल्ल 레슬러+युद्ध] m. कुश्ती 인도의 격투기
महायुद्ध	[महा 큰+युद्ध] m. व्यापक भू-भाग में लड़ा जाने वाला युद्ध 대전 ☞ प्रथम महायुद्ध 일차대전, द्वितीय महायुद्ध 이차대전

युधि [युध्의 처소격] 전투 ~

युधिष्ठिर	[युधि+स्थिर 굳건한] m. युद्ध में स्थिर रहने वाला 전투에서 물러서지 않는 자, पाण्डु के पहले पुत्र (마하바라따) 유디슈티르

प्रयोग

शान्ति के लिए **युद्ध** कोई विकल्प नहीं है।

평화를 위해 **전쟁**은 어떤 선택이 될 수 없다.

अर्जुन महान **योद्धा** के रूप में प्रसिद्ध हैं।

아르주나는 위대한 **전사**로 유명하다.

युद्धविराम का उल्लंघन नहीं किया जाना चाहिए।

휴전은 위반되지 않아야만 한다.

हमें ध्यान रखना होगा कि **युद्धबंदियों** के मानवाधिकारों का हनन न हो।

우리는 **포로들**의 인권이 유린되지 않도록 주의해야만 한다.

युद्धोत्तर दक्षिण कोरियाई साहित्य में **युद्धकालीन** त्रासदी का मार्मिक चित्रण है।

전쟁 이후 남한 문학에는 **전시의** 비극에 대한 심금을 울리는 묘사가 있다.

5장 स्वादिगण

- 34과 शक् (सकना)
- 35과 श्रु (सुनना)

34과 शक्

P. **शक्नोति**

सक्षम होना 능력 있다, योग्य होना 자격 있다, सबल होना 힘 있다

+ प्रत्यय

शकुन	[शक्+उन(उनन्)] m. शुभ सूचक चिह्न से शुभ-अशुभ की पूर्व सूचना 전조/징조, शुभ मुहूर्त 길시(吉時), शुभ अवसर पर गाये जाने वाले गीत 축가, पक्षी 새
शकुनि	[शक्+उनि] m. (महाभारत) दुर्योधन का मामा (마하바라따) 샤꾸니 (두료다나의 외삼촌, 오늘날 모사꾼을 지칭하는 부정적 의미로 쓰임)
शकुनी	[शकनिन्의 주격] a./m. शकुनज्ञ 징조를 아는 (점쟁이)
शकुनी	[शकन+ई(ङीष्)] m. एक पक्षी (गौरैया) 참새
शकुन्त	[शक्+उन्त] m. एक पक्षी (नीलकंठ) 인도 파랑새
शक्त	[शक्+त(क्त)] a. सक्षम 유능한, ताक़तवर 힘 있는
शक्ति	[शक्+ति(क्तिन्)] f. बल 힘, योग्यता 자격, क्षमता 능력
शक्तिमत्ता	[शक्ति+मत्(मतुप्)+ता] f. शक्तिशाली होने का भाव 힘의 충만
शक्तिमान	[शक्ति+मान] a. शक्तिशाली 강력한, ताक़तवर 힘 있는
शक्य	[शक्+य(यत्)] a. संभव 가능한
शक्र	[शक्+र(रक्)] m. इंद्र 인드라

उपसर्ग +

अ- 아닌/없는

अशक्त [अ+शक्त] a. असमर्थ 무능한, शक्तिहीन 힘이 없는, निर्बल 약한, कमज़ोर 나약한

अशक्य [अ+शक्य] a. असाध्य 실현될 수 없는, नहीं होने योग्य 불가능한

अशक्यता [अ+शक्य+ता] f. असमर्थता 무능력, अयोग्यता 무능, कमज़ोरी 무력, सामर्थ्यहीनता 불능

अप- 열등한/상반된

अपशकुन [अप+शकुन] m. अशुभ लक्षण या संकेत 흉조, अशुभ 불길(不吉)

स- 가진/있는

सशक्त [स+शक्त] a. समर्थ 힘 있는, योग्य 적임의, सक्षम 유능한

यौगिक शब्द

~ शकुन 징조/점 ~

शकुनज्ञ [शकुन+ज्ञ 아는] a./m. शकुन जानने वाला (व्यक्ति) 징조를 아는 (자)

शकुन-विचार [शकुन+विचार 고려] m. कार्य के पूर्व शकुन का विचार करना 점복(占卜)

शुभ शकुन [शुभ 좋은+शकुन] m. मंगल शकुन 길조

शकुन्त 파랑새 ~

शकुन्तला [शकुन्त+ला 데려간]* f. कालिदास के नाटक में एक नायिका 샤꾼딸라 (깔리다사의 희곡에 등장하는 여주인공)

---

* शकुन्तला는 '새들에 의해 데려가져서 (길러진)' 이라는 의미를 갖는다.

शक्ति 힘 ~

शक्तिदायक [शक्ति+दायक 주는] a. शक्ति देने वाला 힘을 주는

शक्तिपीठ [शक्ति+पीठ 성지] f. वह धार्मिक स्थल जहाँ शक्ति (दुर्गा) की पूजा होती है 두르가 여신을 모시는 힌두 성지

शक्तिपुंज [शक्ति+पुंज 더미/합계] m. अतुल शक्ति 강한 힘 a. शक्तिमान 강력한

शक्तिपूजक [शक्ति+पूजक 숭배자] m. शक्ति की पूजा करने वाले 힘을 숭배하는 자

शक्तिवर्धक [शक्ति+वर्धक 증가시키는] a. शक्ति बढ़ाने वाला 자양강장의

शक्तिशाली [शक्ति+शाली 가진] a. शक्तिवान 힘센, बलवान 강한, ताक़तवर 강력한

शक्तिस्रोत [शक्ति+स्रोत 근원] m. ताक़तवर व्यक्ति 힘센 자, बिजली घर 발전소

शक्तिहीन [शक्ति+हीन 없는] a. असमर्थ 무능한, कमज़ोर 약한, निर्बल 힘없는

~ शक्ति 힘

अश्वशक्ति [अश्व 말+शक्ति] f. हॉर्सपावर 마력

महाशक्ति [महा 큰+शक्ति] f. सृष्टि की रचना करने वाली शक्ति 세계창조의 원동력, अत्यंत शक्तिशाली राष्ट्र 강대국

विद्युत्-शक्ति [विद्युत् 전기+शक्ति] f. इलेक्ट्रिक पावर 전력

सैन्यशक्ति [सैन्य 군대의+शक्ति] f. सेना की शक्ति 군사력

तद्भव शब्द

सकना [〈शक्नोति] vi. समर्थ होना 할 수 있다

सगुन	[<शकुन] m. शकुन 길시(吉時)/전조
सगुनिया	[सगुन+इया] m. शकुन विचारने और उसका फल बताने वाला व्यक्ति 점술가
सगुनौती	[सगुन+औती] f. शकुन का विचार करना 점을 봄, मंगलगीत 축복을 비는 노래

प्रयोग

वैज्ञानिक न होते हुए भी, **शकुन-विचार** का भारतीय जीवन पर बड़ा प्रभाव है।
과학적이 아니라 할지라도 **점복**이 인도인의 삶에 많은 영향을 끼친다.

शक्ति की प्रासंगिकता उसके सदुपयोग में ही है।
힘의 온당성은 그것의 올바른 사용에만 존재한다.

विश्व के कुछ देशों में **महाशक्ति** बनने की होड़ लगी है।
세계의 몇몇 국가들은 **강대국**이 되려고 경쟁하고 있다.

सैन्यशक्ति का दिन-पर-दिन बढ़ते जाना विश्वशांति के लिए ख़तरा है।
군사력이 나날이 증가하는 것은 세계평화에 대한 위협이다.

हिन्दू धर्म के अनुसार जहाँ सती देवी के शरीर के अंग गिरे, वहाँ-वहाँ **शक्तिपीठ** बन गईं।
힌두교에 따르면 사띠 여신의 신체 부분들이 떨어진 곳들이 **샥띠삐트**(두르가 여신을 모시는 성지)가 되었다.

35과 श्रु

P. **शृणोति**

सुनना 듣다, कान देना 귀 기울이다

+ प्रत्यय

शुश्रूषा [श्रु+स(सन्), द्वित्व+अ+आ(टाप्)]* f. ख़िदमत 봉사, टहल 시중, रोगी की देखरेख 간병, परिचर्या 간호

श्रवण [श्रु+अन(ल्युट्)] m. कान 귀, सुनने की क्रिया 청취

श्रव्य [श्रु+य(यत्)] a. सुनने योग्य 들을 만한, जो सुना जा सके 들을 수 있는
☞ श्रव्य काव्य 낭송시

श्रावक [श्रु+अक(ण्वुल्)] m. श्रोता 청취자, छात्र 학생, बौद्ध भिक्षु 비구(比丘)

श्रावण [श्रवण+अ(अण्)] a. कान संबंधी 귀의, श्रवण नक्षत्र में उत्पन्न 염소 별자리에서 일어나는 m. सावन (인도력) 7월 하순부터의 한달

श्रावणी [श्रावण+ई(ङीप्)] f. श्रावण मास की पूर्णिमा 슈라반 달의 보름날, रक्षाबंधन का त्योहार 락샤반단 축제

श्राव्य [श्रु+(णिच्)+य(यत्)] a. सुनाने योग्य 들려줄 만한

---

* सन्(स) 접사는 '원하다'의 의미를 나타내는 일차접미사이며 टाप्(आ) 접사는 '여성'을 나타내는 이차접미사이다. शुश्रूषा는 '듣기를 원하는' 즉, '환자나 보호대상자를 경청하는'의 의미를 갖는다.

श्रुत [श्रु+त(क्त)] a. सुना हुआ 들은, कर्णगोचर 들리는, प्रसिद्ध 알려진 m. वेद 베다

श्रुति [श्रु+ति(क्तिन्)] f. सुनना 듣기, कर्ण 귀, ध्वनि 소리, वेद 베다, अफ़वाह 소문, ख़बर 소식

श्रुत्य [श्रु+त्य(क्यप्)] a. सुना जाने योग्य 들을 만한, विख्यात 유명한

श्रोत(श्रोतस्) [श्रु+अस्(असुन्, तुट्)] m. कान 귀, हाथी की सूँढ 코끼리 코, प्रवाह 흐름, स्रोत 수류(水流)

श्रोता [श्रोतृ의 주격] m. सुनने वाला 듣는 자/청자

श्रोत्र (म्) [श्रु+त्र(ष्ट्रन्)] m. कान 귀, वेद 베다

श्रोत्रिय [श्रोत्र+इय(घ)] a. वेद में प्रवीण 베다에 능통한 m. ब्राह्मणों की एक शाखा 브라흐만의 한 씨족

श्रौत [श्रोतस्+अ(अण्)] a. कान का 귀의, श्रुति संबंधी 베다의 ☞ श्रौतसूत्र m. 베다에 근거한 경전

उपसर्ग +

अनु- 후에/번번이

अनुश्रुत [अनु+श्रुत] a. परंपरा से सुना गया 전설로 내려오는

अनुश्रुति [अनु+श्रुति] f. परंपरा से चली आ रही कोई कथा या बात (लीजेंड) 전설

प्रति- 대하여/역으로

प्रतिश्रवण [प्रति+श्रवण] m. ध्यानपूर्वक सुनना 경청, सहमति 동의, प्रतिज्ञा 약속

प्रतिश्रुति [प्रति+श्रुति] f. प्रतिध्वनि 반향, प्रतिज्ञा 약속

वि- 매우

विश्रुत [वि+श्रुत] a. प्रसिद्ध 유명한, प्रख्यात 명성있는

यौगिक शब्द

~ शुश्रूषा 간호/봉사

सेवा-शुश्रूषा [सेवा 봉사+शुश्रूषा] f. टहल 시중, चाकरी 수발, ख़िदमत 봉사

श्रुत 들은/저명한/베다 ~

श्रुतकाम [श्रुत+काम 원함] a. वेद के ज्ञान का इच्छुक 베다 지식을 흠모하는

श्रुतकीर्ति [श्रुत+कीर्ति 명성] f. जिसकी कीर्ति प्रसिद्ध हो 명성(名聲)

श्रुतदेवी [श्रुत+देवी 여신] f. सरस्वती 사라스와띠 여신

श्रुतपूर्व [श्रुत+पूर्व 이전의] a.पूर्वश्रुत 이전에 들은, जो पहले सुना गया हो 전문(前聞)의

श्रुतलेख [श्रुत+लेख 글] m. सुनकर लिखना (डिक्टेशन) 받아쓰기

श्रुतविज्ञ [श्रुत+विज्ञ 지식있는] a. वेद-शास्त्र का विद्वान 베다 학자

श्रुतशील [श्रुत+शील 성향의] a. जिसका सदाचार प्रसिद्ध हो 고결한

श्रुताध्ययन [श्रुत+अध्ययन 학습] m. वेद का अध्ययन 베다 학습

श्रुतानुश्रुत [श्रुत+अनुश्रुत 들려온] m. लोगों में कही-सुनी जाने वाली चर्चा 풍문

~ श्रुत 들은

बहुश्रुत [बहु 많은+श्रुत] a. बहुज्ञ 들은 것이 많은, विद्वान् 학식의

श्रुति 들음/베다 ~

श्रुतिकटु [श्रुति+कटु 쓴] a. सुनने में कठोर लगाने वाला 듣기에 거슬리는

श्रुतिपथ [श्रुति+पथ 길] m. कान का छेद 귓구멍, वेदमार्ग 베다의 도

श्रुतिप्रमाण [श्रुति+प्रमाण 증명] m. वेद के द्वारा स्वीकृति 베다에 의한 인정

श्रुतिमधुर [श्रुति+मधुर 달콤한] a. सुनने में मीठा 듣기에 감미로운

श्रुतिवर्जित [श्रुति+वर्जित 금지된] a. वेदों के अनुसार जिसका निषेध हो 베다에 따라 금지된

श्रुति-स्मृति [श्रुति+स्मृति 힌두법전] f. वेद और धर्मशास्त्र 베다와 다르마샤스뜨라

श्रवण 청취 ~

श्रवणगोचर [श्रवण+गोचर 감지하는] a. जो सुनाई दे सके 들을 수 있는

श्रवण-शक्ति [श्रवण+शक्ति 힘] f. सुनने की शक्ति 청력

श्रवणेंद्रिय [श्रवण+इंद्रिय 감각기관] m. कान 귀

तद्भव शब्द

सुनना [〈शृणोति] vt. श्रवण करना 듣다

सुनवाई [सुनव(〈H.सुनवाना)+आई] f. मुक़दमें का सुना जाना 심문/청문

सुनवाना [सुन+वा+ना] vt. सुनने का काम कराना 듣게 하다

सुनवैया [सुन+वैया] m. श्रोता 청자

सुनाई [सुन+आई] f. सनने की क्रिया 들음 ☞ सुनाई देना 들리다

सुनाना [सुन+आ+ना] vt. दूसरे को श्रवण कराना 들려주다

प्रयोग

भारतीय संस्कृति में राम कथा-**श्रवण** का बहुत महत्त्व है।

인도 문화에서 라마이야기 **청취**는 매우 중요하다.

श्रावण का महीना बारिश का महीना होता है।

슈라반 달은 우기이다.

हिन्दू जीवन-पद्धति में **श्रावणी** का विशेष महत्त्व है।

힌두 삶의 방식에서 **(슈라반 달 보름의) 락샤반단 축제**는 특히 중요하다.

बुढ़ापे में **श्रवण-शक्ति** का क्षीण पड़ जाना स्वाभाविक है।

노년기에 **청력**이 쇠하는 것은 자연스러운 일이다.

बुज़ुर्गों की **सेवा-शुश्रूषा** करनी चाहिए।

노인들을 **시중드는 것**이 필요하다.

6장 투다디가나

- 36과 इष् (चाहना)
- 39과 मृ (मरना)
- 37과 कृष् (खींचना)
- 38과 मुच् (छोड़ना)
- 40과 लिख् (लिखना)

36과 इष्

P. **इच्छति**

इच्छा करना 원하다, चाहना 바라다, ढूँढ़ना 찾다

+ प्रत्यय

इच्छा [इष्+अ(श)+आ(टाप्)] f. चाह 원망(願望), कामना 바람, आकांक्षा 열망, अभिलाषा 욕망

इच्छित [इच्छा+इत(इतच्)] a. चाहा हुआ 원하는, अभिलषित 바라는, आकांक्षित 열망하는

इच्छुक [इच्छ+उक(उकञ्)]* a. चाहने वाला 원하는, आकांक्षी 열망하는 m. इच्छा करने वाला 희망자

इष्ट [इष्+त(क्त)] a. चाहा गया 바라는, प्रिय 좋아하는, पूज्य 신봉하는, अभिलषित 갈망하는, ईप्सित 소망하는 m. आराध्य देवता 숭배하는 신, मित्र 친구, प्रिय व्यक्ति 애인

इष्टता [इष्ट+ता] f. इष्ट होने की अवस्था 바람/염원

* उकञ् 은 성향을 나타내는 일차접미사로서 -उक의 형태를 취하며 형용사를 파생함.

उपसर्ग +

अन– 없는/아닌

अनिच्छा [अन+इच्छा] f. इच्छा का अभाव 원하지 않음 ☞ अनिच्छापूर्वक 마지못해/억지로

अनिच्छुक [अन+इच्छुक] a. जिसकी रुचि न हो 싫어하는

अनु– 뒤에/반복하여

अन्वेषक [अनु+इष्+अक(ण्वुल्)] a. अन्वेषी 탐구하는, गवेषी 연구하는 m. गवेषक 연구자, अनुसंधाता 탐구자, शोधकर्ता 연구원

अन्वेषण [अनु+इष्+अन(ल्युट्)] m. खोज 검색, अनुसंधान 연구, शोध 탐구, पड़ताल 조사 ☞ केन्द्रीय अन्वेषण ब्यूरो (सीबीआई) 중앙수사국

अन्वेषित [अनु+इष्+इत(क्त)] a. अन्वेषण किया गया 탐구된

अन्वेष्य [अनु+इष्+य(ण्यत्)] a. अन्वेषण के योग्य 연구할 만한, जिसे खोजा जा सकता हो 연구할 수 있는

अभि– 위/매우

अभीष्ट [अभि+इष्ट] a. वांछित 열망하는

यौगिक शब्द

इच्छा 희망 ~

इच्छानुसार [इच्छा+अनुसार 따라] ad. मन के मुताबिक़ 원하는 대로

इच्छा-पत्र [इच्छा+पत्र 서류] m. वसीयत-नामा 유언장

इच्छापूर्वक [इच्छा+पूर्वक 함께] ad. इच्छानुसार 희망에 따라/의도를 갖고

इच्छा-मृत्यु [इच्छा+मृत्यु 죽음] f. किसी गंभीर लम्बी बीमारी की स्थिति में अदालत की अनुमति मिलने के बाद अपनी इच्छा से मृत्यु 안락사

~ इच्छु [इष्+उ(उ)] 원하는

शुभेच्छु [शुभ 좋은+इच्छु] a. शुभचिंतक 누군가의 복을 원하는

प्रयोग

इष्ट देव की पूजा-अर्चना के बाद संस्कार प्रारंभ हुआ।

신봉하는 신을 예배드린 후에 통과의례가 시작되었다.

अभी खाने की बिलकुल **इच्छा** नहीं है मेरी।

지금 나는 먹고 싶은 **욕구**가 없다.

आपमें से कौन-कौन भारत जाने के **इच्छुक** हैं?

당신들 중에 누가 인도에 가길 **원합니까**?

कोई काम **अनिच्छापूर्वक** नहीं करना चाहिए।

어떤 일을 **억지로** 하지는 말아야 한다.

अपनी **इच्छानुसार** जो लेना हो, लीजिए।

자신이 **원하는 대로** 가지고 싶은 것을 가져가세요.

37과 कृष्

P. **कृषति** (cl.6)

हल चलाना (쟁기로) 갈다, खेत जोतना (밭을) 일구다

P. **कर्षति** (cl.6)

खींचना 끌다

+ प्रत्यय

कर्ष [कृष्+अ(अच्)] m. आकर्षण 끌어당김, खींचाव 견인, जुताई 경작, मनमुटाव 토라짐, रोष 분노

कर्षक [कृष्+अक(ण्वुल्)] a. घसीटने वाला 끌어당기는 m. किसान 농부

कर्षण [कृष्+अन(ल्युट्)] m. आकर्षण 끌어당김, खिंचाई 견인, जुताई 경작, जोती गई ज़मीन 경작지

कर्षी [कर्षिन्의 주격] a. जोतने वाला 경작하는, खींचने वाला 당기는 m. किसान 농부

कृषक [कृष्+अक(क्वन्)] a. खींचने वाला 당기는 m. किसान 농부

कृषाण [कृष्+आन(आनक्)] m. कृषक 농부

कृषि [कृष्+इ(इक्)] f. खेतीबारी(बाड़ी) 농사, ज़मीन की बोआई 경작, फ़सल 농경

कृष्ट [कृष्+त(क्त)] a. जोता-बोया हुआ 경작된, खींचा हुआ 일구어진

कृष्टि [कृष्+ति(क्तिन्)] f. जुताई 경작, खेतीबाड़ी 농사

कृष्ण [कृष्+न(नक्)] a. काला 검은 m. वसुदेव-देवकी के पुत्र जिन्हें हिन्दू धर्म में

विष्णु का आठवाँ अवतार माना जाता है 끄리슈나 신

कृष्णा [कृषण+आ(टाप्)] f. दक्षिण भारत की एक नदी 끄리슈나 강, काले पत्तों वाली तुलसी 검은 잎의 뚤시(식물)

कृष्णी [कृषण+ई(ङीष्)] f. अँधेरी रात 어둔 밤

उपसर्ग +

अप- 아래로

अपकर्ष [अप+कर्ष] m. अवनति 저하, उतार 하강, पतन 하락

आ- 향하여/가까이

आकर्ष [आ+कर्ष] m. खिंचाव 끌어올림, चुंबक 자석, कसौटी 시금석

आकर्षक [आ+कर्षक] a. खींचने वाला 끌어당기는, मोहित करने वाला 매료시키는, मनोहर 매혹적인

आकर्षण [आ+कर्षण] m. विशेष प्रकार का खिंचाव 끌어당김, मोहकता 매력

आकर्षित [आ+कर्षित] a. खिंचा हुआ 끌어당긴, मुग्ध 끌린

आकृष्ट [आ+कृष्ट] a. आकर्षित 매료된, सम्मोहित हुआ 사로잡힌

उत- 위로/좋은

उत्कर्ष [उत्+कर्ष] m. ऊपर की ओर जाने की क्रिया 상승, उन्नति 발전, समृद्धि 번영 ☞ उत्कर्षापकर्ष [उत्कर्ष+अपकर्ष] m. उत्थान-पतन 승강(昇降), उन्नति-अवनति 진보와 퇴보

उत्कृष्ट [उत्+कृष्ट] a. उत्तम 최고의, श्रेष्ठ 우월한

उत्कृष्टता [उत्कृष्ट+ता] f. उत्कृष्ट होने की अवस्था 탁월, श्रेष्ठता 우월

नि- 아래로

निकृष्ट [नि+कृष्ट] a. निम्न कोटि का 하품(下品)의, तुच्छ 천한/비열한

निस्- 밖으로

निष्कर्ष [निष्+कर्ष] m. परिणाम 결론, सार 요지, सारांश 골자

निष्कृष्ट [निष्+कृष्ट] a. निचोड़कर निकाला हुआ 추출된, सारभूत 골자의/정수의

प्र- 앞으로/우수한

प्रकृष्ट [प्र+कृष्ट] a. उत्तम 최상의, उत्कृष्ट 우월한, प्रधान 주요한

प्रकृष्टता [प्र+कृष्ट+ता] f. उत्तम या उत्कृष्ट होने का भाव 최상, श्रेष्ठता 우월

यौगिक शब्द

कृषि 농업 ~

कृषिकर्म [कृषि+कर्म 일] m. खेती का काम 농삿일

कृषि मंत्रालय [कृषि+मंत्रालय 부(部)] m. कृषि का मंत्रालय농산부(農産部)

कृषि विज्ञान [कृषि+विज्ञान 학(學)] m. कृषि का विज्ञान 농학(農學)

कृषि विज्ञानी [कृषि+विज्ञान 학(學)의] a. कृषि विज्ञान संबंघी 농학의

कृष्ण 끄리슈나 ~

कृष्णपक्ष [कृष्ण+पक्ष 측면] m. चांद्र मास का पंद्रह दिन का अंधकार पक्ष 달이 보름에서 그믐으로 어두워져 가는 15일

कृष्णभक्त [कृष्ण+भक्त 신자] m. कृष्ण का भक्त 끄리슈나 신을 숭배하는 신자

कृष्णभक्ति [कृष+भक्ति 신애] f. कृष्ण की भक्ति 끄리슈나 신에 대한 신애/신심

कृष्णलीला [कृष्ण+लीला 유희] f. कृष्ण के जीवनचरित का अभिनय 끄리슈나의 행적을 연기하는 놀이공연

कृष्णाष्टमी [कृष्ण+अष्टमी 8번째] f. कृष्ण की जन्मतिथि 끄리슈나 강탄일, जन्माष्टमी 끄리슈나 강탄축제

तद्भव शब्द

किसान [<कृषाण] m. कृषक 농부, खेतिहर 농사꾼

किसानी [किसान+ई] f. खेती 농사, कृषि कार्य 농삿일 ☞ खेती-किसानी f. 영농

प्रयोग

सरकार को **कृषि** पर विशेष ध्यान देना चाहिए।

정부는 **농업**에 특별한 관심을 가져야 한다.

पुराने गीतों का **आकर्षण** अभी भी विद्यमान है।

옛날 노래의 **매력**은 지금도 존재한다.

उत्कृष्ट पुस्तकों की एक सूची बनाइए।

우수 도서들의 목록을 만드세요.

चर्चा का **निष्कर्ष** क्या निकला?

토론의 무슨 **결론이** 도출되었습니까?

किसान खेती का काम करता है।

농부는 농사일을 한다.

38과 मुच्

P. **मुञ्चति** A. **मुञ्चते**

मुक्त करना 해방하다, स्वतन्त्र करना 독립시키다, छुटकारा करना 놓아주다, ढीला छोड़ना 풀어주다

+ प्रत्यय

मुक्त	[मुच्+त(क्त)] a. आज़ाद 해방된, स्वतन्त्र 독립된, बंधनहीन 자유로운
मुक्तक	[मुक्त+क(कन्)] m. काव्य का वह भेद जिसमें वर्णित बातों का कोई पूर्वापर संबंध न हो 단연시, पृथक् श्लोक (주제가 독립된) 개별 슐로까
मुक्ता	[मुक्त+आ(टाप्)] f. मोती 진주
मुक्ति	[मुच्+ति(क्तिन्)] f. आज़ादी 자유, मोक्ष 구원, किसी ज़िम्मेदारी से छुटकारा मिलना 해방
मोचक	[मुच्+अक(ण्वुल्)] m. मुक्ति दिलाने वाला 해방시키는, हरण करने वाला 제거하는
मोचन	[मुच्+अन(ल्युट्)] m. कष्ट, बंधन आदि से छुटकारा दिलाना 해방, दुःख आदि दूर करना 제거

उपसर्ग +

उद्- 좋은/위로

उन्मुक्त [उद्+मुक्त] a. जो बँधा न हो 자유로운, स्वतंत्र 독립된

उन्मुक्ति [उद्+मुक्ति] f. छुटकारा 해방, बंधनहीनता 자유

निः- 완전히/밖으로

निर्मुक्त [निर्+मुक्त] a. मुक्त 해방된

वि- 특별한

विमुक्त [निर्+मुक्त] a. मुक्त 해방된

विमुक्ति [वि+मुक्ति] f. मुक्त हो जाना 해방, रिहाई 석방, आज़ादी 독립, मोक्ष 해탈

विमोचन [वि+मोचन] m किसी वस्तु के सार्वजनिक वितरण या बिक्री के लिए वितरित करना 출시, लोकार्पण 출간 ☞ पुस्तक-विमोचन समारोह m. 책출판기념회

यौगिक शब्द

मुक्त 자유의/독립된 ~

मुक्तकंठ [मुक्त+कंठ 목] a. ज़ोर से बोलने वाला 크게 말하는, बेधड़क बोलने वाला 주저없이 말하는

मुक्तछंद [मुक्त+छंद 운율] m. छंद के बंधन से रहित कविता 무운시(無韻詩)

मुक्त-व्यापार [मुक्त+व्यापार 거래] m. फ्री ट्रेड 자유무역

मुक्त-स्पर्धा [मुक्त+स्पर्धा 경쟁] f. फ्री कंपटीशन 자유경쟁

मुक्तहस्त [मुक्त+हस्त 손] a. जो उदारतापूर्वक और अधिक मात्रा में व्यय या दान करता हो (기부나 지출에서) 씀씀이가 큰, व्यय या दान करने में जिसके हाथ खुले हों 활수(滑手)한

मुक्ताकाशी [मुक्त+आकाशी 하늘의] a. खुले मैदान का 야외의 ☞ मुक्ताकाशी मंच 야외무대

मुक्ति 해방/구원 ~

मुक्तिकामी [मुक्ति+कामी 원하는] a. मुक्ति चाहने वाला 해방을 원하는

मुक्तिक्षेत्र [मुक्ति+क्षेत्र 지역] m. वह स्थान जहाँ मरने से मोक्ष की प्राप्ति हो 해탈의 땅

मुक्तिदाता [मुक्ति+दाता 주는 자] m. मुक्ति देने वाला 구원을 주는 자

मुक्तिधाम [मुक्ति+धाम 장소] m. तीर्थ स्थान 성지, मुक्ति देने वाला स्थान 구원의 땅, शवदाहगृह 화장터

मुक्तिमार्ग [मुक्ति+मार्ग 길] m. मुक्ति पाने का मार्ग 구도의 길

मुक्तिवाहिनी [मुक्ति+वाहिनी 군대] f. आज़ादी की लड़ाई के लिए गठित फ़ौज 해방군

मुक्ति संग्राम [मुक्ति+संग्राम 전쟁] m. आज़ादी की लड़ाई 독립 전쟁 ☞ भारतीय मुक्ति संग्राम 인도 독립 전쟁

मुक्ति सेना [मुक्ति+सेना 군대] f. आज़ादी दिलाने वाली सेना 해방군, सैल्वेशन आर्मी (एक ईसाई संस्था) 구세군

तद्भव शब्द

मोती [〈मौक्तिक 진주] m. मुक्ता 진주

प्रयोग

मुक्त व्यापार की अपनी सीमाएँ भी हैं।

자유 무역은 자체의 한계점들도 있다.

जन्म-मरण के बंधन से **मुक्ति** का नाम मोक्ष है।

생과 사의 굴레로부터 **해방을** 해탈이라 이른다.

मुझे बहुत बड़ी समस्या से **मुक्ति** मिल गई।

나는 매우 큰 문제에서 **자유**를 얻었다.

मैं एक **पुस्तक विमोचन समारोह** में भाग लेने गया था।

나는 한 **책출판기념회**에 참석하러 갔었다.

रविवार को **मुक्ताकाशी** मंच पर दो प्रस्तुतियाँ होने वाली हैं।

일요일에 **야외**무대에서 두 편의 공연이 있을 것이다.

39과 मृ

A. म्रियते

मरना 죽다, नष्ट होना 소멸하다

+ प्रत्यय

मृत [मृ+त(क्त)] a. मरा हुआ 죽은 m. मुरदा 사자(死者)

मृतक [मृत+क(कन्)] m. मुरदा 사자, निष्प्राण शरीर 사체, शव 시체

मृत्यु [मृ+त्यु(त्युक्)] f. मौत 죽음, देहान्त 사망, स्वर्गवास 별세

मरण [मृ+अन(ल्युट्)] m. मृत्यु 사망

मारक [मृ+(णिच्)+अक(ण्वुल्)] a. जान लेने वाला 죽이는, नाशक 파괴하는 ☞ मारक क्षमता 파괴력, मारक प्रक्षेपास्त्र 공격용 미사일

मारण [मृ+(णिच्)+अन(ल्युट्)] m. हत्या 살해

उपसर्ग +

अ- 아닌

अमर [अ+मर] a. न मरने वाला 죽지 않는, शाश्वत 영원한 ☞ अजर-अमर a. 불로불사의

अमरता [अ+मर+ता] f. अमरत्व 불사, अनश्वरता 불멸, चिरंजीविता 장수

अमृत [अ+मृत] a. अमर 죽지 않는, शाश्वत 영원한

अमृतत्व [अ+मृत+त्व] m. अमरता 불사, अनश्वरता 불멸

आ- 까지

आमरण [आ+मरण] ad. मरते दम तक 죽을 때까지, आजीवन 평생

यौगिक शब्द

मरण 죽음 ~

मरणासन्न [मरण+आसन्न 가까운] a. जो मरने वाला हो 죽어가는, जो मृत्यु के समीप हो 임종의

मरणोपरांत [मरण+उपरांत 후에] ad. मृत्यु के उपरांत 사후에 a. मरने के बाद का 사후의

मृत 죽은/사자 ~

मृतगृह [मृत+गृह 집] m. श्मशान 화장터, क़ब्र 묘지

मृतसंजीवनी [मृत+संजीवनी 소생시키는 자] f. बेहोश या मृत व्यक्ति को जीवित कर देने वाली क्रिया, दवा या मंत्र आदि 죽은 자를 소생시키는 행위, 약 또는 주문/소생술

मृतप्राय [मृत+प्राय 닮은] a. मरे हुए के समान 가사상태의, जो मरने वाला हो 죽어가는

मृतात्मा [मृत+आत्मा 영혼] m. मृत व्यक्ति की आत्मा 사령(死靈)

मृतक 죽은 자 ~

मृतककर्म [मृतक+कर्म 일] m. मृतक के लिए किया जाने वाला कृत्य 장례

मृत्युंजय [मृत्युं+जय 승리] a. मृत्यु को जीतने वाला 죽음을 이기는 m. शिव 시바 신

मृत्युदंड [मृत्यु+दंड 벌] m. प्राणदंड 사형(死刑), मौत की सज़ा 극형(極刑)

मृत्युदर [मृत्यु+H.दर 비율] f. एक साल में प्रति हज़ार व्यक्तियों में मरे हुए लोगों की संख्या 사망률

मृत्युलोक [मृत्यु+लोक 세계] m. यमलोक 저승세계

मृत्युशय्या [मृत्यु+शय्या 침대] f. वह बिस्तर जिसपर रोगी मरणासन्न रूप में पड़ा हुआ हो 임종을 앞둔 이를 모신 침대

मृत्युशोक [मृत्यु+शोक 슬픔] m. किसी की मृत्यु के कारण उत्पन्न शोक 사망으로 인한 슬픔

तद्भव शब्द

मरना [〈म्रियते] vi. जान निकलना 죽다, नष्ट होना 소멸하다

मारना [〈मारयति] vt. पीटना 때리다, हत्या करना 살해하다, प्राण लेना 죽이다

मरवाना [मर+वा+ना] vt. मारने को उकसाना 살해시키다

मार [〈H.मारना] f. पिटाई 구타, मारना 때림, आघात 타격

मारपीट [मार+पीट 때림] f. लड़ाई-झगड़ा 싸움, मारने-पीटने का काम 주먹싸움

मारामारी [〈H.मारना] f. जल्दबाज़ी 황급/화급, हाथापाई 주먹싸움, धक्कमधक्का 밀치락달치락

प्रयोग

हादसे में **मृतकों** की संख्या बढ़कर सौ के पार हो गई है।

사고로 **사망자**의 수가 증가하여 백 명을 넘어섰다.

मृत्यु का भय किसको नहीं होता?

죽음의 두려움이 누구에게 없는가?

जन्म-**मरण** और हानि-लाभ अपने हाथ में नहीं हैं।

삶과 **죽음** 그리고 손해와 이득이 자신의 손에서 벗어나 있다.

किसान अपनी माँगों के समर्थन में **आमरण** अनशन पर बैठे हैं।

농부들이 자신들의 요구를 옹호하면서 **죽을 때까지** 단식을 행하고 있다.

राष्ट्रपति ने युद्धवीर सैनिकों को **मरणोपरांत** सम्मानित किया।

대통령이 전쟁영웅 군인들을 **사후**에 영예롭게 했다.

असहनशीलता के दौर में **मरना-मारना** आम बात हो गई है।

참을성 없는 시대에 **죽고 죽이는 것**이 평범한 일이 되었다.

40과 लिख्

P. **लिखति**

लिखना 쓰다, रेखाचित्र बनाना 스케치하다, रेखा खींचना 선을 그리다

+ प्रत्यय

लिखित [लिख्+इत(क्त)] a. लिखा हुआ 쓰여진, लिपिबद्ध 표기된, तहरीरी 기록된

लेख [लिख्+अ(घञ्)] m. लिखी हुई चीज़ 글, शोधनिबंध 논설, निबंध 수필, रचना 작품, लिखावट 필기, दस्तावेज़ 문서

लेखक [लिख्+अक(ण्वुल्)] m. लिखने वाला 글 쓰는 이, रचयिता 저자, साहित्यकार 작가, कातिब 필기자

लेखकीय [लेखक+ईय] a. लेखक का 작가의, लेखक संबंधी 저자와 관련된

लेखन [लिख्+अन(ल्युट्)] m. अक्षर लिखना 필기, लिखना 글쓰기, रचना कार्य 저작, लिखने की कला 서법(書法) ☞ लेखन-शैली 문체, दलित-लेखन m. 달리뜨 저작

लेखनी [लेखन+ई(ङीप्)] f. लिखने का उपकरण 필기구, क़लम 펜

लेखनीय [लिख्+अनीय(अनीयर्)] a. लिखे जाने लायक 기록될 만한, लिखने योग्य 기록할 만한

लेखा [लिख्+अ+आ(टाप्)] f. रेखा 선, चित्रण 그리기, लिपि 문자, चिह्न 표식

लेखिका [लेखक+आ(टाप्)] f. महिला साहित्यकार 여작가

लेख्य [लिख्+य(ण्यत्)] a. लेखनीय 기록될 만한

उपसर्ग +

अ- 아닌

अलिखित [अ+लिखित] a. जो लिखा गया नहीं हो 기록되어 있지 않은

अभि- 위에/권위 있는

अभिलेख [अभि+लेख] m. महत्त्वपूर्ण दस्तावेज़ 기록, ताम्रपत्र या पत्थर आदि पर खुरचकर लिखी हुई ऐतिहासिक महत्त्व की सामग्री 비문

अभिलेखागार [अभि+लेख+आगार 보관고] m. आलेखों के संग्रह करने का स्थान 기록보관소, पुरालेखभवन 고문서관, पुरालेखागार 고문서보관소

आ- 향하여/가까이/까지

आलेख [आ+लेख] m. लिखना 글쓰기, लिखावट 필기, लेख 글, चित्र 그림, ग्राफ़ 도표, निबंध 수필

प्र- 앞에/우수한

प्रलेख [प्र+लेख] m. दस्तावेज़ 문서/기록, लिखित क़ानूनी दस्तावेज़ 공증서

प्रलेखक [प्र+लेखक] m. लेख या दस्तावेज़ आदि लिखने वाला कर्मचारी 사법서사/대서인

वि- 특별한

विलेख [वि+लेख] m. प्रलेख 공증서 ☞ विलेख लेखक m. 대서인

सु- 좋은

सुलेख [सु+लेख] m. अच्छी लिखावट 달필, सुन्दर हस्तलेख 명필

यौगिक शब्द

लेख 글/문서 ~

लेखांश [लेख+अंश 일부분] m. लेख का अंश 글의 일부

लेखागार [लेख+आगार 집] m. आर्काइव्ज़ 문서보관소/아카이브

लेखा 선 ~

लेखाचित्र [लेखा+चित्र 그림] m. ग्राफ़ 도표

तद्भव शब्द

लिखत [〈H.लिखना] f. दस्तावेज़ 문서/증빙서류

लिखना [〈लिखति] vt. अक्षरों में कागज़ आदि पर उतारना 쓰다, रचना करना 글을 짓다, रेखाएँ अथवा चिह्न खींचना 선 등을 그리다

लिखाई [लिख+आई] f. लिखने का काम 쓰기 ☞ पढ़ाई-लिखाई 읽기와 쓰기

लिखाना [लिख+आ+ना] vt. लिखवाना 쓰게 하다

लेखा [〈लेख] m. आय-व्यय का हिसाब-किताब (회계) 장부, लेन-देन का विवरण 출납기록, गणना 계산, एकाउंट 회계

लेखा अधिकारी [लेखा+S.अधिकारी 담당자] m. अकाउंट्स ऑफिसर 회계담당자

लेखा अनुभाग [लेखा+S.अनुभाग 부(部)] m. अकाउंट्स सेक्शन 회계부

लेखाकर्म [लेखा+S.कर्म 업무] m. आय-व्यय का ब्योरा लिखने का काम 회계사무/경리

लेखाकार [लेखा+S.कार 하는 자] m. लेखापाल 회계사

लेखा जाँच [लेखा+H.जाँच 조사] अधिकारी द्वारा नियमानुसार आय-व्यय की जाँच 회계검사, लेखा परीक्षा 회계감사

लेखा-जोखा [लेखा+H.जोखा 측정] m. आय-व्यय का हिसाब 계산의 확인/검사

लेखा-परीक्षक [लेखा+S.परीक्षक 감사관] m. लेखा परीक्षा करने वाला(ऑडीटर) 회계감사관

लेखा-परीक्षण [लेखा+S.परीक्षण 감사] m. लेखा परीक्षा करना 회계 감사

लेखापाल [लेखा+S.पाल 지키는 자] m. लेखाकार 회계사

लेखापुस्तक [लेखा+S.पुस्तक 책] f. लेखा संबंधि पुस्तक 회계장부

लेखाबही [लेखा+H.बही 장부] f. हिसाब-किताब संबंधी पुस्तिका 원장(元帳), रोकड़बही 현금출납부

लेखा-विधि [लेखा+S.विधि 법] f. अकाउंटिंग 회계사무

लेखा-विभाग [लेखा+S.विभाग 부서] m. लेखाकर्म करने वाला विभाग 경리부

लेखा-शास्त्र [लेखा+S.शास्त्र 학(學)] m. लेखा संबंधी शास्त्र 회계학

प्रयोग

संविधान में जो भी **लिखित** है उसका पालन होना चाहिए।

헌법에 **기록된** 무엇이든 준수해야만 한다.

कल के पेपर में मेरा **लेख** छपा है।

어제 신문에 나의 **글**이 실렸다.

लेखनी की शक्ति **लेखक** को प्रसिद्ध बना देती है।

펜의 힘이 **작가**를 유명하게 한다.

संयुक्त राष्ट्र संघ का **लेखा-परीक्षण** आजकल भारत के नियंत्रक एवं **महालेखा परीक्षक** कर रहे हैं।

국제연합기구의 **회계감사**는 오늘날 인도의 관제관 겸 **총회계감사관**이 담당하고 있다.

लिखते रहने से लेखन में सुधार आता है।

계속해서 **쓰는** 것으로 **필기**가 향상된다.

तुम्हारी **पढ़ाई-लिखाई** कैसी चल रही है?

너의 **읽기와 쓰기**는 어찌 진행되고 있는가?

7장 रुधादिगण

- 41과 रुध् (रोकना)

41과 रुध्

P. **रुणद्धि(रुन्धति)**, A. **रुन्द्धे**

रोकना 막다, बाधा डालना 방해하다, घेरना 포위하다

+ प्रत्यय

रुद्ध	[रुध्+त(क्त)] m. रोका हुआ 막은, बंद 닫힌, बाधित 방해된, रुँधा हुआ 메인, रुका हुआ 막힌
रोध	[रुध्+अ(घञ्)] m. रोक 막음, बाधा 방해, घेरा 포위, बाँध 제방
रोधक	[रुध्+अक(ण्वुल्)] a. रोकने वाला 막는
रोधन	[रुध्+अन(ल्युट्)] m. रोकने की क्रिया 막음, रुकावट 방해, दमन 억제
रोधी	[रोधिन्의 주격] a. रोधक 막는

उपसर्ग +

अनु- 후에

अनुरोध	[अनु+रोध] m. निवेदन 요청, विशेष आग्रह 간청

अव- 아래

अवरुद्ध	[अव+रुद्ध] a. बंद 막힌, बाधित 방해된

अवरोध [अव+रोध] m. अड़चन 장애, बाधा 방해, रोक 지장 बंदिश 제한

अवरोधक [अव+रोधक] a. बाधा उत्पन्न करने वाला 방해하는 m. रोक 방지, बाड़ा 장벽 ☞ गति अवरोधक m. 속도 방지턱

अवरोधी [अव+रोधी] a. = अवरोधक

नि- 완전히

निरोध [नि+रोध] m. रोक 방지, रुकावट 장애, नियंत्रण 억제, प्रतिबंध 규제, कंडोम 콘돔

निरोधक [नि+रोधक] a. निरोध करने वाला 방지하는

निरोधी [नि+रोधी] a. = निरोधक

प्रति- 대(對) 하여

प्रतिरोध [प्रति+रोध] m. विरोध 대항, बाधा 방해, रुकावट 장애, ख़िलाफ़त 대항, प्रतिवाद 항의

प्रतिरोधक [प्रति+रोधक] a./m. प्रतिरोध करने वाला (व्यक्ति) 방해하는 (자)

वि- 특별한

विरोध [वि+रोध] m. रुकावट 장애, बाधा 방해, विपरीतता 반대, अनबन 불화, बिगाड़ 적대, असंगति 모순

विरोधी [वि+रोधी] a. विपक्षी 반대편, प्रतिस्पर्धी 대립하는, विपरीत 반하는 m. शत्रु 적

विरुद्ध [वि+रुद्ध] a. रुद्ध 막은, विरोधी 반대하는, उलटा 반대의, ख़िलाफ़ 대립의 ☞ के विरुद्ध ~에 반하여/거슬러

यौगिक शब्द

~ रोध 방해

गतिरोध [गति 속도+रोध] m. गति अवरुद्ध होने की स्थिति 정체

विरोध 반대 ~

विरोधपक्ष [विरोध+पक्ष 편] m. विपक्ष 반대편, विरोधी पक्ष 야당

विरोधाभास [विरोध+आभास 암시] m. विरोध का आभास 상반된 표현, विरोधमूलक अर्थालंकार 모순된 말

विरोधाभासी [विरोध+आभासी 암시하는] a. परस्पर विरोधी 모순된

विरोधी 반대의 ~

विरोधी दल [विरोधी+दल 무리] m. विपक्षी दल 야당, प्रतिपक्ष 반대편

तद्भव शब्द

रूँधना [<रुन्धति] vt. अवरुद्ध कर देना 방해하다, खेत आदि को पशुओं से बचाने के लिए काँटेदार तारों या झाड़ियों से घेरना (야생동물로부터 농작물을 보호하기 위해) 울타리치다

प्रयोग

गणतंत्र दिवस-समारोह के कारण इंडिया गेट को जाने वाली सभी सड़कें **अवरुद्ध** हैं।

공화일 기념식 때문에 인디아게이트로 가는 모든 길들이 **막혀** 있다.

आजकल कई तरह की **गर्भ-निरोधक** दवाएँ बाज़ार में उपलब्ध हैं।

오늘날 여러 종류의 **피임**약들이 시장에서 구해진다.

सरकार की किसान-**विरोधी** आर्थिक नीतियों के खिलाफ़ किसानों ने ज़बरदस्त **विरोध** किया।

정부의 농민에 **반하는** 경제정책들에 반대하여 농민들이 격렬하게 **반대**했다.

बढ़ती हिंसा और महिला-उत्पीड़न **के विरुद्ध** शीघ्र और सख़्त कार्रवाई होनी चाहिए।

증가하는 폭력과 여성학대에 **대항하여** 신속하고 엄격한 조치가 있어야만 한다.

आज संसद में दिनभर **गतिरोध** बना रहा।

오늘날 국회가 종일 **경색**되어 있다.

8장 तनादिगण

- 42과 कृ (करना)

42과 कृ

P. **करोति** A. **कुरुते**

करना 하다, बनाना/निर्माण करना 만들다, संपन्न करना 완성하다, रचना करना 구성하다

+ प्रत्यय

करण [कृ+अन(ल्युट्)] m. कार्य 행위, काम करने के साधन 도구

कर्तव्य [कृ+तव्य(तव्यत्)] m. ज़िम्मेदारी 책임/의무

कर्ता [कर्तृ의 주격] m. काम करनेवाला 행위자, ईश्वर 신

कर्म [कर्मन्의 주격] m. काम 일, कार्य 업무, क्रिया 행위, ऑब्जिक्ट् 목적어 ☞ कर्म का फल 업과(業果)

कर्मठ [कर्मन्+ठ(अठच्)] a. मेहनती 근면한, परिश्रमी 성실한, काम में कुशल 능숙한

कर्मी [कर्मिन्의 주격] a. काम करने वाला 일하는 m. कामगार 일꾼/노동자

कारक [कृ+अक(ण्वुल्)] m.वाक्य में संज्ञा का क्रिया के साथ सम्बन्ध (문법) 격/의미역

कारण [कृ+(णिच्)+अन(ल्युट्)] m. वजह 이유, हेतु 원인 ☞ कारणवश ad. 이유로 인해

कार्मिक [कर्मन्+इक(ठक्)] a. जो काम में लगा हुआ हो 노동하는 m. काम करनेवाला व्यक्ति 직원 ☞ कार्मिक मंत्रालय 인사처, कार्मिक विभाग 인사과

कार्य	[कृ+य(ण्यत्)] m. काम 일, श्रम 노동, कर्म 직무/사무, कार्यभार 업무 활동
कृत	[कृ+त(क्त)] a. किया हुआ 행해진, बनाया हुआ 만들어진
कृति	[कृ+ति(क्तिन्)] f. रचनात्मक क्रिया 작품활동, रचना 작품
कृतित्व	[कृति+त्व] m. किसी रचनाकार का रचनात्मक कार्य (작가의) 업적/작품
कृती	[कृतिन्의 주격] a. उल्लेखनीय काम करने वाला 상당히 일을 잘하는, दक्ष 능숙한, निपुण 숙련된
कृत्य	[कृ+त्य(क्यप्)] m. कर्तव्य 의무/책무, कार्य 행위/행동 ☞ निंदनीय कृत्य 비난받을 행위, जघन्य कृत्य 혐오스러운 행동
कृत्रिम	[कृ+त्रि(क्त्रि)+म(मप्)] a. बनावटी 인조의/인공적인, अस्वाभाविक 인위적인
कृत्रिमता	[कृत्रिम+ता] f. बनावटीपन 인공, अस्वाभाविकता 인위
क्रिया	[कृ+अ(श)+इय(इयङ्)+आ(टाप्)] f. कार्य 행위, किसी कार्य का करना या होना व्यक्त करने वाला शब्द (문법) 동사
-कर	[कृ+अ(अप्)] suf. बनाने वाला ~만드는, करने वाला ~하는
-कार	[कृ+अ(घञ्)] suf. क्रिया 행동, कार्य 행위, सूचक 표지(標識)
-कार	[कृ+अ(अण्)] suf. बनाने वाला 만드는 사람, करने वाला व्यक्ति 하는 사람
-कारक	[कृ+अक(ण्वुल्)] suf. बनाने वाला ~만드는, करने वाला ~하는
-कारी	[कारिन्의 주격] suf. कार्य करने वाला ~하는 m. कार्य करने की क्रिया 행동
-कारिणी	[कारिन्+ई(ङीप्)] suf. करने वाली ~하는 f. करने वाली स्त्री ~하는 여성

उपसर्ग +

अ- 아닌

अकर्तव्य [अ+कर्तव्य] a. जो करने योग्य न हो 할 만하지 않은/부적당한

अकर्म [अ+कर्म] m. बुरा कर्म 악행, न करने लायक़ काम 하지 말아야 할 행위, कर्म का अभाव 행위하지 않음

अकर्मक [अ+कर्म+क(कप्)] a. ऐसी क्रिया जिसे किसी कर्म की अपेक्षा न हो 목적어가 없는 ☞ अकर्मक क्रिया 자동사

अकारण [अ+कारण] ad. बेवजह 이유없이, बिना कारण 원인없이

अधि- 위/으뜸의/가까운

अधिकरण [अधि+करण] m. सप्तमी कारक 처소격, ट्रिब्यूनल 재판소/법정 ☞ केन्द्रीय प्रशासनिक अधिकरण 중앙행정법원(CAT)

अधिकार [अधि+कार] m. हक़ 권한

अधिकारी [अधि+कारी] a. अधिकार रखने वाला 권위적인 m. ऑफिसर 관리, हक़दार 권한자, विशेषज्ञ 권위자 ☞ अनुभाग अधिकारी m. 부장/팀장, पदाधिकारी m. 간부/임원

अनु- 후에/같은

अनुकरण [अनु+करण] m. नकल 모방, कॉपी करना 모조

अनुकर्ता [अनु+कर्ता] m. अनुकरणकर्ता 모방자, अभिनेता 배우

अनुकार्य [अनु+कार्य] a. अनुकरण योग्य 모방할 만한

अनुकृति [अनु+कृति] f. किसी रचना की हूबहू नकल 모방

अनुक्रिया [अनु+क्रिया] f. प्रतिक्रिया 반응, किसी क्रिया के बाद का असर 감응

अप- 열등한/아래

अपकार [अप+कार] m. उपकार का उल्टा 악행, अहित 나쁜 짓

अभि- 향하여/가까이

अभिकरण [अभि+करण] m. अधीनस्थ काम करने वाली संस्था 대행사/

대행기관 ☞ राष्ट्रीय अन्वेषण अभिकरण 국립수사국(NIA)

अभिकर्ता [अभि+कर्ता] m. एजेंट 대행인

उप- 특별한 (노력의/종류의)

उपकार [उप+कार] m. भलाई 선행

उपकृत [उप+कृत] a. जिस पर उपकार किया गया हो 친절/호의를 받은

उपकृति [उप+कृति] f. उपकार 친절/호의적 행동

दुष्- 나쁜

दुष्कर [दुष्+कर] a. जिसे करना कठिन हो 하기 힘든

दुष्कर्म [दुष् 악한+कर्म] m. अनुचित, बुरा या निंदनीय काम 악행

निः- 없는

निष्क्रिय [निः+क्रिय] a. क्रियाहीन 비활동적인/태만한/소극적인

परि- 둘레의/충분한

परिष्कार [परि+ष्(सुट्)+कार] m. शुद्ध करने की क्रिया 정제/순화, सुधार 개선/개량

परिष्कृत [परि+ष्(सुट्)+कृत] a. शुद्ध किया हुआ 순화된, सुधारा हुआ 개선된, उन्नत 개량된

प्र- 앞/매우/대단한/우수한/진행의/근원의

प्रकरण [प्र+करण] m. विषय 주제, अध्याय 장(章), परिच्छेद 편(篇)

प्रकार [प्र+कार] m. तरह 종류, भाँति 방식

प्रकार्य [प्र+कार्य] m. प्रमुख कार्य 기본 업무

प्रक्रिया [प्र+क्रिया] f. किसी कार्य को करने की प्रणाली (प्रोसेस) 과정/수순/공정

प्रकृत [प्र+कृत] a. प्रकृतिजन्य 자연의/천연의

प्रकृति [प्र+कृति] f. स्वभाव 본성, क़ुदरत 자연 ☞ प्रकृतिवाद [प्रकृति+वाद 주의] m. 자연주의

प्रसंस्करण [प्र+संस्करण] m. किसी वस्तु को परिवर्तित करने या सुरक्षित रखने के लिए की जाने वाली मशीनी या रासायनिक प्रक्रिया (प्रोसेसिंग) 처리/가공 ☞ खाद्य प्रसंस्करण उद्योग m. 식품가공산업

प्राधिकरण [प्र+अधिकरण] m. विशेष अधिकार प्राप्त निकाय 권한을 받은 단체 ☞ दिल्ली विकास प्राधिकरण m. 델리 발전 위원회(DDA)

प्रति- 대(對)

प्रतिकार [प्रति+कार] m. बदला 보복, कार्य आदि को रोकने के लिए किया जानेवाला प्रयत्न 저지

प्रतिकृति [प्रति+कृति] f. मूल कृति की ठीक नक़ल 복제, प्रतिलिपि 필사

बहिष्- 밖으로

बहिष्कृत [बहिष्+कृत] a. जिसका बहिष्कार किया गया हो 추방된, बाहर किया या निकाला हुआ 배출된

वि- 다른

विकार [वि+कार] m. किसी पदार्थ की प्रकृति, रूप, स्थिति आदि में होने वाला परिवर्तन 변형

विकारी [वि+कारी] a. विकार वाला 변형된 ☞ विकारी कारक 사격(斜格) (언어)

विकृत [वि+कृत] a. परिवर्तित 변형된, बिगड़ा हुआ 일그러진, ख़राब 망가진

स- 함께

सकर्मक [स+कर्म+क(कप्)] a. कर्मयुक्त 목적어를 갖는 ☞ सकर्मक क्रिया 타동사

सक्रिय [निः+कृ+य(इयङ्)] a. क्रियाशील 활동적인/적극적인

सम्- 함께/완전히/잘

संस्करण [सम्+करण] m. एडिशन 판(版), अंक 호, सुधारना 개량

संस्कार [सम्+कार] m. सुधार 개량, मानसिक परिष्कार 수양, संशोधन 개정,

जन्म से मृत्यु तक किए जाने वाले सोलह कृत्य 통과의례, पूर्वजन्मों के कार्यों और ज्ञान आदि का प्रभाव 전생에 쌓은 업의 영향 ☞ विवाह संस्कार m. 혼례식

संस्कृत [सम्+कृत] a. परिष्कृत 세련된, शिष्ट 교양있는, सभ्य 문명의, भारत की प्राचीन भाषा 산스끄리뜨어 ☞ सुसंस्कृत a. 세련된, संस्कृतनिष्ठ a. 산스끄리뜨어의 어휘를 기조로 하는

संस्कृति [सम्+कृति] f. तहज़ीब 문화 ☞ भारतीय संस्कृति f. 인도 문화

सु- 좋은

सुकर [सु+कर] a. जो आसानी से किया जा सके 용이한, सहज 간단한

यौगिक शब्द

कर्तव्य 책임/의무 ~

कर्तव्यनिष्ठ [कर्तव्य+निष्ठ 충실한] a. कर्तव्य निभाने वाला 의무에 충실한

कर्तव्यपरायण [कर्तव्य+परायण 헌신적인] a. कर्तव्य के प्रति ईमानदार 의무를 다하는

कर्तव्यपालन [कर्तव्य+पालन 준수] m. कर्तव्य का निर्वाह करना 의무이행

कर्तव्यबोध [कर्तव्य+बोध 앎] m. कर्तव्य का ज्ञान 책임에 대한 지각

कर्तव्यविमूढ़ [कर्तव्य+विमूढ़ 당혹한] a. जो किसी उलझन के कारण अपना कर्तव्य निश्चित न कर पा रहा हो 어찌할 바를 모르는 ☞ किंकर्तव्यविमूढ़ a. 어찌할 바를 몰라 당혹스러운/어리석은

कर्ता 행위자 ~

कर्ताधर्ता [कर्ता+धर्ता 책임자] m. निदेशक 총괄자, निर्देशक 최고책임자, संचालक 감독관

कर्म 일/업무/행위/활동/목적어 ~

कर्मकांड [कर्म+कांड 부분/권] m. शास्त्रविहित धार्मिक कर्म 의례, ऐसा शास्त्र जिसमें धार्मिक कर्मों के सम्पादन की विधियाँ लिखी हों (경전) 까르마깐다 ☞ कर्मकांडी m. 까르마깐다를 아는 학자(पंडित)

कर्मक्षेत्र [कर्म+क्षेत्र 장소] m. कार्य-क्षेत्र 활동지역/활동영역

कर्मचारी [कर्म+चारी 행위자] m. ऑफिस आदि में वेतन पर काम करने वाले लोग 직원/종업원

कर्मधारय [कर्म+धारय 쥔] f. समास का एक भेद 동격한정복합어

कर्मनिष्ठ [कर्म+निष्ठ 충실한] a. कर्मठ 근면한

कर्मप्रधान [कर्म+प्रधान 주된] a. कर्म की प्रधानता वाला 동사가 목적어에 일치하는

कर्मफल [कर्म+फल 결과] m. पूर्वजन्मों में किए हुए कर्मों का फल 행위의 결과/업과

कर्मभूमि [कर्म+भूमि 장소] f. कर्मक्षेत्र 활동지역/활동영역

कर्मयोग [कर्म+योग 결합] m. सदा कर्तव्य-पालन में लगे रहने का व्रत 의무를 다하는 실천주의 요가 ☞ कर्मयोगी 까르마요가를 행하는 자

कर्मवाच्य [कर्म+वाच्य 태(態)] f. वाक्य का वह रूप जिसमें कर्म की प्रधानता हो 수동태

कर्मशाला [कर्म+शाला 집] f. कारख़ाना (वर्कशॉप) 작업장/제작소

कर्मशील [कर्म+शील 성질의] a. काम में लगा रहने वाला 일에 열중하는/근면한

कर्महीन [कर्म+हीन 없는] a. अच्छा काम न कर सकने वाला 올바른 일을 할 수 없는, अभागा 불운한

~ कर्म 일/업무/행위/활동

नित्यकर्म [नित्य 끊임없는+कर्म] m. दैनिक कर्म 일과

पंचकर्म [पञ्च 다섯+कर्म] m. आयुर्वेद के अनुसार शरीर-शुद्धि की पाँच क्रियाएँ

아유르베다의 다섯 가지 치료법

सत्कर्म [सत् 참된+कर्म] m. पुण्य कर्म 덕행, सत्कार्य 선행

~ कर्मी 노동자/일꾼

बैंककर्मी [E. बैंक 은행+कर्मी] m. बैंक का कर्मचारी 은행직원

रेलकर्मी [E. रेल 철도+कर्मी] m. रेल का कर्मचारी 철도직원

सफ़ाई कर्मी [सफ़ाई 청소+कर्मी] m. सफ़ाई का काम करने वाला कर्मचारी 청소부

सहकर्मी [सह 함께+कर्मी] m. साथ काम करने वाला व्यक्ति 동료

कृत 행해진/만들어진 ~

कृतकृत्य [कृत+कृत्य 의무] a. कृतार्थ 목적을 이룬, संतुषट तथा प्रसन्न 만족하는

कृतघ्न [कृत+घ्न 죽이는] a. किए हुए उपकार को न माननेवाला 이전의 선행을 인정하지 않는/은혜를 모르는

कृतघ्नता [कृतघ्न+ता] f. कृतघ्न होने की अवस्था 배은망덕

कृतज्ञ [कृत+ज्ञ 아는] a. आभारी 선행을 인정하는, अनुगृहीत 감사하는

कृतज्ञता [कृतज्ञ+ता] f. आभार 감사, उपकार 선행, एहसान 은혜

कृतसंकल्प [कृत+संकल्प 결의] a. जिसने पक्का निश्चय किया हो 결의한/결심한, दृढ़ निश्चयी 결연한

कृतार्थ [कृत+अर्थ 목적] a. जिसका उद्देश्य सिद्ध हो गया हो 목적을 이룬, सफल 성공한

कार्य 일/업무 ~

कार्यकर्ता [कार्य+कर्ता 행위자] m. किसी कार्य में विशेष रूप से लगकर काम करने वाला 활동가/운동원

कार्यकलाप [कार्य+कलाप 집합] m. बहुत से कार्य 많은 일, गतिविधि 다양한 활동

कार्यकारण [कार्य+कारण 원인] m. कारण और कार्य 인과 ☞ कार्यकारण संबंध m. 인과관계

कार्यकाल [कार्य+काल 시간] m. किसी पद पर कार्यरत रहने की अवधि 임기, कार्य करने का समय 일하는 시간,

कार्यकुशल [कार्य+कुशल 숙달된] a. कार्य करने में निपुण 능숙한, दक्ष 재주있는

कार्यकुशलता [कार्य+कुशल+ता] f. कार्य करने की निपुणता 능숙

कार्यक्रम [कार्य+क्रम 순서] m. कार्यों की क्रमिक सूची 프로그램

कार्यक्षमता [कार्य+क्षमता 능력] f. कार्य संपन्न करने का सामर्थ्य 유능

कार्यक्षेत्र [कार्य+क्षेत्र 지역] m. निर्धारित कार्यस्थल 근무지, कार्य करने की अधिकार सीमा 활동영역

कार्यदिवस [कार्य+दिवस 날] m. वर्किंग-डे 근무일

कार्यपद्धति [कार्य+पद्धति 방법] f. कार्य करने का सलीक़ा 예법, कार्यप्रणाली 작업방식

कार्यपालक [कार्य+पालक 준수하는] a. कार्य का पालन करने वाला 집행하는 ☞ कार्यपालक अधिकारी m. 행정관

कार्यपालिका [कार्य+पालिका 준수하는] f. न्यायालय और संसद द्वारा पारित नियमों का निष्पादन करनेवाला विभाग (एक्ज़क्यूटिव) 행정처

कार्यभार [कार्य+भार 짐] m. किसी कार्य या पद का दायित्व 책무

कार्यवाहक [कार्य+वाहक 운반자] a. अस्थाई 임시의, कार्यकारी 서리의 ☞ कार्यवाहक राष्ट्रपति 대통령 직무대행

कार्यवाही [कार्य+वाही 운반하는] f. कार्रवाई 업무조치/업무처리

कार्यविवरण [कार्य+विवरण 상술] m. कार्यवृत्त 회의록

कार्यवृत्त [कार्य+वृत्त 기록] m. मिनट्स 의사록, काम का ब्योरा 회의록, कार्यविवरण 회의록

कार्यशाला [कार्य+शाला 집] f. वर्कशॉप 워크숍

कार्य-समिति [कार्य+समिति 위원회] f. वर्किंग कमेटी 집행위원회 ☞ काँग्रेस कार्य-समिति f. 국민회의당 집행위원회

कार्यसाधक [कार्य+साधक 완성시키는] a. कार्य साधने वाला 일을 완성시키는/실효가 있는 ☞ कार्यसाधक ज्ञान 실용적 지식

कार्यसूची [कार्य+सूची 목록] f. एजेंडा 안건, किए जाने वाले कार्यों की सूची 의사일정

कार्यस्थगन [कार्य+स्थगन 중지/정지] m. कार्य का स्थगन 업무정지 ☞ कार्यस्थगन प्रस्ताव m. 휴회동의

कार्यान्वयन [कार्य+अन्वयन 연결] m. कार्य के रूप में परिणत करने की क्रिया 시행/실시

कार्यान्वित [कार्य+अन्वित 연결된] m. कार्य रूप में लाया हुआ 시행된/실시된

कार्यालय [कार्य+आलय 처소] m. दफ़्तर 사무소

~ कार्य 일/업무

सत्कार्य [सत् 참+कार्य] m. अच्छा काम 선행 a. सत्कार करने योग्य 환대할 만한

क्रिया 행위/동사 ~

क्रियाकर्म [क्रिया+कर्म 일] m. अंत्येष्टि 장례(葬禮)

क्रियाकलाप [क्रिया+कलाप 집합] m. गतिविधि 활동

क्रियान्वित [क्रिया+अन्वित 연결된] a. कार्य रूप में लाया हुआ 시행된/실시된

क्रियाविशेषण [क्रिया+विशेषण 형용사] m. क्रिया की विशेषता बताने वाला 부사

क्रियाशील [क्रिया+शील 지닌] a. सक्रिय 활동적인

क्रियाशीलता [क्रिया+शील+ता] f. सक्रियता 활동성

~ -कर 하는/만드는

कष्टकर [कष्ट 고통+कर] a. कष्टदायी 괴로운/난처한/곤란한

भयंकर [भयम् 두려움을+कर] a. डरा देने वाला 공포스러운, भयानक 무서운

शुभंकर [शुभम्(शुभ의 목적격)상서로운+कर] a. मंगलकारी 상서로운, कल्याणकारी 유익한

सुखकर [सुख 기쁨+कर] a. सुखद 기쁜, सुख देने वाला 즐거운

हानिकर [हानि 손해+कर] a. नुक़सान करने वाला 유해한

~ -कार 행위/행동/표지

आविष्कार [आविस् 눈에 보이는+कार] m. नवनिर्माण 발명, ईजाद 고안, नई बात निकालना 발견 ☞ आविष्करण m. 발명/고안

धिक्कार [धिक् 비난할 때 내뱉는 소리+कार] m. झिड़की 꾸지람, फटकार 문책, डाँट 핀잔

नमस्कार [नमस् 인사+कार] m. अभिवादन 인사, प्रणाम 문안

पुरस्कार [पुरस् 앞에+कार] m. इनाम 상

सत्कार [सत् 참+कार] m. ख़ातिरदारी 환대 ☞ अतिथि-सत्कार m. 손님 환대/응대

~ -कार 하는 사람/만드는 사람

कलाकार [कला 예술+कार] m. फ़नकार 예술가, कलावंत 음악가, कारीगर 장인, शिल्पी 직공

कुंभकार [कुंभ 항아리+कार] m. कुम्हार 도기공

चित्रकार [चित्र 그림+कार] m. चितेरा 화가

मूर्तिकार [मूर्ति 형상+कार] m. मूर्ति बनाने वाला कारीगर 조각가

रचनाकार [रचना 작품+कार] m. लेखक 작가

शिल्पकार [शिल्प 공예+कार] m. कारीगर 공예가, शिल्पी 장인

स्वर्णकार [स्वर्ण 금+कार] m. सुनार 금세공가

~ -कारक 만드는

लाभकारक [लाभ 이익+कारक] a. फ़ायदेमंद 유익한

हानिकारक [हानि 손해+कारक] a. नुक़सान करने वाला 유해한

~ -कारिणी 하는/만드는(여성)

कार्यकारिणी [कार्य 업무+कारिणी] a. किसी संस्था आदि का काम चलाने वाली

집행의 f. एकज़ीक्यूटिव 행정부 ☞ कार्यकारिणी समिति 집행부

प्रबंधकारिणी [प्रबंध 관리+कारिणी] f. किसी संस्था, संगठन के कार्यों, निर्णयों का संचालन तथा प्रबंध करने वाली समिति 이사회 ☞ प्रबंधकारिणी समिति 경영위원회/이사회, प्रबंध समिति 경영위원회

~ -कारी 하는/만드는

आज्ञाकारी [आज्ञा 명령+कारी] a. आज्ञापालक 명령을 수행하는

कल्याणकारी [कल्याण 복지+कारी] a. कल्याणकारक 복지의

कार्यकारी [कार्य 업무+कारी] a. कार्य विशेष करने वाला 실무를 집행하는, अस्थायी रूप से काम करने के लिए नियुक्त कार्यकारक 임시로 임명된 ☞ कार्यकारी परिषद् f. 집행위원회, कार्यकारी प्राचार्य m. 총장서리

लाभकारी [लाभ 이익+कारी] a. लाभदायक 유익한

विध्वंसकारी [विध्वंस 파괴+कारी] a. विनाशकारी 파괴하는

~ -कारी 행위/행동

कलाकारी [कला 예술+कारी] m. कला या रचना-कौशल 예술적 기교, कलाकारिता 예술성

चित्रकारी [चित्र 그림+कारी] f. चित्रकला 예술

तद्भव शब्द

करना [<करोति] vt. किसी कार्य में सक्रिय होना 하다

करतार [<कर्ता] m. कर्ता 행위자, सृष्टि का कर्ता 창조자, ईश्वर 신

कराना [कर+आ+ना] vt. करवाना 하게 하다

काम [<कर्म] m. कार्य 일

कामकाज [काम+काज 일] m. कार्यकलाप 업무, काम-धंधा 일/작업

कामकाजी	[काम+काजी 활동적인] a. नौकरी-पेशा करने वाला 직업을 가진
कामगार	[काम+P.गार 행위자] m. मज़दूर 일꾼/노동자
कामचलाऊ	[काम+चलाऊ 적합한] a. जैसे-तैसे कुछ काम चला देने वाला 임시변통의/잠정적인
कामचोर	[काम+चोर 도둑] a. काम से जी चुराने वाला 게으른/나태한
काम-धंधा	[काम+धंधा 일] m. काम-काज 일/업무/작업
काम-धाम	[काम+धाम 움직임] m. काम-धंधा 일/업무/작업
कार्यालयी	[कार्यालाय+ई] a. दफ़्तर का 사무소의
-कर्मा	[〈कर्मन्] a. करने वाला 하는/만드는 (자) ☞ विश्वकर्मा 창조자, पुण्यकर्मा m. 선행을 하는 자

प्रयोग

कर्तव्य का पालन हमारा धर्म है।

의무의 준수가 우리의 의무이다.

अच्छे **कर्म** का फल मीठा होता है।

선**행**의 결과는 달콤하다.

कर्मठता कभी व्यर्थ नहीं जाती है।

근면함은 결코 헛되지 않는다.

भयंकर **विनाशकारी** भूकंप से भारी क्षति हुई है।

무시무시한 **파괴적인** 지진으로 큰 피해를 입었다.

निष्क्रियता जीवन में बोझ की तरह है।

태만은 인생에서 짐과 같다.

हिन्दी का **कार्यसाधक** ज्ञान आवश्यक है।

힌디어의 **실용적인** 지식이 필요하다.

9장 क्र्यादिगण

- 43과 क्री (मोल लेना)
- 44과 ग्रह् (पकड़ना)

43과 क्री

P. **क्रीणाति**, A. **क्रीणीते**

ख़रीदना 사다, मोल लेना 구입하다

+ प्रत्यय

क्रय [क्री+अ(अच्)] m. ख़रीद 구입, मोल लेना 매입 ☞ क्रय समिति f. 구매준비위원회

क्रीत [क्री+त(क्त)] a. क्रय किया हुआ 구입한, ख़रीदा हुआ 매입한

क्रेता [क्रेतृ의 주격] m. ख़रीदने वाला 구입자, ख़रीददार 매입자

क्रेय [क्री+य(यत्)] a. ख़रीदने योग्य 살 만한

उपसर्ग +

वि- 아닌

विक्रय [वि+क्रय] m. बेचना 팔기, फ़रोख़्त 판매

विक्री [वि+क्री] f. बिक्री 판매, बेचने से प्राप्त धन 매상금

विक्रीत [वि+क्रीत] a. बेचा हुआ 팔린

विक्रेता [वि+क्रेता] m. बेचने वाला 판매자

विक्रेय [वि+क्रेय] a. बेचने योग्य 팔릴 만한, बिकाऊ 판매용의

यौगिक शब्द

क्रय 구입 ~

क्रय-आदेश [क्रय+आदेश 명령] m. ख़रीद का आदेश 구입 주문

क्रयमूल्य [क्रय+मूल्य 가격] m. वह मूल्य जिसपर कोई वस्तु ख़रीदी गई हो 구입가

क्रय-विक्रय [क्रय+विक्रय 판매] m. ख़रीद-फ़रोख़्त 매매

क्रयशक्ति [क्रय+शक्ति 힘] f. ख़रीदने की आर्थिक शक्ति 구매력

क्रीत 매입한 ~

क्रीतदास [क्रीत+H.दास 하인] m. ख़रीदा हुआ दास 매입한 하인, गुलाम 노예

विक्रय 판매 ~

विक्रय कर [विक्रय+H.कर 세금] m. बिक्री कर 판매세

विक्रय विभाग [विक्रय+विभाग 부서] m. बिक्री का विभाग 판매부

तद्भव शब्द

बिकना [〈विक्रीयते] vi. बेचा जाना 팔리다

बिकवाना [बिक+वा+ना] vt. बेचने का काम कराना 팔리게/팔게 하다

बिकाऊ [बिक-+आऊ] a. बिकने वाला 판매용의

बिक्री [〈विक्री] f. विक्रय 판매 ☞ बिक्री कर m. 판매세

बेचना [〈विक्रीणाति] vt. विक्रय करना 팔다

प्रयोग

भारत में **क्रयशक्ति** बढ़ रही है।

인도에 **구매력**이 상승하고 있다.

विक्रय कर जमा करने की अंतिम तिथि 25 अगस्त है।

판매세를 납입하는 마감일이 8월 25일이다.

गेहूँ का **क्रय मूल्य** 105 रुपए प्रति क्विंटल नियत किया है।

밀의 **판매가**가 퀸틀(quintal) 당 105루피로 결정되었다.

दुकानदार ने दुकान का ताला बंद किया, दरवाज़े पर यह तख़्ती लगाई कि **यह घर बिकाऊ है**।

가게주인은 가게를 자물쇠로 잠그고 문에 '**이 집을 팝니다**'라는 판자를 달았다.

44과 ग्रह्

P. **गृह्णाति**, A **गृह्णीते**

पकड़ना 잡다, लेना 취하다, ग्रहण करना 쥐다

+ प्रत्यय

गृह	[ग्रह्+अ(क)] m. घर 집, निवास 주택, देश या प्रदेश के आंतरिक कार्यों का क्षेत्र 내무(內務)
गृहिणी	[गृहिण्+ई(ङीष्)] f. गृहस्वामिनी 주부, मालकिन 안주인, घरवाली 가속(家屬)
गृहीत	[ग्रह्+इत(क्त)] a. ग्रहण किया गया 취해진, पकड़ा गया 잡힌, प्राप्त 획득된
ग्रह	[ग्रह्+अ(अच्)] m. पकड़ 쥠, ग्रहण करना 파지(把持), आकाशीय पिंड 행성
ग्रहण	[ग्रह्+अन(ल्युट्)] m. धारण 파지(把持), प्राप्ति 획득, समझना 파악, किसी ग्रह का दूसरे ग्रह की छाया से छिप जाना (일식, 월식 등의) 식(蝕)
ग्रहणीय	[ग्रह्+अनीय(अनीयर्)] a. ग्रहण करने लायक़ 취할 만한
ग्रहीता	[ग्रहीतृ의 주격] a. लेने वाला 취하는, ग्रहण करने 획득하는
ग्राहक	[ग्रह्+अक(ण्वुल्)] m. ख़रीददार 구매자, क्रेता 고객
ग्राही	[ग्राहिन्의 주격] a. लेनेवाला 가진 (자), ग्रहण करनेवाला 획득하는
ग्राह्य	[ग्रह्+य(ण्यत्)] a. ग्रहण करने लायक़ 취할 만한, जो देखा सुना और पहचाना

जा सकता हो 감지할 수 있는

उपसर्ग +

अ- 아닌

अग्राह्य [अ+ग्राह्य] a. ग्रहण न करने लायक़ 받아들일 수 없는

अनु- 뒤에/순응하여

अनुग्रह [अनु+ग्रह] m. कृपा 친절, दया 호의, मेहरबानी 은혜

अनुगृहीत [अनु+गृहीत] a. जिसे किसी का अनुग्रह प्राप्त हो 친절/은혜를 받은

अव- 아래로

अवग्रह [अव+ग्रह] m. किसी कार्य को करते समय आने वाली बाधा या रुकावट 방해

आ- 향하여/가까이/까지

आग्रह [आ+ग्रह] m. निवेदन 요구, इसरार 간청, ज़िद 주장, हठ 고집 ☞ दुराग्रह m. 외고집/완고, सत्याग्रह m. 진리파지/비폭력저항운동, सत्याग्रही m. 비폭력저항운동가

उप- 준하는

उपग्रह [उप+ग्रह] m. छोटा ग्रह 행성, सैटेलाइट 인공위성 ☞ उपग्रह प्रक्षेपण केंद्र m. 위성발사센터, उपग्रह प्रक्षेपण यान m. 위성발사체

वि- 다른/구분된

विग्रह [वि+ग्रह] m. झगड़ा 다툼, यौगिक शब्दों को अलग करना 합성어를 구성요소로 분석하는 일

सम्- 함께

संग्रह [सं+ग्रह] m. एकत्रीकरण 수집, संकलन 축적, संचय 축재

संग्राहक [सं+ग्राहक] m. संग्रहकर्ता 수집가

यौगिक शब्द

गृह 집 ~

गृहउद्योग/गृहोद्योग [गृह+उद्योग 산업] m. घर में किया जाने वाला व्यावसायिक काम 가내공업

गृहकलह [गृह+कलह 싸움] m. घर या देश के अंदर होने वाला लड़ाई-झगड़ा 내분/내홍

गृहकार्य [गृह+कार्य 일] m. घर का काम 가정일

गृहनगर [गृह+नगर 도시] m. होम टाउन 고향

गृहपशु [गृह+पशु 짐승] m. पालतु जानवर 가축

गृहमंत्रालय [गृह+मंत्रालय 부처] m. होम मिनिस्ट्री 내무부

गृहमंत्री [गृह+मंत्री 장관] m. होम मिनिस्टर 내무장관

गृहयुद्ध [गृह+युद्ध 전쟁] m. सिविलवार 내전

गृहसचिव [गृह+सचिव 상(相)] m. होम सेक्रेटरी 내무상

गृहसज्जा [गृह+सज्जा 장식] f. घर की सजावट 실내장식

गृहस्थ [गृह+स्थ 머무른] m. घर-बार बनाकर परिवार के साथ रहनेवाला व्यक्ति 가장/세대주

गृहस्थाश्रम [गृहस्थ+आश्रम 인생의 네 단계] m. ब्रह्मचर्य के बाद का आश्रम 가주기(家住期)

गृहासक्त [गृह+आसक्त 집착하는] a. घर के प्रति गहरा लगाव रखने वाला 집을 그리워하는

ग्रह 행성 ~

ग्रहदशा [ग्रह+दशा 상태] f. जन्मराशि की दृष्टि से ग्रहों की स्थिति (점성술) 행성의 위치/별자리 운세

ग्रहदोष [ग्रह+दोष 결점] m. किसी ग्रह की अशुभ दृष्टि (점성술) 행성의 불길한 운세

ग्रहपूजा [ग्रह+पूजा 예배] f. ग्रहदोष से बचने के लिए की जाने वाली पूजा 별자리의 불운을 벗어나기 위한 예배

ग्रहयज्ञ [ग्रह+यज्ञ 제사] m. ग्रहदोष की शान्ति के लिए किया जाने वाला यज्ञ 별자리의 불운을 막는 제사

ग्रहण 쥠/파악/식(蝕) ~

अर्थग्रहण [अर्थ 의미+ग्रहण] m. किसी पाठ का अर्थबोध 의미 파악

चंद्रग्रहण [चंद्र 달+ग्रहण] m. सूर्य और चंद्रमा के बीच में पृथ्वी के आ जाने से होने वाला ग्रहण 월식

पाणीग्रहण [पाणी 손+ग्रहण] m. विवाह संस्कार (신랑과 신부의 손을 맞잡는) 결혼의식

शपथग्रहण [शपथ 서언+ग्रहण] m. ओथ टेकिंग 선서

सूर्यग्रहण [सूर्य 해+ग्रहण] m. पृथ्वी और सूर्य के बीच में चंद्रमा के आ जाने के कारण होने वाला ग्रहण 일식

ग्राही 가진 ~

गुणग्राही [गुण 덕+ग्राही] a. गुण ग्रहण करने वाला 덕을 지닌

तद्भव शब्द

गृहस्थी [गृहस्थ+ई] f. गृहस्थ का जीवन 가주기의 삶, गार्हस्थ्य 가주기, घरगृहस्थी 집식구들과 살림살이/가정생활

घर [<गृह] m. रहने का स्थान 집 ☞ घर-बार m. 가족/살림살이, घर-द्वार m. 살림살이, घर-घर ad. 가가호호, घर-फोड़ा/फोड़ू a./m. 집안에 분란을 일으키는 (자)

घरनी [<गृहणी] f. पत्नी 처, गृहणी 주부, घर की मालकिन 안주인, भार्या 부인

घरेलू [<H.घर+एलू] a. पारिवारिक 가정의, घर संबंधी 집의, घर का बना

हुआ 가내의, **निजी** 사적인, **पालतू** 집에서 기르는 ☞ **घरेलू चीज़ें** f. 가정용품, **घरेलू लड़ाई** f. 내전, **घरेलू जीवन** m. 사생활, **घरेलू मामला** m. 집안문제, **घरेलू पशु** m. 가축

प्रयोग

गृहिणी को भी कामकाजी महिला के समान अधिकार दिया जाना चाहिए।

주부에게도 직장여성과 동일한 권한이 주어져야 한다.

परंपरागत भारतीय विचार में **ग्रहण**-काल को अशुभ माना जाता है।

전통적인 인도인의 사고에서 **식(蝕)**이 일어나는 시간은 불길하다고 여겨진다.

राष्ट्रपति भवन के अशोक हॉल में **शपथग्रहण** समारोह संपन्न हुआ।

대통령 궁의 아쇼까 홀에서 **선서** 행사가 이루어졌다.

'जागो **ग्राहक**' उपभोक्ताओं को जागरूक करने का अभियान है।

'각성하라 **고객**이여'는 소비자들을 각성시키는 캠페인이다.

आप सब से **आग्रह** है कि **स्थान ग्रहण** करें।

여러분 모두에게 **착석(着席)**을 요구합니다.

10장 चुरादिगण

- 45과 अंश् (बाँटना)
- 46과 अङ्क् (चिह्न करना)
- 47과 अन्ध् (अंधा होना)
- 48과 अर्थ् (माँगना)
- 49과 कथ् (कहना)
- 50과 खण्ड् (तोड़ना)
- 51과 गण् (गनना)
- 52과 गुण् (गुणा करना)

45과 अंश्

P. **अंशयति**, A **अंशयते**

विभाग करना 나누다, बाँटना분할하다, वितरण करना 분배하다

+ प्रत्यय

अंश	[अंश्+अ(अच्)] m. हिस्सा부분, भाग 일부, टुकड़ा 일부분, शेयर 주식
अंशतः	[अंश+तः(तस्)] ad. आंशिक रूप से 부분적으로
अंशी	[अंशिन्의 주격] a. हिस्सेदार부분의, भागीदार 부분을 가진, साझेदार 지분을 가진
आंशिक	[अंश+इक] a. कुछ थोड़ा 약간의, अल्प 조금의, अंश से संबंधित 부분과 관련된

यौगिक शब्द

अंश 부분/주식 ~

अंशकालिक	[अंश+कालिक 시간의] a. कुछ समय के लिए 시간제의/비상근의
अंशदाता	[अंश+दाता 주는 자] m. अंशदान करने वाला 기부자
अंशदान	[अंश+दान 주기] m. किसी सार्वजनिक या सामूहिक कोष या निधि में

नियमित रूप से दिया जाने वाला आर्थिक योगदान 거금/갹금(醵金)

अंशधारक/अंशधारी [अंश+धारक/धारी 쥐는 자] m. शेयरहोल्डर 주주

अंशपत्र [अंश+पत्र 증서] m. शेयरपत्र 증권

~ अंश 부분

अधिकांश [अधिक 많은+अंश] m. अधिकतम हिस्सा 대부분, ज़्यादातर 대다수의, अकसर 보통

अल्पांश [अल्प 작은+अंश] m. थोड़ा हिस्सा 일부분

गद्यांश [गद्य 산문+अंश] m. किसी गद्य रचना का कोई अंश 산문의 일부

पद्यांश [पद्य 운문+अंश] m. किसी पद्य रचना का कोई अंश 운문의 일부

सारांश [सार 본질+अंश] m. निचोड़ 요약, संक्षेप 개요, उपसंहर 결론, परिणाम 결과

प्रयोग

सहायता-राशि की **आंशिक** अदायगी के लिए सरकार सहमत हो गई है।
후원 총액의 **부분** 납부에 대해 정부가 동의했다.

अंशत: या पूर्णत: किसी भी रूप में नागरिक-अधिकारों का हनन अनुचित है।
부분적으로 또는 전체적으로 어떤 형태로든 시민권의 파괴는 옳지 않다.

सरकार ने **अंशकालिक** कर्मचारियों को नियमित करने का फ़ैसला किया है।
정부는 **시간제의** 근로자들을 규정화하는 결정을 했다.

भविष्यनिधि में नियमित **अंशदान** करना आवश्यक है।
연금에 정기적으로 **납부**하는 것은 필수이다.

कंपनी की आम सभा की सूचना **अंशधारकों** को दे दी गयी है।
회사의 총회에 대한 정보가 **주주들**에게 보내졌다.

46과 अङ्क्

P. **अङ्कयति**, A **अङ्कयते**

चिह्न करना 표시하다, गिनना 세다

+ प्रत्यय

अङ्क(अंक) [अंक्+अ(अच्)] m. संख्या 수, संख्या के सूचक चिह्न 숫자, पत्र-पत्रिकाओं का संस्करण (신문 잡지의) 호(號), अंकन करना 표시/기록, नाटक का खंड (연극의) 막(幕), गोद 무릎

अङ्कन(अंकन) [अंक्+अन(ल्युट्)] m. चिह्नित करने या लिखने की क्रिया 표시, चित्रण 기록

अङ्कनीय(अंकनीय) [अंक्+अनीय(अनीयर्)] a. अंकन करने योग्य 기록할 만한

अङ्कित(अंकित) [अंक्+इत(क्त)] a. लिखित 기록된, चिह्नित 표시된, वर्णित 서술된 ☞ अंकित मूल्य 정찰가격

अङ्कुर(अंकुर) [अंक्+उर(उरच्)] m. कोंपल 싹, अँखुवा 순 ☞ अंकुरण m. 발아

अङ्कुरित(अंकुरित) [अंकुर+इत(इतच्)] m. कोंपल निकला हुआ 발아된

अङ्कुश(अंकुश) [अंक+उश(उशच्)] m. लोहे का काँटा या छोटा भाला (코끼리 제어용) 쇠갈고리, नियंत्रण 제어

उपसर्ग +

निर्- 없는, 아닌

निरंकुश [निर्+अंकुश] a. स्वेच्छाचारी 제멋대로의, अनियंत्रित 전제적인 ☞ निरंकुश शासक 전제군주, निरंकुश शासन 전제통치, निरंकुश राज्य 전제국가

यौगिक शब्द

अंक 수/점수/막(幕) ~

अंक-गणित [अंक+गणित 셈] m. जोड़-घटाव, गुना-भाग करने की विद्या 산수, हिसाब 산술

अंक-ज्योतिष [अंक+ज्योतिष 점성학] m. संख्याओं पर आधारित एक विद्या जिसके द्वारा किसी व्यक्ति के व्यक्तित्व और उसके भविष्य को जानने का प्रयास किया जाता है 숫자점

अंक-पटल [अंक+पटल 널판지] m. स्कोर बोर्ड 점수판

अंक-पत्र [अंक+पत्र 쪽지] m. परीक्षा में प्राप्त अंकों का प्रमाण-पत्र 성적표

अंकपरिवर्तन [अंक+परिवर्तन 변화] m. नाटक में एक अंक(ऐक्ट) समाप्त होने पर अगला अंक प्रारम्भ होना 연극에서 막이 바뀌는 일

अंकविद्या [अंक+विद्या 지식] f. अंकगणित 산수/산술

अंकावतार [अंक+अवतार 화현] m. नाटक में एक अंक के समाप्त होने पर अगले अंक की सूचना देना 연극에서 일 막이 끝났을 때 다음 막의 예고

अंकेक्षण [अंक+ईक्षण 검토] m. आय-व्यय के आँकड़ों की जाँच 회계감사

~ अंक 수/표시

क्रमांक [क्रम 순서+अंक] m. क्रमसंख्या 번호

गतांक [गत 지난+अंक] m. धारावाहिक, समाचार-पत्र, पत्रिका आदि का पिछला अंक 지난 회/지난 호

मृगांक [मृग 사슴+अंक] m. चंद्रमा 달

शशांक [शश 토끼+अंक] m. चंद्रमा 달

~ अंकन 표시/기록

नामांकन [नाम 이름+अंकन] m. नाम अंकित करना 등록, नॉमिनेशन 지명

पृष्ठांकन [पृष्ठ 서류의 뒷면+अंकन] m. धनादेश आदि की पीठ पर कुछ लिखना और हस्ताक्षर करना 배서(背書)

~ अंकी 막(幕)의

एकांकी [एक 하나+अंकी] a. एक अंक वाला 막이 하나인 m. एक अंक का नाटक 단막극

तद्भव शब्द

आँकड़ा [〈अंक-] m. तथ्यों की गणना 통계, अंक 숫자

आँकना [〈अङ्कयति] vt. अनुमान करना/लगाना 산정하다, मूल्यांकन करना 평가하다

प्रयोग

बोआई के पाँच दिन बाद गेहूँ के **अंकुर** निकल आये।

파종후 닷새가 지나 밀의 **싹**이 나왔다.

बीज के **अंकुरण** के लिए खेत में नमी का होना अनिवार्य है।

씨앗의 **발아**를 위해 밭에 수분이 반드시 있어야 한다.

अंकुरित अनाज खाना सेहत के लिए अच्छा है।

발아된 곡식을 먹는 것은 건강에 좋다.

सरकार को अराजक तत्वों पर **अंकुश** लगाना चाहिए।

정부는 무질서한 요소들에 **제재**를 가해야 한다.

वित्त मंत्रालय के **आँकड़े** और ज़मीनी सचाई में बहुत फ़र्क़ है।

재무부의 **통계들**과 실제의 진실과는 많은 차이가 있다.

47과 अन्ध्

P. **अन्धयति**, A **अन्धयते**

अंधा होना 눈멀다, दिखाई न देना 못 보다, आँखें मूँद लेना 눈을 감다, अंधा करना 눈멀게 하다

+ प्रत्यय

अन्ध(अंध) [अन्ध्+अ(अच्)] a. अंधा 장님의, नेत्रहीन 눈먼, बुद्धिहीन 무지한 m. नेत्रहीन व्यक्ति 장님, अन्धकार 어둠, अज्ञान 무지

अन्धता(अंधता) [अन्ध+ता] f. अंधापन 맹목, मूर्खता 어리석음

यौगिक शब्द

अंध 어두운/맹목의 ~

अंधकार [अंध+कार 형태] m. अँधेरा 어둠, तम 어두움, तिमिर 암흑 ☞ अंधकार-युग m. 암흑시대

अंधभक्त [अंध+भक्त 신봉자] m. अंधविश्वासी 맹목적 신봉자

अंधभक्ति [अंध+भक्ति 신봉] f. बिना सोचे-विचारे की गई भक्ति 맹목적 신봉

अंधराष्ट्रवाद [अंध+राष्ट्रवाद 국가주의] m. अति राष्ट्रवाद 쇼비니즘 ☞ अंधराष्ट्रवादी a./m. 쇼비니즘의/쇼비니스트

अंधविश्वास	[अंध+विश्वास 믿음] m. विचाररहित विश्वास 맹신, परंपरागत रीति-रिवाज को बिना किसी आधार के स्वीकार करने की अवस्था 미신 ☞अंधविश्वासी a./m. 맹신의/미신의/맹신자
अंधश्रद्धा	[अंध+श्रद्धा 믿음] f. विचाररहित श्रद्धा 맹신
अंधानुकरण	[अंध+अनुकरण 모방] m. बिना सोचे-विचारे किसी का अनुकरण करना 맹목적 모방

~ अंध 눈먼

जन्मांध	[जन्म 태어남+अंध] a. जन्म से अंधा 태어날 때부터 눈먼
मतांध	[मत 의견/신앙+अंध] a. कट्टरपंथी 광신적인
मदांध	[मद 취함+अंध] a. नशे में धुत 술취한, अविवेकी 우매한

तद्भव शब्द

अंधा	[〈अन्ध] a. अंध 눈먼, अविवेकी 무지한 m. नेत्रहीन प्राणी 장님 ☞अंधा मोड़ 운전시 주변을 볼 수 없는 굽은 길(blind curve)
अंधाधुंध	[अंधा+धुंध 흐릿한] a. बेतहाशा 무분별한 ad. बिना सोचे-विचारे 마구잡이로
अंधापन	[अंधा+पन] m. नेत्रहीनता 맹목(盲目), अज्ञानता 무지
अँधेर	[〈अंधकार] m. अव्यवस्थापूर्ण स्थिति 무질서, अशांति 소란 ☞ अँधेरखाता/अंधेरगर्दी f. 무법/무질서, अँधेरनगरी f. 무법지역
अँधेरा	[〈अंधकार] a. प्रकाशहीन 어두운 m. अंधकार 어둠, नैराश्य 좌절, छाया 그림자

प्रयोग

वह क्रोध में **अंधा हो गया था**।

그가 분노로 **눈이 멀었었다**.

धृतराष्ट्र जन्म से **अंधे थे**।

드리뜨라슈뜨라는 태어날 때부터 **장님이었다**.

बीसवीं सदी का पूर्वार्ध कोरियाई इतिहास का **अंधकार-युग** है।

20세기 초반은 한국사의 **암흑기**이다.

अंधविश्वास वैज्ञानिक चेतना के विकास में बाधक है।

미신은 과학적 사고의 발전에 장애가 된다.

पेड़ों की **अंधाधुंध** कटाई बंद होनी चाहिए।

나무들의 **무분별한** 벌목은 중단되어야 한다.

48과 अर्थ्

A अर्थयते

माँगना 요구하다, याचना करना 간구하다, अनुरोध करना 간청하다, चाहना 원하다, प्राप्त करने का प्रयत्न करना 얻고자 노력하다

+ प्रत्यय

अर्थ	[अर्थ्+अ(अच्)] m. मतलब 의미, अभिप्राय 의도, संपत्ति 재산/부, प्रयोजन 목적
अर्थक	[अर्थ्+अक(कप्)] a. धन से संबंधित 재산의, आर्थिक 경제의, मतलब संबंधी 의미의
अर्थन	[अर्थ्+अन(ल्युट्)] m. माँगना 요구, याचना 간청
अर्थना	[अर्थन+आ(टाप्)] f. प्रार्थना 간청, निवेदन 요청
अर्थवान	[अर्थ+वान(मतुप्)] a. सार्थक 의미있는
अर्थात्	[अर्थ의 탈격] ad. यानी 즉, दूसरे शब्दों में 다시 말해
आर्थिक	[अर्थ+इक्(ठक्)] a. धन-संबंधी 재산상의, अर्थव्यवस्था संबंधी 경제적, शब्दार्थ संबंधी 의미상의
-अर्थी	[अर्थिन्의 주격] suf. प्रयोजन वाला 목적을 가진, चाहने वाला 원하는

उपसर्ग +

अन्- 아닌

अनर्थ [अन्+अर्थ] a. अर्थहीन 무의미한, अशुभ 좋지 않은 f. विपत्ति 재난

अभि- 향하여/매우

अभ्यर्थना [अभि+अर्थना] f. प्रार्थना 간청, अनुरोध 청원

अभ्यर्थी [अभि+अर्थी] m. आवेदनकर्ता 탄원자, प्रार्थी 청원자

प्र- 대단히/앞에

प्रार्थना [प्र+अर्थना] f. माँगना 요구, निवेदन 간청 ☞ प्रार्थनापत्र m. 원서/신청서/청원서

प्रार्थी [प्र+अर्थी] m. उम्मीदवार 지원자, प्रार्थना करने वाला 신청자

स- 함께/더불어/소유한

सार्थक [स+अर्थक] a. अर्थवान 의미를 지닌, किसी उद्देश्य को पूरा करने वाला 유의미한

सम्- 함께

समर्थ [सम्+अर्थ] a. मज़बूत 강한, शक्तिशाली 힘있는, सक्षम 능력 있는, योग्य 적합한

समर्थक [सम्+अर्थक] m. समर्थन करने वाला 지지자, हिमायती 옹호자

समर्थन [सम्+अर्थन] m. सहमति 찬동, ताईद 지지, हिमायत 옹호

यौगिक शब्द

अर्थ 의미/재산/경제 ~

अर्थगत [अर्थ+गत 간] a. शब्द के अर्थ पर आधारित 의미상의

अर्थदंड [अर्थ+दंड 벌] m. जुर्माना 벌금

अर्थनीति [अर्थ+नीति 정책] f. आर्थिक नीति 경제정책

अर्थपूर्ण [अर्थ+पूर्ण 완전한] a. महत्वपूर्ण अर्थ वाला 유의미한

अर्थविज्ञान [अर्थ+विज्ञान 과학] m. शब्दों के अर्थ संबंधी चिंतन करने वाला भाषावैज्ञानिक अनुशासन 의미론

अर्थव्यवस्था [अर्थ+व्यवस्था 체계] f. किसी देश के राजस्व तथा आय-व्यय की पद्धति (इकोनॉमी) 경제

अर्थशास्त्र [अर्थ 경제+शास्त्र 학문] m. संसाधन और श्रम के उत्पादन, वितरण और उपभोग आदि का विवेचन करने वाला शास्त्र (इकोनॉमिक्स) 경제학

अर्थशास्त्री [अर्थ 경제+शास्त्री 학자] m. अर्थशास्त्र के ज्ञाता 경제학자

अर्थशास्त्रीय [अर्थ+शास्त्रीय 학술의] a. अर्थशास्त्र संबंधी 경제학의

अर्थहीन [अर्थ 의미+हीन 없는] a. बे-मतलब 무의미한

~ अर्थ 의도/목적

एतदर्थ [एतद् 이것+अर्थ] ad. इसके लिए 이를 위해, इस कारण 이런 이유로, इसलिए 이래서

परमार्थ [परम 최고+अर्थ] m. परम तत्व 진제(眞諦)/최고의 원리, मोक्ष 해탈

पुरुषार्थ [पुरुष 사람+अर्थ] m. मनुष्य का मुख्य प्रयोजन (धर्म, अर्थ, काम और मोक्ष) 인생의 목적

स्वार्थ [स्व 자신+अर्थ] m. वह सोच जो केवल अपने हित के लिए हो 이기심

~ अर्थी 목적을 가진 (자)/원하는 (자)

विद्यार्थी [विद्या 지식+अर्थी] a. विद्या प्राप्ति का इच्छुक 지식을 원하는 m. छात्र 학생

स्वार्थी [स्व 자신+अर्थी] a. केवल अपने स्वार्थ की सिद्धि को चाहने वाला 이기적인 m. ख़ुदग़र्ज़ 이기주의자

प्रयोग

आर्थिक सुधार समय की ज़रूरत हैं।

경제 개혁이 시대의 요구이다.

आज संसद में **सार्थक** चर्चा हुई।

오늘 국회에서 **의미있는** 논의가 있었다.

जो लोग सब प्रकार से **समर्थ** हैं उन्हें क्या चिंता?

모든 면에서 **능력 있는** 사람들에게 무슨 걱정이 있겠는가?

निर्दलीय विधायक ने सरकार से **समर्थन** वापस ले लिया है।

무소속의 주의회의원은 정부로부터 **지지**를 철회했다.

स्वार्थ पर आधारित संबंध टिकाऊ नहीं होते।

이기심에 근거한 관계는 오래가지 않는다.

49과 कथ्

P. **कथयति** A.**कथयते**

कहना 말하다, बातचीत करना 이야기하다, वर्णन करना 서술하다

+ प्रत्यय

कथक	[कथ्+(णिच्)+अक(ण्वुल्)] m. कथा सुनाने का काम करने वाला (연극의) 이야기꾼, क़िस्सागो 내레이터
कथन	[कथ्+अन(ल्युट्)] m. कहना 말, बात 이야기, उक्ति 언급, वचन 말씀, वक्तव्य 발언
कथनीय	[कथ्+अनीय] m. कहने योग्य 말할 만한
कथा	[कथ्+अ+आ(टाप्)] f. कहानी 이야기, क़िस्सा 설화, दास्ताँ 설화, वृत्तांत 담화 ☞ रामकथा 라마의 이야기(설화)
कथाकार	[कथा+कार] m. कहानीकार 이야기작가, कथावाचक 설화작가
कथानक	[कथ्+आनक] m. कहानी या उपन्यास की आधार कथा 줄거리, प्लॉट 플롯
कथित	[कथ्+इत] a. जो कहा गया हो 언급된
कथ्य	[कथ्+य] a. कथनीय 이야기할 만한 m. कहा जाने योग्य विषय (이야기의) 내용/주제

उपसर्ग +

अ-아닌

अकथ [अ+कथ] a. जो कहा न जा सके 표현될 수 없는

अकथनीय [अ+कथनीय] a. = अकथ

अकथित [अ+कथित] a. जो कहा न गया हो 언급되지 않은

अकथ्य [a+अकथ्य] a. = अकथ

उप- 하위의/보조의

उपकथन [उप+कथन] m. प्रत्युत्तर 대답/응답

उपकथा [उप+कथा] f. मुख्य कथा के बीच में आने वाली गौणकथा 삽화(揷話)/에피소드

यौगिक शब्द

कथा 이야기/설화 ~

कथांतर [कथा+अंतर 다른] m. किसी कथा के अंतर्गत कही गयी गौण कथा 보조적인 이야기

कथात्मक [कथा+आत्मक 적(的)] a. कथा से युक्त 이야기의

कथानायक [कथा+नायक 주인공] m. कथा का मुख्य पात्र 이야기의 주인공

कथावस्तु [कथा+वस्तु 대상] f. कथ्य विषय 이야기의 주제, प्लॉट 플롯

कथावाचक [कथा+वाचक 말하는] m. पौराणिक-धार्मिक कथा कहने वाला 신화나 종교설화에 관한 이야기를 들려주는 사람

कथा-वार्ता [कथा+वार्ता 대화] f. पौराणिक-धार्मिक कथाओं की चर्चा 신화나 종교설화에 관한 대화

कथाशिल्पी [कथा+शिल्पी 기술자/직공] m. शिल्प वैविध्य के साथ कथा लिखने

वाला 이야기 작가

कथासार [कथा+सार 개요] m. कथा का मूल तत्व 이야기 개요

कथोपकथन [कथा+उपकथन 응답] m. किसी कहानी, उपन्यास, नाटक आदि के पात्रों का आपस में होने वाला संवाद (문학) 작품 속에서 대화의 부분

~ कथा 이야기/설화

आधारकथा [आधार 기초+कथा] f. कथावस्तु 줄거리

चित्र-कथा [चित्र 그림+कथा] f. चित्र सहित कथा 그림동화

दंत-कथा [दंत 이+कथा] f. परंपरा से चला आने वाला क़िस्सा 전설, जनश्रुति 구비(口碑)

परी-कथा [परी 요정+कथा] f. वह कथा जो परी के विषय में कही जाती हो 요정 이야기

पुरा-कथा [पुरा 오래된+कथा] f. वह कथा जो पुराने समय में घटित बात के बारे में कही जाती हो 고사(故事)

तद्भव शब्द

कत्थक [〈कथक] f. उत्तर भारत का एक शास्त्रीय नृत्य जिसमें कथा को नृत्य और गान के साथ प्रस्तुत किया जाता है 까탁(북인도 전통무용) ☞ कथकली f. 까타깔리(께랄라 지역의 설화를 주제로 하는 전통무용)

कथनी [कथन+ई] f. कथन 말, कही हुई बात 이야기

कहन [〈कथन] f. उक्ति 말, वचन 연설

कहना [〈कथयति] vt. बताना 말하다, बोलना 이야기하다

कहलाना [कह+ला+ना] vi. किसी नाम से पुकारा जाना (어떤 이름으로) 칭해지다 vt. किसी दूसरे से कहने का काम कराना 말하게 하다

कहानी [〈कथनी] f. कथा 이야기, क़िस्सा 설화

कहावत [〈कथावार्ता/कथावृत्त] f. समाज में प्रचलित लोकोक्ति 속담

प्रयोग

महात्मा गाँधी भारत के राष्ट्रपिता **कहलाते** हैं।

마하뜨마 간디는 인도의 국부로 **불린다**.

इस उपन्यास की **कथा** वास्तविक घटना पर आधारित है।

이 소설의 **이야기**는 실제 사건에 기반을 두고 있다.

भारत में सदियों से यह **कहावत** लोकप्रिय है - 'पहला सुख निरोगी काया'।

인도에 '제일의 기쁨은 질병 없는 신체'라는 **속담**이 수세기전부터 유명하다.

भारतीय साहित्य में **पुराकथाओं** के नवीन प्रयोगों का प्रचलन आज भी है।

인도의 문학에서 **고사들**을 새롭게 사용하는 일이 오늘날에도 유행한다.

50과 खण्ड्

P. **खण्डयति**

तोड़ना 부수다, टुकड़े करना 깨뜨리다, विभाग करना 조각내다

+ प्रत्यय

खण्ड(खंड) [खण्ड्+अ(घञ्)] m. टुकड़ा 조각, भाग 부분, ग्रन्थ का विभाग 권(卷), प्रदेश 지역, इमारत का कोई भाग 건물의 한 칸

खण्डन(खंडन) [खण्ड्+अन(ल्युट्)] m. खंड-खंड या टुकड़े-टुकड़े करना 나누거나 조각을 냄, किसी बात या मत को ग़लत बताना 논박 ☞ खंडन-मंडन m. पक्ष-विपक्ष में तर्क देना 찬반토론

खण्डनीय(खंडनीय) [खण्ड्+अनीय(अनीयर्)] a. जिसका खंडन किया जा सके 논박할 수 있는, बाँटा जा सके 구분될 수 있는

खण्डशः(खंडशः) [खण्ड्+शः] ad. खंड-खंड करके 조각내어, खंडों के रूप में 부분적으로, अनेक खंड या भागों में बाँटकर 여러 조각으로 나누어서

खण्डित(खंडित) [खण्ड्+इत(क्त)]* a. विभक्त 구분된, बँटा हुआ 나누어진, टुकड़े किया हुआ 조각난

* चुरादिगण의 어근은 सेट् 어근이므로 क्त 접사는 -इत의 형태로 나타난다.

उपसर्ग +

अ- 아닌

अखंड [अ+खंड] a. अखंडनीय 나누어지지 않는, संपूर्ण 온전한, अविभक्त 구분이 없는

अखंडता [अ+खंड+ता] f. संपूर्णता 온전, एकता 단일

अखंडित [अ+खंडित] a. अभग्न 나누어지지 않은, पूरा 온전한

अखंड्य [अ+खंड्य] a. अखंडनीय 나누어지지 않는

उप-하위의

उपखंड [उप+खंड] m. किसी खंड का छोटा भाग 하위구획, नियम या विधि आदि की किसी धारा या उपधारा के खंड का छोटा विभाग 개조(箇条)/조목

प्र- 앞으로

प्रखंड [प्र+खंड] m. किसी बड़े विभाग का छोटा विभाग 분과

वि-구분된

विखंडन [वि+खंडन] m. किसी चीज़ के छोटे-छोटे टुकड़े करना 절단/세분, अणु से परमाणुओं के अलग होने की वैज्ञानिक प्रक्रिया 핵분열

यौगिक शब्द

खंड 부분 ~

खंडकाव्य [खंड+काव्य 시] m. महाकाव्य से छोटा काव्य 소서사시

खंडपीठ [खंड+पीठ 판사석] m. उच्च न्यायालय की शाखा 고등법원의 분원

~ खंड 부분

कालखंड [काल 시간+खंड] m. समय का कोई हिस्सा 시간의 일부, अवधि

기간

भूखंड [भू 땅+खंड] m. भूभाग 구역, ज़मीन का छोटा टुकड़ा 토지구획

तद्भव शब्द

खंडहर [खंड+हर 집(<H.घर)] m. गिरे हुए मकान का अवशेष 유적, गिरा, ढहा हुआ मकान 폐옥, किसी ध्वस्त मकान का बचा-खुचा हिस्सा 폐허

प्रयोग

पुस्तक का दूसरा **खंड** प्रकाशित होने वाला है।
책의 두 번째 **권**이 출판될 예정이다.

सरकार ने विपक्ष के आरोपों का **खंडन** किया है।
정부는 반대편의 주장을 **논박**하였다.

संप्रभुता और **अखंडता** की रक्षा के लिए सरकार प्रतिबद्ध है।
정부는 주권과 **통합**의 수호를 위한 책무가 있다.

उच्च न्यायालय की **खंडपीठ** ने सामाजिक कार्यकर्ताओं की याचिका ख़ारिज कर दी है।
고등법원의 분원은 사회운동가들의 탄원서를 각하했다.

51과 गण्

P. **गणयति**

गिनना 세다, हिसाब लगाना 계산하다, जोड़ना 합하다, मूल्य निर्धारण करना 값을 정하다

+ प्रत्यय

गण [गण्+अ(अच्)] m. समूह 무리, वर्ग 속(屬)

गणक [गण्+अक(ण्वुल्)] m. गणना करने वाला व्यक्ति 계산하는 사람, गणना करने वाला मशीन 계산기, ज्योतिषी 점성술사 ☞ संगणक m. कंप्यूटर 컴퓨터

गणन [गण्+अन(ल्युट्)] m. गिनना 셈, हिसाब 계산

गणना [गण्+(णिच्)+अना(युच्)] f. गिनती 셈, हिसाब 계산

गणनीय [गण्+अनीय(अनीयर्)] a. जिसकी गणना की जा सके 셀 수 있는, गिनने लायक़ 셀 만한

गणित [गण्+इत(क्त)] a. गिना हुआ 숫자를 센 m. मैथेमेटिक्स 수학

गण्य [गण्+य(यत्)] a. गिनने योग्य 셀 만한, गणनीय 셀 수 있는

उपसर्ग +

अ- 아닌

अगणित [अ+गणित] a. बेहिसाब 셀 수 없는, असंख्य 무수한

अगण्य [अ+गणय] a. असंख्य셀 수 없는, तुच्छ 하찮은

यौगिक शब्द

गण 무리/속(屬) ~

गणेश [गण+ईश 장(長)/신(神)] m. भगवान शिव और पार्वती के पुत्र 가네시 신

गणतंत्र [गण+तंत्र 체제] m. रिपब्लिक 공화제 ☞ गणतंत्रवाद m. 공화주의, गणतंत्रवादी a./m. 공화주의의/공화주의자, गणतंत्र दिवस m. 공화일

गणदेवता [गण+देवता 신] m. समूह में रहनेवाले देवता (जैसे आदित्य, वसु, रूद्र, मरुत आदि) 신들의 무리/군신(群神)

गणनायक [गण+नायक 지도자] m. गणस्वामी 가네시

गणपति [गण+पति 우두머리] m. गणस्वामी 가네시

गणपूर्ति [गण+पूर्ति 충족] f. कोरम 정족수

गणमान्य [गण+मान्य 인정받는] a. सम्मानित 명예로운

गणराज्य [गण+राज्य 주(州)] m. रिपब्लिक 공화국

गणवेश [गण+वेश 복장] m. समूह का परिधान 제복

~ गणना 셈/계산

जनगणना [जन 사람+गणना] f. सेंसस 인구조사

मतगणना [मत 투표+गणना] f. चुनाव के बाद मतों की गिनती 개표

गणित 수학 ~

गणितज्ञ [गणित+ज्ञ 학자] m. गणितशास्त्र का विद्वान 수학자

तद्भव शब्द

अनगिनत [<H.अन+गिनना] a. असंख्य 셀 수 없는, अगणित 무수한

गिनती [<H.गिनना] f. गिनने की क्रिया 셈

गिनना [<गणयति] vt. गिनती करना 세다, हिसाब करना 계산하다

गिनाना [गिन+आ+ना] vt. गिनने का काम दूसरों से कराना 계산시키다

प्रयोग

मतगणना का परिणाम शाम तक आने की संभावना है।

开票 결과가 저녁까지 나올 가능성이 있다.

गणतंत्र दिवस की पूर्वसंध्या पर राष्ट्रपति राष्ट्र को संबोधित करेंगे।

공화일 전날 저녁에 대통령이 국민에게 연설할 것이다.

गणित सर्वाधिक तार्किक विषय है।

수학은 가장 논리적인 과목이다.

आप सभी **गणमान्य** लोगों का स्वागत है।

당신들 모두 **명예로운** 사람들을 환영합니다.

समाज में अच्छे लोग **गिनती के हैं**।

사회에 선한 사람들은 **손에 꼽는 정도로 있다**.

52과 गुण्

P. **गुणयति**, A **गुणयते**

गुणा करना 곱하다

+ प्रत्यय

गुण	[गुण्+अ(अच्)] m. स्वभाव 성질, विशेषता 특성/속성, निपुणता 능숙, प्रशंसा की बात 미덕, असर 효과, प्रभाव 영향, लाभ 이익, गुणा (숫자 뒤에 쓰여) 배(倍)
गुणक	[गुण्+अक(ण्वुल)] m. वह अंक जिससे गुणा किया जाए 승수
गुणन	[गुण्+अन(ल्युट्)] m. गुणा करने का भाव 곱셈
गुणवान	[गुण+वान(मतुप्)] a. गुण से युक्त 덕이 있는
गुणित	[गुण्+अक(क्त)] a. जिसका गुणन किया गया हो 배가 된
गुणी	[गुणिन्의 주격] a. जिसमें अनेक गुण हो 특성을 지닌, हुनरमंद 소질이 있는 m. हुनरमंद व्यक्ति 소질이 있는 사람
गुण्य	[गुण्+य(यत्)] m. गुण्यांक 피승수

उपसर्ग +

अ-없는

अगुण [अ+गुण] a. प्रकृति के तीन गुणों से रहित 무속성의

अव- 나쁜

अवगुण [अव+गुण] m. बुरा गुण 결점, दोष 잘못, बुराई 악(惡)

दुर्- 나쁜

दुर्गुण [दुर्+गुण] m. दोष 결점, बुराई 악(惡)

निर्- 없는

निर्गुण [निर्+गुण] a. जिसका कोई गुण न हो 속성이 없는 m. त्रिगुण से रहित 세 가지 원질(순질(純質 सत्त्व), 격질(激質 रजस्), 암질(暗質 तमस्))이 없는, त्रिगुण से रहित परमात्मा 최고아(最高我) ☞ निर्गुण संप्रदाय m. 니르구나 파(派)

स- 소유한

सगुण [स+गुण] a. गुणयुक्त 속성을 지닌, तीन गुणों से युक्त 세 가지 원질을 지닌 m. त्रिगुण से युक्त परमात्मा 세 가지 원질을 지닌 최고아(最高我) ☞ सगुण ब्रह्म 세 가지 원질을 지닌 브라흐마 신

यौगिक शब्द

गुण 효과/성질/덕 ~

गुणकथन [गुण+कथन 말하기] m. गुणगान 송덕

गुणकारी [गुण+कारी 만드는] a. असर करने वाला 효과 있는, लाभदायक 유익한

गुणगान [गुण+गान 노래] m. गुण का गान 송덕/칭송

गुणग्राही [गुण+ग्राही 쥐는] a. गुण समझने या गुणों का आदर करने वाला 감식안이 있는

गुणज्ञ [गुण+ज्ञ 아는] a. गुण की समझ रखने वाला 보는 눈이 있는

गुण-दोष [गुण+दोष 결점] m. भलाई-बुराई 장단점

गुणरहित [गुण+रहित 없는] a. गुणहीन 열등한

गुणहीन [गुण+हीन 없는] a. गुणरहित 열등한

गुणानुवाद [गुण+अनुवाद 번역/풀이] m. गुणगान 송덕

गुणाकर [गुण+आकर 광산] a. जो गुणों की खान हो 많은 덕/재능을 지닌

गुणागार [गुण+आगार 창고] a. जो गुणों का भंडार हो 많은 덕/재능을 지닌

गुणाढ्य [गुण्+आढ्य 풍부한] a. बहुत गुणों वाला 많은 덕/재능을 지닌, बृहत् कथा के रचयिता 구나디(브리하뜨까타의 저자)

गुणातीत [गुण+अतीत 넘어간] a. प्रकृति के तीन गुणों से परे (अर्थात परमेश्वर) 세 가지 원질을 초월한 (신)

गुणेश्वर [गुण+ईश्वर 신] m. परमेश्वर 초월신/최고신

~ गुण 성질

त्रिगुण [त्रि 셋+गुण] m. तीन गुण 근본이 되는 세 가지 원질 ☞ त्रिगुणातीत a. 세 가지 근본원질을 초월한 (신)

सद्गुण [सत् 참된+गुण] m. अच्छा गुण 덕(德)/선

सद्गुणी [सत् 참된+गुणी] a. अच्छे गुणों से युक्त 덕을 갖춘/덕이 높은

तद्भव शब्द

गुणा [〈गुणन] m. गुणन 곱셈 a. गुना 배(倍)의

गुनना [〈गुणयति] vt. मन में सोच-विचार करना 생각하다, गुणा करना 곱셈하다

गुना [⟨H.गुणा] m. गुणन 곱셈 a. गुणा 배(倍)의 ☞ तिगुना a. 세 배의, चौगुना a. 네 배의, पंचगुना a. 다섯 배의

प्रयोग

व्यक्ति की पहचान उसके **गुण** से होती है।

사람은 그 사람의 **속성**에 의해 식별된다.

मध्यकालीन संतों ने ईश्वर की उपासना **सगुण** और **निर्गुण** दोनों रूपों में की है।

중세의 성자들은 신을 **사구나**와 **니르구나** 두 형태로 숭배하였다.

आयुर्वेद के अनुसार आँवले का किसी भी रूप में सेवन **गुणकारी** है।

아유르베다에 따르면 암라 열매를 어떤 형태로든 섭취하는 것이 **효과가 있다**.

सद्गुण का मूल्य शाश्वत है।

덕의 가치는 영원하다.

참고문헌

최종찬, 2003, 『힌디어음운론』, 한국외국어대학교 출판부.

최종찬 외, 2004, 『힌디어발달사』, 한국외국어대학교 출판부.

최종찬, 2013, "힌디어의 합성어", 남아시아연구 18권3호, 257-283.

최종찬, 김용정, 2016, 『힌디어초급문법』, 한국외국어대학교 지식출판원.

최종찬, 김용정, 2017, 『힌디어중급문법』, 한국외국어대학교 지식출판원.

Chaturvedi, Mithilesh ed., 2010, *The Laghusiddhāntakaumudī of Varadarāja: A Primer of Pā□ini's Grammar,* Vol.1-3, Delhi: Motilal Banarsidass.

Müller, Max, 2000[1866], *A Sanskrit Grammar for Beginners*, New Delhi: Munshiram Manoharlal.

Perry, E. D. 2004[1936], *A Sanskrit Primer*, Delhi: Motilal Banarsidass.

Sharma, Aryendra, 1983[1958], *A Basic Grammar of Modern Hindi*, New Delhi: Central Hindi Directorate.

Sharma, Rama Nath, 1995, *The A□□ādhyāyī of Pā□ini*, Vol.3, Delhi: Munshiram Manoharlal.

Sharma, Rama Nath, 1999, *The A□□ādhyāyī of Pā□ini*, Vol.4, Delhi: Munshiram Manoharlal.

Sharma, Rama Nath, 2001, *The A□□ādhyāyī of Pā□ini*, Vol.5, Delhi: Munshiram Manoharlal.

Sharma, Rama Nath, 2003, *The A□□ādhyāyī of Pā□ini*, Vol.6, Delhi: Munshiram Manoharlal.

Thompson, Stephen Peter, 2010, *Vyākara□a-Mahābhā□ya of Patañjali on Pā□ini 3.1(Āhnikas 1 to6)*, Delhi: Motilal Banarsidass.

Vasu, Śrīśa Chandra, 1980[1891], *The A□□ādhyāyī of Pā□ini*, Vol.1-2, Delhi: Motilal Banarsidass.

Vasu, Śrīśa Chandra, 2003[1906], *The Siddhānta Kaumudī,* Vol.1-2, Delhi: Motilal Banarsidass.

Whitney, William Dwight, 2006[1963], *The Roots, Verb-Forms and Primary Derivatives of the Sanskrit Language,* Delhi: Motilal Banarsidass.

तिवारी, भोलानाथ, 1998, *हिंदी भाषा की आर्थी संरचना,* दिल्ली: साहित्य सहकार.

दीमशित्स, ज़ाल्मन, 1983, *हिन्दी व्याकरण,* मास्को: रादुगा प्रकाशन.

द्विवेदी, कपिलदेव, 1998, *रचनानुवादकौमुदी,* वाराणसी: विश्वविद्यालय प्रकाशन.

사전

Apte, Vaman Shivram, 2010[1965], *The Practical Sanskrit-English Dictionary*, Delhi: Motilal Banarsidass.

McGregor, R.S., 1993, *The Oxford Hindi-English Dictionary*, New York: Oxford University Press.

आप्टे, वामन शिवराम, 1993[1985], *संस्कृत-हिन्दी कोश,* दिल्ली: मोतिलाल बनारसीदास.

आप्ते, वामन शिवराम, 1996[1986], *संस्कृत-हिन्दी कोश,* दिल्ली: मोतिलाल बनारसीदास.

दीक्षित, कृष्ण कान्त और उपाध्याय, सूर्यनारायण, 2005, *मानक विशाल हिन्दी शब्दकोश,* नई दिल्ली: कमल प्रकाशन.

प्रसाद कालिका, सहाय राजवल्लभ, श्रीवास्तव मुकुन्दी लाल, 2000. *बृहत् हिन्दी कोश,* वाराणसी: ज्ञानमंडल लिमिटेड.

वर्मा, रामचन्द्र, 2006, *मानक हिन्दी कोश 1-5 खण्ड,* इलाहाबाद: हिन्दी साहित्य सम्मेलन प्रयाग.

वर्मा, श्याम बहादुर, 2014, *प्रभात आधुनिक हिन्दी शब्दकोश,* दिल्ली: प्रभात प्रकाशन.

सक्सेना, राम प्रकाश, 2014, *वर्धा हिंदी शब्दकोश,* नयी दिल्ली: भारतीय ज्ञानपीठ.

古賀勝郎, 高橋 明, 2006, 『ヒンディー語=日本語 辞典』, 東京: 大修館書店.

온라인 사전

http://andhrabharati.com/dictionary/sanskrit/

https://hi.oxforddictionaries.com/

http://www.hindi2dictionary.com/

https://sa.wiktionary.org/wiki/

https://hi.wiktionary.org/wiki/

https://www.collinsdictionary.com/dictionary/english-hindi

부록

1. 어근의 동사활용표

2. 주요 파생접사 목록

1. 어근의 동사활용표

이 책에서 다룬 어근들이 일부 시제와 태에서 쓰이는 형태들을 살펴본다. 어근의 확장된 모습인 어간의 여러 형태들을 확인함을 목적으로 한다.

어근은 파생접사와 결합하기에 앞서 어간의 형태를 취한다. 어간의 형태는 두 경우로 구분된다: (1) 어근 자체가 어간으로 사용되는 경우, (2) 어근 자체의 변화 그리고/또는 비까라나(विकरण)라 불리는 특정 음의 추가로 어간의 형태를 취하는 경우.

어근 자체의 변화로는 구나(गुण)가 다수를 차지하며 드물게 브릿디(वृद्धि), 중첩, 장모음화 등을 볼 수 있다. 구나는 단일모음에 अ의 추가된 음을 일컫는 용어로서 구나의 결과는 इ/ई→ए, उ/ऊ→ओ, ऋ/ॠ→अर्와 같이 나타난다. 단일모음 अ/आ의 경우는 그대로 अ/आ의 형태를 유지한다. 즉, 어근의 모음이 구나가 되는 환경에서 अ는 변화없이 अ로 남는다. 브릿디는 구나보다 더 장모음으로서 브릿디의 결과는 इ/ई→ऐ, उ/ऊ→औ, ऋ/ॠ→आर्와 같이 나타난다.

비까라나는 어근과 시제접사 사이에 추가되는 음이다. 비까라나는 특정시제에서* 나타난다. 비까라나는 अ, य, न, उ, ना, अय 등이 있으며 대표적인 형태는 अ로서 전체 어근의 반 정도가 취한다. 유형2와 유형3의 어근들은 비까라나를 취하지 않는다.

어근이 어간형태를 취하는 방식은 어근의 유형에 따라 그리고 접사에 따라 다르게 나타난다. 어근은 시제접사와 결합할 때의 어간형태를 기준으로 10개의 유형으로 구분된다.

* 특정시제는 लट् '현재', लोट् '명령', लङ् '과거', विधिलिङ् '기원'의 네 시제를 의미한다. 그외의 시제는 일반시제라고 한다.

• 어간형태에 따른 어근의 구분

유형	어근	비까라나	어간형태	현재시제 3인칭단수
1.भ्वादिगण	भू	शप्(अ)	भव	भवति '그가 존재한다'
2.अदादिगण	अद्	शप् 생략	अद्	अत्ति '그가 먹는다'
3.जुहोत्यादिगण	हु	없음	जुहु	जुहोति '그가 번제 드린다'
4.दिवादिगण	दिव्	श्यन्(य)	दीव्य	दीव्यति '그가 노름을 한다'
5.स्वादिगण	सु	श्नु(नु)	सुनु	सुनोति '그가 (즙을) 짠다'
6.तुदादिगण	तुद्	श(अ)	तुद	तुदति '그가 괴롭힌다'
7.रुधादिगण	रुध्	श्नम्(न)	रुणध्	रुणद्धि '그가 막는다'
8.तनादिगण	तन्	उ	तनु	तनोति '그가 펼친다'
9.क्र्यादिगण	क्री	श्ना(ना)	क्रीणा	क्रीणाति '그가 (물건을) 산다'
10.चुरादिगण	चुर्	णिच्(अय)	चोरय	चोरयति '그가 훔친다'

• 유형1. भ्वादिगण*

❖ 비까라나: 어근과 시제접사 사이에 अ가 삽입된다.

❖ 어근의 변화: 어근의 마지막 모음은 구나가 되며(इ/ई→ए, उ/ऊ→ओ, ऋ/ॠ→अर्), 구나가 된 후에 어근 끝의 ए는 अय्, ओ는 अव्가 된다. 어근의 우빠다(उपधा)는** 단모음인 경우 구나가 된다(इ→ए, उ→ओ, ऋ→अर्).

* 각 동사활용표에서 두번째 열에 제시된 어간형태는 특정시제(현재, 명령, 과거, 기원)에서 쓰이는 형태이다. 표에서 현재, 미래, 우언미래, 수동태(현재)로 제시된 단어들은 모두 3인칭 단수의 형태이다.

** 단어의 끝에서 두번째 음을 지칭함.

어근	어간	현재	미래	우언미래	수동태	어간의 이형태
भू(होना)	>भो>भव्+अ=भव	भवति	भविष्यति	भविता	भूयते	भू, भव्, भव
ईक्ष्(देखना)	ईक्ष्+अ=ईक्ष	ईक्षते	ईक्षिष्यते	ईक्षिता	ईक्ष्यते	ईक्ष्, ईक्ष
कम्प्(काँपना)	कम्प्+अ=कम्प	कम्पते	कम्पिष्यते	कम्पिता	कम्प्यते	कम्प्, कम्प
क्रम्(चलना)	>क्राम्+अ=क्राम	क्रामति	क्रमिष्यति (आ०क्रंस्यते)	क्रमिता	क्रम्यते	क्रम्, क्राम
खन्(खोदना)	खन्+अ=खन	खनति	खनिष्यति	खनिता	खन्यते	खन्, खन
खाद्(खाना)	खाद्+अ=खाद	खादति	खादिष्यति	खादिता	खाद्यते	खाद्, खाद
गम्(जाना)	>गच्छ्+अ=गच्छ	गच्छति	गमिष्यति	गन्ता	गम्यते	गम्, गन्, गच्छ
जि(जीतना)	>जे>जय्+अ=जय	जयति	जेष्यति	जेता	जीयते	जे, जय, जी
दृश्(देखना)	>पश्य्+अ=पश्य	पश्यति	द्रक्ष्यति	द्रष्टा	दृश्यते	दृश्, द्रक्, द्रष्, पश्य
धृ(थामना)	>धर्+अ=धर	धरति	धरिष्यति	धर्ता	ध्रियते	धर्, धर, ध्रि
नम्(झुकना)	नम्+अ=नम	नमति	नंस्यति	नन्ता	नम्यते	नम्, नन्, नम
नी(ले जाना)	>ने>नय्+अ=नय	नयति	नेष्यति	नेता	नीयते	नी, ने, नय
पठ्(पढ़ना)	पठ्+अ=पठ	पठति	पठिष्यति	पठिता	पठ्यते	पठ्, पठ
पा(पीना)	>पिब्+अ=पिब	पिबति	पास्यति	पाता	पीयते	पा, पी, पिब
रक्ष्(रक्षा करना)	रक्ष्+अ=रक्ष	रक्षति	रक्षिष्यति	रक्षिता	रक्ष्यते	रक्ष्, रक्ष

어근	어간	현재	미래	우언미래	수동태	어간의 이형태
वद्(बोलना)	वद्+अ=वद	वदति	वदिष्यति	वदिता	उद्यते	वद्, वद
वस्(रहना)	वस्+अ=वस	वसति	वत्स्यति	वस्ता	उष्यते	वस्, वत्, उष्, वस
सेव् (सेवा करना)	सेव्+अ=सेव	सेवते	सेविष्यते	सेविता	सेव्यते	सेव्, सेव
स्था(रुकना)	>तिष्ठ्+अ=तिष्ठ	तिष्ठति	स्थास्यति	स्थाता	स्थीयते	स्था, सथी, तिष्ठ
स्मृ(स्मरण करना)	>स्मर्+अ=समर	स्मरति	स्मरिष्यति	स्मर्ता	स्मर्यते	समर्, स्मर
हृ(चुराना)	>हर्+अ=हर	हरति	हरिष्यति	हर्ता	ह्रियते	ह्रि, हर्, हर

• 유형2. अदादिगण

❖ 비까라나: 어근과 시제접사 사이에 추가되는 음이 없다.

❖ 어근의 변화: 기본적으로 없으나 특정시제의 단수에서 구나가 된다.

어근	어간	현재	미래	우언미래	수동태	어간의 이형태
अस्(होना)	अस्	अस्ति	भविष्यति	भविता	भूयते	अस्, भव्, भू
आस्(बैठना)	आस्	आस्ते	आसिष्यते	आसिता	आस्यते	आस्

• 유형3. जुहोत्यादिगण

❖ 비까라나: 어근과 시제접사 사이에 추가되는 음이 없다.

❖ 어근의 변화: 특정시제에서 어근은 중첩되고 단수에서 구나가 된다.

어근	어간	현재	미래	우언미래	수동태	어간의 이형태
दा(देना)	ददा	ददाति (आ०दत्ते)	दास्यति	दाता	दीयते	दा, दी, ददा, दत्
धा (धारण करना)	दधा	दधाति (आ०धत्ते)	धास्यति	धाता	धीयते	धा, धी, दधा, धत्
भी(डरना)	बिभी	बिभेति	भेष्यति	भेता	भीयते	भी, भे, बिभी, बिभे

• 유형4. दिवादिगण

❖ 비까라나: 어근과 시제접사 사이에 य가 삽입된다.

❖ 어근의 변화: 미래, 우언미래 등 일반시제에서는 어근이 구나가 된다.

어근	어간	현재	미래	우언미래	수동태	어간의 이형태
अस्(फेंकना)	अस्+य=अस्य	अस्यति	असिष्यति	असिता	अस्यते	अस्, अस्य
कुप् (क्रुद्ध होना)	कुप्+य=कुप्य	कुप्यति	कोपिष्यति	कोपिता	कुप्यते	कुप्, कुप्य, कोप्,
गुप् (छिपाना)	गुप्+य=गुप्य	गुप्यति	गोप्स्यति	गोप्ता	गुप्यते	गुप्, गुप्य, गोप्
जन् (उत्पन्न होना)	>जा+य=जाय	जायते	जनिष्यते	जनिता	जायते	जन्, जाय, जा
नश् (नष्ट होना)	नश्+य=नश्य	नश्यति	नशिष्यति	नशिता	नश्यते	नश्, नश्य
नृत्(नाचना)	नृत्+य=नृत्य	नृत्यति	नर्तिष्यति	नर्तिता	नृत्यते	नृत्, नृत्य, नर्त्
युध्(लड़ना)	युध्+य=युध्य	युध्यते	योत्स्यते	योद्धा	युध्यते	युध्, युध्य, योध्

• 유형5. स्वादिगण

❖ 비까라나: 어근과 시제접사 사이에 नु가 삽입된다. नु는 능동태 단수에서 नो가 된다.

❖ 어근의 변화: 어근은 구나 변화가 없다.

어근	어간	현재	미래	우언미래	수동태	어간의 이형태
शक् (सकना)	शक्+नु=शक्नु	शक्नोति	शक्ष्यति	शक्ता	शक्यते	शक्, शक्नु, शक्नो
श्रु (सुनना)	>शृ+नु=शृणु	शृणोति	श्रोष्यति	श्रोता	श्रूयते	श्रू, श्रो, शृणु, शृणो

• 유형6. तुदादिगण

❖ 비까라나: 어근과 시제접사 사이에 अ가 삽입된다.

❖ 어근의 변화: 비까라나 अ 모음 앞의 इ/ई는 इय्가 되고 उ/ऊ는 उव्가 되고 ऋ는 रिय्가 된다. 그리고 일반시제에서는 어근의 모음이 구나가 된다.

어근	어간	현재	미래	우언미래	수동태	어간의 이형태
इष्(चाहना)	>इच्छ्+अ=इच्छ	इच्छति	एषिष्यति	एषिता	इष्यते	इच्छ, एष्
कृष्(खींचना)	>कर्ष्+अ=कर्ष	कर्षति	कर्क्ष्यति	कर्ष्टा	कृष्यते	कृष्, कर्ष्, कर्ष, कर्क्
मुच्(छोड़ना)	>मुन्च्+अ=मुञ्च	मुञ्चति	मोक्ष्यति	मोक्ता	मुच्यते	मुच्, मोक्, मुञ्च
मृ(मरना)	>मृ+अ=म्रिय	म्रियते	मरिष्यति	मर्ता	म्रियते	म्रि, मर्, म्रिय
लिख्(लिखना)	लिख्+अ=लिख	लिखति	लेखिष्यति	लेखिता	लिख्यते	लिख्, लिख, लेख्

• 유형7. रुधादिगण

❖ 비까라나: 어근의 첫 모음 뒤에 न가 삽입된다. 환경에 따라 न्가 쓰이기도 한다.

❖ 어근의 변화: 특정시제에서 어근은 변화가 없으나 일반시제에서는 어근이 구나가 된다.

어근	어간	현재	미래	우언미래	수동태	어간의 이형태
रुध् (रोकना)	रुध्+न=रुणध्	रुणद्धि (आ०रुन्धे)	रोत्स्यति	रोद्धा	रुध्यते	रुध्, रोध्, रोत्, रुणध्, रुन्ध्

• 유형8. तनादिगण

❖ 비까라나: 어근과 시제접사 사이에 उ가 삽입된다. उ는 단수에서 ओ로 나타난다.

❖ 어근의 변화: 이 유형에 속하는 모든 어근은 न्로 끝난다. 단 कृ는 예외적으로 이 유형에 속한다. 이 유형의 어근은 구나 변화가 없다.

어근	어간	현재	미래	우언미래	수동태	어간의 이형태
कृ (करना)	कृ+उ=कुरु	करोति (आ०कुरुते)	करिष्यति	कर्ता	क्रियते	कर्, कुरु, करो, क्रि

• 유형9. क्र्यादिगण

❖ 비까라나: 어근과 시제접사 사이에 ना가 삽입된다. ना는 때로 नी, न्로 나타난다.

❖ 어근의 변화: 어근은 구나 변화가 없다.

어근	어간	현재	미래	우언미래	수동태	어간의 이형태
क्री (मोल लेना)	क्री+ना=क्रीणा	क्रीणाति (आ०क्रीणीते)	क्रेष्यति	क्रेता	क्रीयते	क्री, क्रे, क्रीणा, क्रीणी
ग्रह् (पकड़ना)	ग्रह्+ना=गृह्णा	गृह्णाति (आ०गृह्णीते)	ग्रहीष्यति	ग्रहीता	गृह्यते	ग्रह्, गृह्, गृह्णा, गृह्णी

• 유형10. चुरादिगण

❖ 비까라나: 어근과 시제접사 사이에 अय가 삽입된다.

❖ 어근의 변화: 어근의 마지막 모음은 브릳디가 된다(इ/ई→ऐ, उ/ऊ→औ, ऋ/ॠ→आर्). 어근의 우빠다 अ는 आ가 되고, इ, उ, ऋ는 구나가 된다(इ→ए, उ→ओ, ऋ→अर्). कथ्, गण्, गुण् 등 일부 어근의 우빠다 모음은 변하지 않는다.

어근	어간	현재	미래	우언미래	수동태	어간의 이형태
अंश् (बाँटना)	अंश्+अय= अंशय	अंशयति	अंशयिष्यति	अंशयिता	अंश्यते	अंश्, अंशय, अंशय्
अङ्क् (चिह्न करना)	अङ्क्+अय= अङ्कय	अङ्कयति	अङ्कयिष्यति	अङ्कयिता	अङ्क्यते	अङ्क्, अङ्कय, अङ्कय्

어근	어간	현재	미래	우언미래	수동태	어간의 이형태
अन्ध् (अंधा होना)	अन्ध्+अय= अन्धय	अन्धयति	अन्धयिष्यति	अन्धयिता	अन्ध्यते	अन्ध्, अन्धय, अन्धय्
अर्थ् (माँगना)	अर्थ्+अय= अर्थय	अर्थयते	अर्थयिष्यते	अर्थयिता	अर्थ्यते	अर्थ्, अर्थय, अर्थय्
कथ् (कहना)	कथ्+अय= कथय	कथयति	कथयिष्यति	कथयिता	कथ्यते	कथ्, कथय, कथय्
खण्ड् (तोड़ना)	खण्ड्+अय= खण्डय	खण्डयति	खण्डयिष्यति	खण्डयिता	खण्ड्यते	खण्ड्, खण्डय, खण्डय्
गण् (गनना)	गण्+अय= गणय	गणयति	गणयिष्यति	गणयिता	गण्यते	गण्, गणय, गणय्
गुण् (गुणा करना)	गुण्+अय= गुणय	गुणयति	गुणयिष्यति	गुणयिता	गुण्यते	गुण्, गुणय, गुणय्

2. 주요 파생접사 목록

☑ 아래 접사 중에서 부호 *로 표시된 접사들은 1부 1장과 2장에 관련 규칙에 대한 설명이 있음.

☑ 아래 '내용'에 주어진 품사는 힌디어 기준임(아래 예시는 Apte(2010[1965])에서 인용함).

접사명	접사형태	접사유형	예시	내용
अङ्	-अ	कृत्	स्पर्धा, छिदा	여성명사, 어근형태 변화 없음
*अच्	-अ	कृत्	जय	남성명사
अच्	-अ	तद्धित	अर्शस	형용사
*अण्	-अ	तद्धित	गौरव, शैव	추상명사, 소속된 자를 나타냄
*अण्	-अ	उपपद कृत्	कुम्भकार	남성명사(행위자)
अनि	-अनि	कृत्	जननि	여성명사
*अनीयर्	-अनीय	कृत्	करणीय	미래수동분사(형용사)
*अप्	-अ	कृत्	भव	남성명사
असुन्	-अस्	उणादि	सरस्, तपस्	남성명사
आलुच्	-आलु	कृत्/ तद्धित	हृदयालु	형용사, 성향을 나타냄
इतच्	-इत	तद्धित	तारकित	형용사, '가득한, 덮인'을 의미
इनि	-इन्	कृत्/ तद्धित	धनिन्	형용사/남성명사, 소유를 나타냄
इष्ठन्	-इष्ठ	तद्धित	वरिष्ठ	최상급 접사
इष्णुच्	-इष्णु	कृत	सहिष्णु	형용사, 성향을 나타냄
ईरन्	-ईर	उणादि	शरीर	남성명사
उ	-उ	कृत्	इच्छु	형용사

접사명	접사형태	접사유형	예시	내용
उकञ्	-उक	कृत्	इच्छुक	형용사
उण्	-उ	उणादि	वायु	남성명사
उरच्	-उर	तद्धित	दन्तुर	형용사, 소유를 나타냄
ऊक	-ऊक	कृत्	जागरूक	형용사
क	-अ	उपपद कृत्	ज्ञ	형용사/남성명사
कुरच्	-उर	कृत्	विदुर	형용사/명사
*क्त	-त/-इत	कृत्	गत	과거수동분사(형용사)
*क्तिन्	-ति	कृत्	गति	여성명사
*क्यप्	-य	कृत्	कृत्य	미래수동분사(형용사/남성명사)
क्रु	-रु	कृत्	भीरु	형용사
क्वरप्	-वर	कृत्	गत्वर	형용사, 성향을 나타냄
ख	-ईन	तद्धित	कुलीन	형용사
*घञ्	-अ	कृत्	हार, क्षेप	남성명사
घिनुण्	-इन्	कृत्	योगिन्(H.योगी)	형용사/남성명사(행위자)
ङीप्/ङीष्	-ई	तद्धित	मृगी/ सारंगी	여성 접사
छ	-ईय	तद्धित	भारतीय	형용사
टाप्	-आ	तद्धित	अजा	여성 접사
*ठक्/ठञ्/ठन्	-इक	तद्धित	रौचनिक/ दैनिक/ धनिक	형용사
ड	-अ	उपपद कृत्	दूरग	형용사(어근의 끝자음 생략)
डु	-उ	कृत्	प्रभु	형용사/남성명사
ढ/ढक्	-एय	तद्धित	शिलेय, गांगेय	형용사, '유래한'을 의미

접사명	접사형태	접사유형	예시	내용
ण	-अ	कृत्	ज्वाल	형용사/남성명사
*णिच्	-इ(-अय)	कृत्	कारयति, कारण	사동접사
*णिनि	-इन्	कृत	स्थायिन् (H.स्थायी)	형용사/남성명사(행위자)
*ण्य	-य	तद्धित	दैत्य	남성명사, '속하는'을 의미
*ण्यत्	-य	कृत्	कार्य	미래수동분사(형용사)/남성명사
*ण्वुल्	-अक	कृत्	प्रवाहिक	형용사/남성명사(행위자)
तरप्	-तर	तद्धित	धनितर	비교급 접사
तमप्	-तम	तद्धित	विद्वत्तम	최상급 접사
तसिल्	-तस्	तद्धित	मूलतः	탈격 접사(부사)
*तव्यत्	-तव्य	कृत्	कर्तव्य	형용사/남성명사
*तृच्	-तृ	कृत्	कर्तृ(H.कर्ता)	남성명사(행위자)
त्यक्/त्यप्	-त्य	तद्धित	पाश्चात्य, तत्रत्य	형용사
त्रल्	-त्र	तद्धित	सर्वत्र	부사, 처소를 나타냄
थाल्	-था	तद्धित	सर्वथा	부사, 방법을 나타냄
नङ्	-न	कृत्	प्रश्न, यत्न	남성명사
म	-म	तद्धित	मध्यम, आदिम	형용사
*मतुप्	-मत्	तद्धित	श्रीमत्(H.श्रीमान)	형용사
मयट्	-मय	तद्धित	जलमय	형용사
मात्रच्	-मात्र	तद्धित	गजमात्र	형용사, 크기 등을 나타냄
*यञ्	-य	तद्धित	वात्स्य	남성명사, 후손을 나타냄
*यत्	-य	कृत्	भव्य	형용사

접사명	접사형태	접사유형	예시	내용
र	-र	कृत्	नम्र	형용사
लच्	-ल	तद्धित	मांसल	형용사
*ल्युट्	-अन	कृत्	गमन, भवन	추상명사남성
वरच्	-वर	कृत्	ईश्वर, स्थावर	형용사/남성명사
श	-अ	कृत्	क्रिया, विन्द	형용사/명사
श	-श	तद्धित	लोमश	형용사/남성명사
ष्कन्	-क	तद्धित	पथिक	형용사/남성명사(행위자)
ष्ट्रन्	-त्र	कृत्	शस्त्र	남성명사, 도구를 나타냄
*ष्यञ्	-य	तद्धित	सौन्दर्य	추상명사남성
सन्	-स	तद्धित	चिकीर्षा	소망을 나타냄
ह	-ह	तद्धित	इह	부사

힌디어
단어형성법 I

초판 인쇄	2019년 5월 27일
초판 발행	2019년 6월 3일

지은이	최종찬 · 김용정 · D.A.P. Sharma
발행인	김인철
총괄 · 기획	가정준 Director, University Knowledge Press
편집장	신선호 Executive Knowledge Contents Creator
기획 · 물류	이현진 Planning Expert
도서편집	박현정 Contents Creator
사전 · 도서편집	정준희 Contents Creator
도서편집	장혜린 Contents Creator
재무관리	강현주 Managing Creator
발행처	한국외국어대학교 지식출판콘텐츠원 02450 서울특별시 동대문구 이문로 107 전화 02)2173-2493~7 팩스 02)2173-3363 홈페이지 http://press.hufs.ac.kr 전자우편 press@hufs.ac.kr 출판등록 제6-6호(1969. 4. 30)
디자인 · 편집	디자인퍼브 02)2254-4308
인쇄 · 제본	네오프린텍 02)718-3111

ISBN 979-11-5901-462-8 93790 정가 30,000원

*잘못된 책은 교환하여 드립니다.

HU:NE 은 한국외국어대학교 지식출판콘텐츠원의 어학도서, 사회과학도서, 지역학 도서 Sub Brand이다. 한국외대의 영문명인 HUFS, 현명한 국제전문가 양성(International +Intelligent)의 의미를 담고 있으며, 휴인(携引)의 뜻인 '이끌다, 끌고 나가다'라는 의미처럼 출판계를 이끄는 리더로서, 혁신의 이미지를 담고 있다.